城市译丛

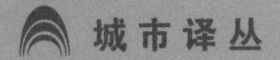

本书受北京建筑文化研究基地出版专项基金资助

寻找正义之城

城市理论和实践中的辩论

〔美〕彼得·马库塞 等/主编
(Peter Marcuse)
贾荣香/译

SEARCHING FOR THE JUST CITY:
Debates in Urban Theory and Practice

Searching For The Just City: Debates in Urban Theory and Practice 1st Edition / by Peter Marcuse, James Connolly, Johannes Novy, Ingrid Olivo, Cuz Potter and Justin Steil / ISBN:0-415-68761-6

Copyright © 2009 by Routledge.

Authorized translation from English language edition published by Routledge, part of Taylor & Francis Group LLC; All rights reserved;

本书原版由Taylor & Francis出版集团旗下Routledge出版公司出版，并经其授权翻译出版。版权所有，侵权必究。

Social Sciences Academic Press is authorized to publish and distribute exclusively the Chinese (Simplified Characters) language edition. This edition is authorized for sale throughout Mainland of China. No part of the publication may be reproduced or distributed by any means, or stored in a database or retrieval system, without the prior written permission of the publisher.

本书中文简体翻译版授权由社会科学文献出版社独家出版并在限在中国大陆地区销售。未经出版者书面许可，不得以任何方式复制或发行本书的任何部分。

Copies of this book sold without a Taylor & Francis sticker on the cover are unauthorized and illegal.

本书封面贴有Taylor & Francis公司防伪标签，无标签者不得销售。

译者序

两年前接到任务翻译《寻找正义之城》。当我看到这本书时，我很疑惑"为什么要花这么大力气翻译一本文集？"因为一般情况下，论文集就是"收集几篇论文"，不会有什么太大的学术意义，任何一个会议都可以搞一个论文集。

然而，当我看到彼得·马库塞以虔诚的态度讲述本书长达两年的形成过程，我有点感动了。从一开始的会议主题他们就不断酝酿，专门开设博士论坛反复讨论，才凝练出鲜明的会议主题"寻找正义之城"。会议期间不同层面、不同地区的专家学者积极参与、认真思考、倾情辩论，在如何寻找正义之城的道路上各抒己见。会议结束后成立会议论文编委会，对会议提交的论文反复斟酌，和作者本人反复讨论，每一篇论文都要经过编委会的所有成员审阅一轮，还要请更高一层的专家把关，才可以编入本论文集。这种严谨的学术作风让我感到我不是在阅读论文集的论文，而是在阅读专业学刊的论文，或者在读作者们多年学术研究的精华缩本。

于是，我吸一口气静下心来开始逐字逐句读译引言，詹姆斯·康诺里和贾斯廷·斯泰尔合写了洋洋洒洒12个页面的引言，倾诉寻找正义之城的艰难旅程，在苏格拉底和色拉叙马库斯对正义的争论中寻找正义之城的原始意义，在政治哲学领域寻找正义的现实意

寻找正义之城

义，以交际理性观点探讨"话语民主手段"是否"可以构成通向正义终点的路径"，在政治经济学范畴提出"比马克思所关注的阶级范畴更广范围的不平等发展"，归纳其为"文化转向"，在构想当代正义和城市空间过程中审视了新自由主义的正反作用，讨论了乌托邦和异托邦在正义之城中的作用，提出非常实际的问题：究竟正义之城是什么样？如何制定正义之城的标准？

面对众多学者的名字以及他们的理论，还有他们之间的辩论，我怀疑自己是否有能力驾驭这样一本著作（我已经不认为这是一本论文集）。我开始在图书馆、网上逐渐认识他们，熟悉他们，和他们进行跨时空和跨地域的对话。我问苏珊·费恩斯坦：规划和正义之城的关系究竟是什么？我问大卫·哈维：怎么理解正义之城的权利？我想知道新奥尔良飓风后城市正义不能实现的情况在中国是否存在，我还想知道阿姆斯特丹城市的典范作用为什么会因为太好而受到质疑，我看到巴西贝尔舍瓦地区边缘化群体是种族冲突的牺牲品，我看到纽约南布朗克斯棕色地带的一般民众如何受到市场规划的冲击……

每一篇都不是枯燥的术语或数字，而是富于生命力的倾诉。随之而乐，随之而悲。乐的是有这么一批值得尊敬的学者在孜孜不倦探讨正义之城，试图从不同角度阐释，从话语规划、共同规划、正义规划，从欧洲、基层、全球，力图呈现一幅3D或4D作品。悲的是正义之城探讨了如此久，正义之城的探索仍然是"路漫漫其修远兮"……

我不知道我是否能把这幅立体画的各个面向都清楚地讲述给中国读者，但是我敢肯定我是第一位受本书激励并要继承本书的思想在中国探讨正义之城的人。我一直努力使翻译保持原味，因为学术翻译不是文学翻译，更多时候不能采取概括性意译。对于一些特别观点，我采用了绝对直译，并把原文附在后面，便于读者进一步查阅。

本译著得到北京建筑大学北京建筑文化研究基地的支持,得到北京建筑大学聂平俊老师的帮助,他帮助翻译第一章和第三章的初稿,在此表示感谢。

本译著是城市规划家、建筑家、社会学家、政府管理人员、政策制定者以及相关院校和研究单位的良师益友,阅读过程中如发现不妥之处,恳请指正。

贾荣香
2015 年 7 月 7 日
于北京

目 录

前 言 / 1

致 谢 / 1

引言 找到城市的正义 / 1

第一部分 为什么要求正义？正义之城辩论的理论基础

规划与正义之城 / 23

正义之城的权利 / 51

话语规划：以社会正义为话语 / 66

正义与空间想象 / 91

第二部分 正义之城的局限有哪些？扩展讨论

从正义规划到共享规划 / 113

"正义"如愿以偿了吗？"正义之城"话题中的欧洲城市 / 127

贝尔舍瓦的城市正义与认可：肯定和敌意 / 147

论城市的全球化、竞争和经济正义 / 177

第三部分　如何实现正义城市？从辩论到行动

保持规划中反公共性的生命力 / 197

正义之城可以从基层开始建设吗？南布朗克斯的棕色地带、
　规划和权力 / 211

资本主义边缘城市的正义城市之战 / 235

卡特丽娜飓风之后新奥尔良的种族问题 / 257

结　论　快要到来的正义之城：回顾和展望 / 276

后　记　不只是城市权利的正义之城 / 290

编者、作者和译者介绍 / 309

索　引 / 315

前　言

彼得·马库塞

在本文集的编辑中,本人除了年纪大以外谈不上资格老,真正的编辑是五位非常能干的年轻学者。诸位编辑的创新性思维造就了本文集,加之该领域内一流学者具有独到见解的论文,使得文集既不是随便收集几篇不沾边的文章,也不是随便删改一下会议议项,而是围绕复杂而又有意义的"正义之城"这个主题,认真讨论其理论内涵和实际功用。没错,本文集源于哥伦比亚大学的一次邀请会议,但其内容和形式却酝酿了两年。两年中,作者们努力从不同角度入手讨论城市发展规划,收集创新性主题的各种思想,并使之融为一个有机整体。因此,本文集的始末需要在此一叙。

2006年,苏珊·费恩斯坦在哥伦比亚大学建筑规划历史保护研究院的城市规划博士项目担任主任多年后,准备调往哈佛大学从事另外的工作。她曾对本项目做出积极贡献,她凭借非凡的工作能力和学术理解力与学生们一道严谨工作,这些学生中就有本文集的五位真正编辑。我们这个项目在约翰尼斯·诺维和詹姆斯·康诺利两位编辑的启发下,为了向苏珊表示敬意,资助了以"正义之城"为主题的会议,近几年来苏珊对该理念的发展起到了推动作用。本次会议公认很成功,会议上提交了一些具有十分显著贡献的论文。我们从关注度较广的论文中选定了最有实力且

寻找正义之城 |

论述最全面的几篇，超过了通常意义上的"会议议项"。经过编辑们同心协力、精心打造，成果才得以展现在你们面前。

这些年我自己编写过文集，也与人合作编写过文集，但实话实说，我几乎没见到像本文集编辑团队这样如此尽力、如此热情的。每篇文章，无论是自己撰写，还是合作完成，还是别人撰写，都会得到认真审阅，而且每一篇文章都要由所有编辑审阅，然后再由一人或两人小组最后审定。他们水平很高。我必须这样说，当我看到邮箱里他们对稿件的评语，我不时对他们的勇敢倒吸一口气。他们对更为资深的学者们提出建议：这里那里的逻辑不严密，这里那里需要提供证据，这里那里自相矛盾。他们的观点几乎都是合理辩驳，积极反馈。他们高质量的要求得到了回报。

虽然本文集是大家努力合作的结果，但在此仍然很有必要说明每位编辑的分工，以明示他/她应该得到什么褒奖（或得到应得的惩罚）。

詹姆斯·康诺利负责协调出版编辑工作，合作撰写引言（"找到城市的正义"）和"正义之城可以从基层开始建设吗？南布朗克斯区的棕色地带、规划和权力"部分，最后审定诺维、梅尔以及马库塞撰写的章节，审定附言，并且精心参与编辑工作和所有章节的审阅。

约翰尼斯·诺维帮助协调出版编辑工作，合写"'正义如愿以偿了吗'？'正义之城'话题中的欧洲城市"部分，合写结束语"快要到来的正义之城：回顾和展望"，最后审定斯泰尔、康诺利和梅尔合写的部分，审定费希尔和戴安科的章节，并且精心参与所有章节的审阅。

卡兹·波特与大卫·哈维合写"正义之城的权利"这一章，合写结束语"快要到来的正义之城：回顾和展望"，审定马库塞、伊夫塔契尔等人、马里卡托、戴安科和费希尔各自撰写的章节，并且精心参与所有章节的审阅。

贾斯廷·斯泰尔合写章节"正义之城可以从基层开始建设吗？南布朗克斯区的棕色地带、规划和权力"，合写引言（"找到城市的正义"），最后审定了由费恩斯坦、沃尔夫－鲍尔斯、汤普森和德菲利皮斯各自撰写的章节，并且精心参与所有章节的审阅。

英格里德·奥利沃最后审定了戴安科撰写的章节，并且精心参与所有章节的审阅。

他们坚定的努力是否能得到回报，读者读完便可以做出判断。

致　谢

本文是"寻找正义之城"会议的论文集。此次会议于2006年4月11日在哥伦比亚大学举行。会议由哥伦比亚大学建筑规划保护研究院资助，为本文集所涉及的课题提供了一个很好的讨论空间。编者很感谢所有与会者［特别感谢本文集的作者，他们是埃迪·鲍蒂斯塔（Eddie Bautista），罗伯特·博勒加德（Robert Beauregard），尤金妮娅·伯奇（Eugenie Birch），丹尼尔·E. 戴维斯（Diane E. Davis），德洛丽丝·海登（Dolores Hayden），约翰·洛根（John Logan），塞萨·洛（Setha Low），约翰·莫林科波夫（John Mollenkopf），埃利奥特·斯科拉（Elliott Schar）］，还感谢会议的资助者［城市研究政策中心，社会和经济研究政策研究院，巴纳德大学城市研究系（Barnard College Department of Urban Studies）］，同样感谢会议的其他组织者［如爱梨华·斯文德森（Erika Svendsen），加布里埃拉·卡罗莱纳（Gabriella Carolini），苏珊·格拉德斯顿（Susan Gladsone），宋玉梅（Yumie Song），本·普罗斯基（Ben Prosky），以及哥伦比亚大学建筑规划保护研究院（GSAPP）的影像系］，是你们促使会议成功举行，是你们给我们启示让我们一路坚持。我们也很感谢建筑规划保护研究院院长马克·威格利（Mark Wigley）对本项工作给予的及时和长久的支持。

寻找正义之城

　　编写本文集的建议是在"寻找正义之城"会议后不久初步提出。之后，彼得·马库塞（Peter Marcuse）教授把城市规划的正义性理念作为中心论题进行了为期一个学期的博士生研讨。研讨会的所有成员帮助制定本文集的讨论课题和本文集所提的问题。这些成员（除了本文集的编辑外）有沙绳·莫哈特拉（Shagun Mehotra）、伊曼纽尔·普拉特（Emmanuel Pratt）、葛丽泰·戈德堡（Greta Goldberg）、康斯坦丁·康拓科斯塔（Constantine Kontokosta）、布鲁诺·克拉卡·洛玻（Bruno Craca Lobo）、乔伊斯·罗森塔尔（Joyce Rosenthal）。我们很感谢他们耐心帮助我们形成最初的框架。同样感谢苏珊·费恩斯坦（Susan Fainstein）教授和罗伯特·博勒加德（Robert Beauregard）教授在研讨会期间和提议编写本文集的过程中给予的决定性意见和建议。

　　我们特别感谢马库塞（Marcuse）教授领导了研讨会，鼓励我们着手这项工作，并且自始至终支持我们，特别是在我们感觉无助时让我们看到成功的可能性。我们能够想象得到，当马库塞教授把编写权交到我们这些毫无经验的人手里，任由我们挣扎着从错误中学习的时候，他经历了怎样难以置信的克制。马库塞教授的所作所为体现出一个学者的奉献精神和无私精神。他对城市的正义始终充满热情，并不断为学生创造各种锻炼的机会。

　　我们也特别感谢苏珊·费恩斯坦教授启发我们组织本次会议，正因为本次会议的召开，才有可能形成本文集。感谢她在本文集还未成形时就把她的"正义之城"一章的文字交给我们。整个编写过程中，费恩斯坦教授做了重要的评论并支持我们集文成书。

　　我们也感谢所有章节的作者，没有他们本文集便不复存在。我们感谢他们创造性的工作和成书过程中的耐心等待。我们感谢劳特里奇出版社的安德鲁·莫尔德（Andrew Mould）和迈克·P.

琼斯（Michael P. Johnes）提供可行性建议并在编写过程中给予积极支持。

最后，所有的编辑希望把他们每个人的感激之情转达给支持他们度过整个编写过程的人们。具体是：约翰尼斯·诺维（Johannes Novy）感谢他的父母亲——比·诺威（Bea Novy）和冈瑟·乌利希（Gunther Uhlig）以及埃琳娜·布洛贝尔（Elena Blobel）给予的支持和教导他感恩生活，卡兹·波特（Cuz Peter）感谢张玉空（Yoonkkyung Chang），是她始终如一的支持，使他能够把所有精力投入到此项工作中。

詹姆斯·康诺里，约翰尼斯·诺维
英格里德·奥利沃，卡兹·波特，贾斯廷·斯泰尔

引言　找到城市的正义

詹姆斯·康诺利（James Connolly）
贾斯廷·斯泰尔（Justin Steil）

某种意义上讲，寻找正义之城就是要努力实现城市理论的转变潜能。基于这种寻找，首先着手了解城市生活的日常现实，其次寻求一种办法重塑那种现实，之后重新想象那种生活。最初看到的是快速城市化导致的非正义——充满暴力、缺少安全、过度开发、贫穷落后，这些构成了许多人的城市生活，同时看到交织于种族、阶层、性别之间的社会、文化、政治和经济资本不平等的现象。了解这些日常非正义就会使我们的"评议变得更复杂，为我们提供一个评估我们取得成就的尺度"（博勒加德，2006）。[①] 无论外来的商人挑战主流经济发展体制，地方部门寻求办法治理城市制造的污染，还是国内工人争取合理的工作环境，反对某种非正义的具体行为都对城市日常生活中的不公平提出了不很完整但是持续的挑战。对过分开发的认识和对挑战它做出的努力使我们在实现未能完成的承诺的路上迈进了一步，这是城市长久以来许下的承诺——解放和机会。[②] 然而，寻求正义

[①] 引自寻找正义之城会议谈话（2006年4月29日，哥伦比亚大学），该谈话关注会议的核心论题。
[②] 当然，至少自从齐美尔在现代城市生活背景下提出这个论题，就特别在社会学家中引起争论，争论都市生活对个人自由和机会的影响。这场辩论目前转向全球城市化人口的大多数，表明城市生活的"承诺"仍然是对全世界人们的一大吸引。参见洛蕾塔·利斯《解放的城市》的引言（2004）。

寻找正义之城

之城远不只寻求对具体非正义的个人化反应,而需要为行为和思想构建一个清晰的框架,以便拯救反对非正义城市环境的多元化、多种类努力,并把互相沟通彼此的斗争经验作为围绕正义的唯一进程而形成的全球性协作的一个部分。

当不同文化背景、不同意识形态的市民们在追求使具有争议的正义概念普遍化的时候,关键问题是在多大程度上这个有争议的概念能让人们想象出清晰有用的理想。[1] 虽然广为人知的社会正义这个概念已经成为全球一些活动组织和城市运动的统一口号,[2] 但是对城市生活的"正义"所下的定义一直含糊不清。寻求这个定义也就是寻求正义之城。在 21 世纪城市化环境下,本书聚集了当代城市理论家和实践家们,通过介入城市建筑所反映的当代政治所引发的哲学和经济学领域的冲突,达到锐化正义定义的目的。这种介入重视理念的多元化和整理这些冲突而产生的创造性。尽管存在分歧,但本文集的作者们也具有共性:对批评的力量和利用,对批评的反应,共同坚信有更多的正义选择空间。布鲁诺·拉图尔(Bruno Latour)(2004:246)认为"批评不是要驳散,而是要聚集;不是要抽掉天真信仰者们脚底的地毯,而是要为参与者们提供一个可聚集的场所。"本文集收集了对当今城市非正义的评论,给评论者提供一个聚集的空间,将正义之城的概念(该概念最初由苏珊·费恩斯坦提出)作为起点,目的是要建立一个理论框架,使之能够在重新构建城市现实的过程中有效地思考并采取行动。本文集的结论和附言评价了我们此

---

[1] 弗里德里希·海克从绝对支持资本主义的观点出发,认为社会正义是艺术性术语,具有有限运作的意义,正是意识形态冲突的关键案例。他进一步认为术语意义的不确定性由一些人坚持,他们想达到一个目的:以乌托邦目标的名义把它当作高压政治的工具(海克,1978)。

[2] 见本文集戴安科和伊夫塔契尔等撰写的文章;见索拉里(2008)的美国大学规划会议发言;见本文集斯泰尔和康诺利讨论大规模环境正义运动的发展。

时的位置和下一步的努力方向。但是首先有必要对已有的正义和城市文献进行梳理。

定义正义的途径

城市总是为试图定义正义提供基本的启发。在柏拉图的《理想国》一书中，苏格拉底对什么是正义之城做了长篇描述，构建他支持把正义作为个人伦理导向的论点。他认为正义的特性在一个国度（具体地说是柏拉图时期的城市国家中）的行为中比在个人的行为中更容易辨明。为此，苏格拉底用文字创造了正义之城，以回应色拉叙马库斯（Thrasymachus）的论断：正义仅仅是对当权者喜好的表述，所以人们会更青睐非正义的生活。为了回应色拉叙马库斯的论断（诺伊，1971；莱科思，1987），苏格拉底的正义之城及其对正义的定义必然涉及具体权力分配的政治问题。这样，正义的定义就是城市基于个体市民行为累积的内在品质，某种意义上讲，是对正义的地域性表述。此观点引起下面将被讨论的当代城市理论家的共鸣。然而，最终我们看到，与现今城市范围相对比，正义之城的定义范围在《理想国》中并未具体化到那样的程度。为了确保正义之城以及由此产生的市民的正义生活（多布斯，1994），苏格拉底最后为国家提出一个具有竞争性的"有机模式"，它需要为公共部门起到强大的和与日俱增的作用（苏格拉底幻想这个公共部门是政治哲学家居住的地方）。

自由的政治哲学

在过去半个世纪西方关于正义的争论中，人们最初关注权力分配和国家角色在创建正义之城过程中的作用，争论主要集中在政治哲学和政治经济学领域（虽然并未总是特别指明）。在当代，正义的定义一般被认为属于自由主义政治哲学家的领域，约翰·洛克（John Locke）、让-雅克·卢梭（Jean-Jacques Rousseau）、约翰·斯图亚特·密尔（John Stuart Mill）到约翰·罗尔斯（John Rawls）和玛撒·努斯鲍姆（Martha Nussbaum）都这么认为。罗尔斯的《正义论》（1971）以及他提出的"原始位置"（original position）观点强调了自由和平等的价值，"原始位置"论认为个体是在"无知的面罩"后选择正义。罗尔斯认为每个人都有得到基本自由的平等权利，所以为了弱势的利益，必要时需分散社会经济不平等。罗尔斯提出的合乎规范的社会契约理论批评了密尔的实用功利主义。[①] 出版时在盎格鲁血统的美国人中再次掀起自由政治哲学热潮。该理论以既抽象又普遍的术语构想正义，脱离了现有的政治范畴，但同时又接受了许多资本主义经济结构的东西。阿马蒂亚·森（Amartya Sen）（1999）和玛撒·努斯鲍姆（2000）在自由主义政治哲学的社会契约论基础上构建理论并强调理解正义的更为详细的方式。这种能力包括维持个人环境的政治和物质掌控，代表了每个人有权享受的、不可交易和不可转移的机会。正如产生此理论的西方自由主义观念一样，能力途径很大程度上把个体看作从社会关系、历史和空间具体范畴中挣脱出来的具有抽象意义、普遍意义的个人主义的行为者。因此，阐述人的基本功能和权利不能完全与作者、主题以及内涵的情境性所显示的重要性，以及人们的日常生活、需求和愿望不同的暗示相符。

  罗尔斯、森和努斯鲍姆都没有解释如何在平等和公平的基础

[①] 功利主义最初由约翰·斯图亚特·密尔（1861/1969）定义，一直是（在罗尔斯时代仍然是）分配正义的主导理论模式，一般认为"自由市场规则"是为最多人群提供最大好处的机制。

上实现规范的正义概念,也没有解释规范的正义概念能够以什么形式呈现出来。自苏格拉底试图在《理想国》中定义正义之城以来,这成为描述哲学范畴的正义概念的难题。最新的三种观点让读者质疑作为日常生活的具体构架,正义意味着什么。在现代国家中对正义之城的详述已经不是哲学取向的政治理论家试图回答的问题,虽然他们对概念中固有的复杂性进行了重要的阐述。

交际的理性

交际的理性是自第二次世界大战结束以来,自由主义政治哲学所产生的另一个具有影响力的正义途径,并且成为许多学者寻求创造一个更加公正的城市形态的理论基础。对此给予最突出阐述的是尤金·哈贝马斯(Jürgen Harbermas)(1985)。基于实用主义传统和他自己在公共领域的工作(1962/1991),哈贝马斯强调了话语伦理的重要性,以及构建民主话语理论的"理想话语情境"的重要性。这种对语篇与社会关系的重视允许从历史角度和空间角度理解正义而避免完全的相对主义。随着后现代主义越来越挑战宏大的叙事,对导致正义的过程而不是终结定义的关注越来越受欢迎,形成了除了其他成果之外的交际城市规划实践学派,该学派认为话语民主手段构成通向正义终点的路径。(Heayley, 1997;福雷斯特, 1999)这个城市正义方程一直被批评未能认识到不可能在巨大的政治和经济不平等的背景下创造真正的理想语言情境,未能认识到正义的过程中亦可以产生非正义的结果,因为构建方程的目的是后现代主义对差异的"文化政治"的防御(索佳, 1997: 184)。对城市理论途径的隐含意义在于当这种办法理论化了的时候,实际上最终要看的是实践结果,这个观点将由本文集的作者展开评论。

政治经济学

政治经济学的正义途径围绕着对不公平权力地位的认知而复杂化了的从历史和经济角度批判政治哲学的推理计划。卡尔·马克思（Karl Marx）摒弃了自由主义的正义概念化，认为那是隐藏资产阶级利益的资产阶级偏见。在由马克思理论激发的学者中间，许多人不断强调必须关注资本主义生产积累模式导致的非常具体的不公平。大卫·哈维（David Harvey）的开创性著作《社会正义与城市》（1973）一开始就试图从罗尔斯的自由论角度分析城市问题，但是未能找到满意的答案。哈维转而使用马克思的观点分析，并发现空间发展的不平等是资本主义功能的基础。哈维没有针对城市衰落过程中的明显症状，而是提出正义首先要改变导致城市不平等的流程——嵌入资本积累实践中的经济和政治权力不对称。最后哈维提倡选择采用将会重组社会阶层结构的生产、消费和分配模式。这种方法是《社会正义与城市》发表时期一种常见的马克思主义城市理论（卡斯泰尔，1977、1978、1982、1983；卡茨内尔森，1982），由于他假设阶级是一个能够把诸如种族、性别等其他类别的特殊性普遍化的方法而一直受到批判（塔巴柯西，2001）。同时，政治经济学途径，包括一些早期的马克思主义城市家的思想，在最近几十年都在伴随着和回应着后结构主义对社会体制的理解中而进化。

这种演变被定性为有意努力审视比马克思所关注的阶级范畴更广范围的不平等发展，从政治经济学角度看具有一定程度的"文化转向"特点。受后现代主义认识论和越来越多的空间社会生产理论的影响，这一城市政治经济学观点把人种、种族、性别、性和其他社会分类看作是权力和资源分布不均的重要标志（索佳，1999）。在这种情况下，作者如玛丽恩·杨（Marion Young）（1990，2000）和南茜·弗雷泽（Nancy Fraser）（1999）说明了"关注差异和忽略差异都会有风险"（杨，1990：86）。他们利用实证案例研究指出严格再分配社会正义模式的局限性，突出识别的关键作用。这种情况下的学者们把社会分类概念化为物质和推论的权力关系产生的结果，他们提出识别的重要性，为了挑战结构不公平从社会群体地位出发提出主张。从这个角度来看，正义不仅需要正规的内涵或者说需要平等，而且还需要"关注社会关系，这些关系决定人们的不同地位，决定人们的经历、机会和对社会的认识"（杨，2000：83）。认同和"文化转变"（culture turn）一直息息相关，关注认同大大促进了未得到充分代表群体的利益，但是迈克·斯托佩尔（Michael Storper）（2001）强调相对主义的伴随可能性，不能平复群体分歧引发的冲突。认同与分歧的相容继续引导研究，但是一直引起政治经济分析家的持续矛盾，他们担心走得太远而离开资本主义社会的权力问题。

正义和城市空间的当代构想

1973年哈维著《社会正义与城市》，20世纪90年代后结构主义者呼吁认同，此后，全球政治发生了很大变化，但是新自由主义逐渐获得的霸权身份反而激化了社会发展的不平等。政府提出解除对金融业和其他产业的监管，私有化公共产品，限制工会和工人权利，与此同时加强私有财产，把自由贸易和市场刺激延伸到新经济领域和新全球区域（哈维，2005）成为一种趋势以对应全球经济萧条。在当代城市政治范畴，新自由主义的主导作用和竞争性城市的讨论有效地把人们的注意力从传统的社会正义话题转向诸如"社会凝聚力、社会排外主义、社会资本"等社会问题的新自由主义构想（Harloe，2001：890），不过这种转变也遇到来自地方和全球的阻力。

反对新自由主义的运动像所有自由主义运动一样既是空间内的斗争也是为空间而战的斗争（梅里菲尔德和苏杰道，1997）。了解正义既需要了解社会和经济之间的关系，也需要了解关系中的空间内涵。关注城市空间的生产和体验如何会说明社会正义的哲学论述和纷争？史密斯（Smith）（1992）、珀塞尔（Purcell）（2003）、布伦纳（Brenner）（2004）等指出重新制定政府规模会重新关注政治和经济多层面的协商。新规模强调多层面进行新自由主义和社会正义斗争是具有重大意义的。有争议的问题是城市规模足以让政府拥有有意义的权力，但不足以产生有效的民主让人民影响政治（达尔在 1967 年讨论过这个话题；也参见本集中费恩斯坦和德菲利皮斯的文章）。如果在发展中国家快速发展的城市里或在经济发达的后工业地区，城市就可以组织与资本投资空间相关联的共同体，最终认可城市居民的影响。政府各层面采取的行动当然有关系，但是在城市层面，正义问题才实实在在被感觉到是日常生活的一部分。

考虑到规模时，城市正义理论都必须斟酌达到一个境界，某城范围的正义安排能够与其他城市和非城区的不平等和剥削关系互存互依。本文集主要涉及北美和西欧，世界上发展最快的城市以及城市的大多数人口居住在这些区域之外的不同城市环境。本文集有几章内容指出有必要从非西方城市角度看待正义之城，有必要向"普通城市"的创新学习，学习他们的兼容，这是当今全世界人们日常生活的特点。（见本集马里卡托，汤普森，梅尔和诺维等）关注非西方城市涉及长期构建全球城市关系的帝国主义历史问题（见本集马里卡托，汤普森）。新自由主义关注帝国、人种、移民在城市发展模式中的意义，同时也创造新机遇寻求跨越国境的团结。

在新自由主义重新构建的环境下，重新讨论正义、乌托邦、"城市的权利"就会注意到有必要将政治哲学和政治经济学对正义的理解结合起来。苏珊·费恩斯坦已经依照这一思路梳理一系列文章，试图为城市规划者提供一个具体模式，"针对资本主义引发的社会和空间的不平等"。（费恩斯坦，2005：2）费恩斯坦调整版的政治经济分析被冠以"正义之城"规划①的标签，该分析持有标准的政治经济学者的态度，力求详细构建哲学观念中正义的固有价值，引导创建"好城市"（good city）②。这样，她的正义之城理论试图提供一种方法，用于以过程为本的城市规划模式，基于哈贝马斯交际合理性理论（即交际模式），也适用于以结果为本的模式，基于城市社会生活的物质决定论（即新城市主义）（费恩斯坦，2000）。费恩斯坦在阐述正义之城模式的同时，也批判后现代主义把多样性当作城市规划的正见，也批判马克思用阶级掩盖了社会的其他分歧。③费恩斯坦认为，为了发起广泛多样的运动进行社会合理性固有的变革以及定义集体物权，必须阐明引导构建正义之城该有的公共空间、住房、经济发展和社会程序的价值观。

费恩斯坦的正义之城论述和希瑟·坎贝尔（Heather Campbell）最新文章（2006）的大部分观点一致。坎贝尔在规划实践中探索正义的概念，特别强调环境伦理判断的作用，把抽象的原理和具体的案例相关联，尤其在有争论的时候。坎贝尔赞成关联性理解规划的重要性，关注个人和社区之间的相互依存性（坎贝

---

① 见费恩斯坦（2000）描述"正义之城"规划与其他主要范式的比较。
② 更多关于"好城市"的讨论见哈维（1992、1996）；梅里菲尔德和苏杰道（1997）；弗里德曼（2000）；阿明（2006）。
③ 引自寻找正义之城会议谈话记录稿（2006年4月29日，哥伦比亚大学）。

尔，2006：101）。在相关性理解中，关键性实践是练习判断，该判断渗透着对事关成败的价值和相关的不同观点的情境考虑（坎贝尔，2006：102-3）。为发表坎贝尔基于哲学思想的论著，费恩斯坦在文章中增加了关注政治经济学，关注正义之城奋而立足的环境。

费恩斯坦和坎贝尔的文章在城市规划文献中可以排成一行，为理论和实践指出方向，从弗里德里希·恩格斯（Friedrich Engles）(1872)的《住房问题》、埃比尼泽·霍华德（Ebenezer Howard）(1988)的《明天：真正改革的和平之路》到20世纪60年代的辩护论述（达维多夫，1965）和平等论述（Krummholz,1982），所有这些作品以不同方式着手回答费恩斯坦反复提出的城市理论问题：（1）什么情况下能有意识地为所有公民创造一个更好的城市？（2）我们如何评估怎样的结果才算真正意义的更好？这些问题和最近围绕正义重建的社会运动斗争也是一致的，相对于平等，允许目标在物质（经济再分配）层面和非物质（能力、机会、自由）层面同时构建。

这种倾向下，几位当代理论家描写了"好城市"，清晰理解正义、责任和城市之间的关系（哈维，1992、1996；梅里菲尔德、苏杰道，1997；弗里德曼，2000；阿明，2006）。阿什·阿明（Ash Amin）强调肯定"构想为逐渐扩大的团结习惯的城市伦理"的中心地位，基于"修复""关联""权利""反复提升"这几个概念，是日常生活的一部分（阿明，2006：1012）。阿明构想出一个有功能性、包容性、参与性的城市，这样的城市会产生团结和协作的希望和回报（阿明，2006：1019）。在另一个概念探索中，约翰·弗里德曼（2000）关注非常具体的问题：住房、健康、工资、社会福利，支撑好城市的四根柱子。约翰·弗里德曼强调公民社会组织的斗争作用，加固了柱子在民主宪法中的力量。如费恩斯坦所论述,正义之城概念和"好城市"的论述有这样那样的相同点,特别强调逐渐扩大城市居民的团结意识,构想一种环境,城市条件可以变得更好。

还有一个越来越有影响的理解正义城市的途径,亨利·勒费布尔(Henri Lefebvre)在著作中找到灵感(戴安科,2001;米切尔,2003;珀塞尔,2003;史密斯,2003)。勒费布尔创造空间的启发性著作(1992)探讨"城市革命"(2003)和"城市的权利"(1996)越发激励"呼吁和要求"(勒费布尔,1996:158)学者、活动家、组织者。珀塞尔(2003)关注重新定义公民权利和自由民主的概念,提出"全球城市权利",包括适当城市空间权,通过参与不同层面的对居民有影响的决策创造这种权利。强调城市权利观念、使用权和参与社会政治生产权,促进全美社区组织和其他社会团体动态联合起来呼吁经济和环境正义。城市权利联盟成员一直活跃于反对全国中产阶级化,呼吁土地权和住房权不受房地产投机约束,这些可以作为文化和政治空间构建可持续社区。本文集后记提到城市权利概念的内涵以待进一步理论探索和实践研究。

城市权利、正义之城和好城市的构想共同拥有一个重新阐述人居、社会规则、社会正义之间的政治和道德联系的愿望(奥格,2006)。戴安科(2001)阐述了学术研究的共同目标——即研究"一种概念化机构可以规范内容引导实践生产城市空间"(戴安科,2001:1803)[①]——这是一套不同类别的理论标准,从中可以得到以下观点。戴安科认为挑战性是在非正义的空间辩证范畴内阐述差异权和城市权。虽然费恩斯坦没有这种关注,但是

[①] 这个目标很接近费恩斯坦的目标,她曾非正式地陈述这一目的:"提供修辞方法供我用,我这方(相当于她的标准观点)可能就会赢。"引自寻找正义之城会议谈话记录稿(2006年4月29日,哥伦比亚大学)

寻找正义之城|

她期待详述与哲学和政治基础的关系，能够证明好城市的标准和愿景。费恩斯坦认为有力的论据和严谨的辩论很重要，无论是要扩大团结的感情、动员公民社会、有效激励更多的参与者克服现存的社会分化，还是要求更进步的社会政策。另一方面，戴安科基于城市权利概念的理论机制，强调政治解放的作用，动员被排斥群体而不是最初以空间正义的名义寻求创建广泛动员。虽然这些角度之间的交集很强，但是出发点对城市政治是很重要的。所以，戴安科的文章实质上是作为关注正义之城、好城市和城市权利之间的异同点的方法被收在本文集。

正义之城的舞台：推进讨论的批评（critiques）和争论（debates）

为了搭建布鲁诺·拉图尔（Bruno Latour）所描述的舞台供评论学者聚会，本文集聚集了不同学科的作者探讨正义之城体现的潜在性和张力。探讨中，作者们的不同视角帮助说明城市非正义的根源和需要对非正义做出反应的愿景之间的关系。城市理论作者之间的分类区别必须讲清，而且还得调解好，在活动和评议中团结所有作者。本文集作者追求这样的合作，提供了应对批评和跨学科对话的一个积极范例，并有意邀请读者持同样的态度。

本文集由三部分组成，大概对应一定程度的分析和一系列有区别而又彼此关联的问题。第一部分针对讨论中的哲学和政治基本矛盾。第二部分密切关注辩论的一系列争议点，并从城市实践应用角度扩大讨论范围。第三部分关注具体案例和内涵。本文集涉及的三组问题如下。

第一部分：为什么要求正义？正义之城讨论的理论基础：
正义肯定可以解释吗？必须表述为没有非正义吗？不管哪

种，正义之城可以展开普遍讨论吗？或者基本依赖位置和地方特性？如果肯定可以解释，城市环境中什么构成了正义？

第二部分：正义之城的局限是什么？扩展讨论：

如果要挑战当代区域和城市发展程序，城市水平适合于进行分析和采取行动吗？在现行社会关系范围内，如果不本能地反映强势群体的利益，正义能解释到什么程度？

第三部分：如何实现正义之城？从讨论到实际：

正义之城概念能实实在在引发更好的城市愿景吗？如果可以，这些愿景在实际中是如何起作用的？如果正义的概念不是一个有用的能引导和评估城市发展的办法，有什么更好的办法？如果要创建一个好城市，什么样的社会、经济、政治等结构是必需的？

在第一部分，苏珊·费恩斯坦将正义的哲学概念置于主要理论冲突的背景下思考，对此正义之城项目必须面对。大卫·哈维从马克思主义者的视角批判了正义之城这种构想，认为任何试图在资本主义关系环境中实现正义的努力都不会认识到非正义的根源。弗兰克·费希尔从审慎的民主视角以一种植根于规划和公共政策的推理模式批判了这个项目，并且试图在政治经济和这种推理方法之间找到一个共同点。最后，穆斯塔法·戴安科（Mustafa Dikeç）效仿勒费布尔关注差异权，关注寻找正义之城道路中大多数被排斥人群的中心作用。

第二部分扩大了正义之城讨论的范围。作者们质疑费恩斯坦阐述的正义之城是否走得"足够远"，审视把正义作为城市的主要评价工具的复杂。彼得·马库塞呼吁在结构意义上扩大范围，超越简单的平等分配到范畴更广的"共同规划"（common planning），相对于"正义规划"（justice planning）而言。约翰尼斯·诺维和玛吉特·梅尔（Margit Mayer）呼吁在地理意义上扩大范围。他们试图在讨论中囊括美国以外的和欧洲的城市，质疑选择阿姆斯特丹作为正义之城的范例，批判费恩斯坦接受了基于欧洲城市主义发展评估的发展标准。奥伦·伊夫塔契尔（Oren Yiftachel）、拉维·戈德哈贝尔（Ravit Goldhaber）、罗伊·牛丽尔（Roy Nuriel）分析以色列的城市政策，试图扩展发展正义之城的差异和认知概念，他们展示以色列城市如何通过"肯定认知"、"边缘漠视"和"敌意认知"不同伦理群体，创造"爬行的城市种族隔离"和"灰色空间"。最后，詹姆斯·德菲利皮斯（James DeFilippis）通过缩小语言的全球化这个有点自相矛盾的，并重新把地方概念引入到发展讨论中的方式来扩充这项议题。基于对大量未受监管的就业部门的研究，他关注劳资关系的地方性，不再注意全球城市间的竞争威胁，而转移注意力到城市和个人斗争的经济剥削现实中。

第三部分转向取得正义结果的实际问题。它提出问题：追求正义之城目标的城市活动家们在做什么？他们面临什么挑战？劳拉·沃尔夫-鲍尔斯（Laura Wolf-Powers）关注公共对话在创建"反公共"（counter-publics）中作为积极力量的重要性。她揭示在20世纪60年代和70年代纽约布鲁克林案例中选择性话语如何重构城市话题，通过如何改变社区居民对自身能力的感受，因此对进步规划者和活动家在更广泛的政治讨论中获取支持是非常重要的。贾斯廷·斯泰尔、詹姆斯·康诺利通过对纽约南布朗克斯地区几个层面环境正义组织的案例研究，探讨了宪法结构和正义城市成果话题。这些社区性组织一直致力于重建棕色地带再开发的组织关系，创建包括反叛声音的多边结构。厄美尼亚·马里卡托（Erminia Maricato）关注国家层面的相似话题，分析了巴西"城市权利"引发的立法，及其重建物权法和社会福利供给的目的，也包括实现过程中的阻碍。最后，针对美国新奥尔良的具体灾难，菲利普·汤普森指出在美国必须认识到任何创建正义之城的努力都逃不脱被奴隶史和殖民史捆绑的政治和权力，这些政治和权力继续着种族性劳工剥削。

约翰尼斯·诺维和卡兹·波特（Cuz Porter）重新审视文集所关注的主要问题，评价作者们的文章把我们带到了什么地方。彼得·马库塞的最后几句话关注了民权运动和1968年暴动带来的变化，改变了我们对社会正义目标的看法。马库塞指出"城市权利联盟"引发的动力促进人们追求正义城市。

本文集的讨论希望扩大城市构想范围，同时帮助激发、统一、控制对正义城市结果的共同愿望。勒费布尔把自己定义为"乌托邦分子……可能性的支持者"（partisan of possibilities）（平德，2006：239）。大卫·平德（David Pinder）等最后又强调城市日常生活中进步乌托邦愿景的价值。进步乌托邦愿景能够强化集体创造价值，打开新视野看到城市可能会呈现的样子，因为在这个环境中新自由主义得到基本力量，成为"无限开发的乌托邦""破坏可能会干扰纯市场逻辑的集体结构程序"（布迪厄，1998：1）。费恩斯坦认为"虽然乌托邦理想提供追求的目标，激励支持者的热情，但不能在特定历史环境中提供转型的策略"，因此提出在现代环境中有希望又可行的愿景。更乌托邦和更实用的方法在努力实现更为正义城市的过程中是必要的，二者之间进行对话毫无疑问是有成效的。如弗雷德里克·詹姆士（Fredric Jameson）所写"乌托邦似乎会检测我们构想变化时还有什么能力可用。"（1991：xvi）

在实用性和乌托邦两个方面，正义之城的讨论从本质上提出责任地理性的根本问题（梅西，2004）——哪些活动家，在什么范围内，城市居民能够对自己的日常生活质量、空间权利和机会权利负责。正义之城概念能创建一种道德和政治杠杆，社会运动可以利用这个杠杆,支持国家和市场之间关系的变化(Yuval - Davis,1999;布罗迪,2007)。在阐述使用和参与城市空间生产的同时,正义之城的方式可以使城市居民更有效地获得空间权和集体资源供给权。

有些作者先关注非正义,然后接近城市的正义;有的作者关注合理选择的愿景。这两种方式均提高我们对构成非正义过程的分析,挑战我们的构想看不到的可能性。本文集论文帮助启发每天做出的关于城市形式和程序的选择。游行者曾抗议 1999 年西雅图世贸组织会议缺乏问责性,强调需要广泛参与政策决定,更多关注被排外人群的需求,聚集起来呼喊"这才是民主!"正义空间、正义之城是什么样?认识到城市是主流社会关系再生产的关键地点。本文集对 21 世纪城市中正义是什么,城市的未来会有什么选择只是抛砖引玉。

参考文献

Amin, A. (2006) "The Good City," *Urban Studies*, 43.

Amin, A. and Graham, S. (1997) "The Ordinary City," *Transactions of the Institute of British Geographers*, 22(4).

Beauregard, R. (2006) "Injustice and the City," presented at the Searching for the Just City conference, April 29: Columbia University, New York City.

Bourdieu, P. (1998) "Utopia of Endless Exploitation: The Essence of Neo-liberalism," *Le Monde Diplomatiqlie*.

Brenner, N. (2004) *New State Spaces: Urban Governance and the Restcaling of Statehood*, Oxford: Oxford University Press.

Brodie, J. (2007) "Reforming Social Justice in Neoliberal Times," *Studies in Social Justice*, 1(2): 93 – 107.

Campbell, H. (2006) "Just Planning: The Art of Situated Ethical Judgement," *Journal of Planning Education and Research*, 26.

Castells, M. (1977) *The Urban Question: A Marxist Approach*, Cambridge, MA: MIT Press.

——(1978) *City*; *Class*; *and Power*, trans. Lebas, E. , New York: St. Martin's.

——(1983) *The City and the Grassroots*, Berkeley: University of California Press.

Dahl, R. (1967) "The City in the Future of Democracy," *American Political Science Review*, 61(4).

Davidoff, P. (1965) "Advocacy and Pluralism in Planning," *Journal of the American Institute of Planners*, 31.

Dikeç, M. (2001) "Justice and the Spatial Imagination," *Environment and Planning A*, 33: 1785 - 1805.

Dobbs, D. (1994) "Choosing Justice: Socrates' Model City and the Practice of Dialectic," *The American Political Science Review*, 88(2).

Engels, F. (1872/1988) "The Housing Question," in K. Marx and F. Engels, *Collected Works*, vol. 23, London: Lawrence and Wishart.

Fainstein, S. (2000) "New Directions in Planning Theory. " *Urban Affairs Review*, 35(4).

——(2005) "Cities and Diversity: Should We Want It? Can We Plan for It?" *Urban Affairs Review*, 41(1).

Forester, J. (1999) "Reflections on the Future Understanding of Planning Practice, " *International Planning Studies*, 4(2).

Fraser, N. (1999) "Social justice in the age of identity politics: redistribution, recognition and participation," in Ray, L. and Sayer, R. (eds) *Culture and Economy After the Cultural Turn*, London: Sage.

Friedmann, J. (2000) "The Good City: In Defense of Utopian Thinking," *International journal of Urban and Regional Research*, 24(2).

Habemlas, J. (1985) *The Theory of Comnumicative Action*, Volume 1: *Reason and the Rationalization of Society*, Boston: Beacon Press.

——(1991) *The Structural Transformation of the Public Sphere: An Inquiry into a Category of Bourgeois Society*, Cambridge, MA: The MIT Press.

Harloe, M. (2001) "Social Justice and the City: The New 'Liberal Formulation,'" *Intetrnational Journal of Urban and Regional Research*, 25(4).

Harvey, D. (1973) *Social, Justice and the City*, Oxford: Blackwell.

——(1992) *The Condition of Postmodernity: An Enquiry into the Origins of Cultural Change*, Oxford: Blackwell.

——(1996) "On Planning the Ideology of Planning," in Fainstein, S. and Campbell, S. (eds) *Readings in Planning Theory*, Oxford: Blackwell.

——(2005) *A Brief History of Neoliberalism*, Oxford: Oxford University Press.

寻找正义之城

Hayek, F. A. (1978) *Law Legislation and Liberty*, Volume 3: *The Political Order of a Free People*, Chicago: University of Chicago Press.

Healey, P. (1997) *Collaborative Planning: Shaping Places in Fragmented Societies*, Vancouver: University of British Columbia Press.

Howard, E. (1898/2003) *To - morrow: A Peaceful Path to Real Reform*, London: Routledge.

Howard, E. and Osbom, F. (1898) *Garden Cities of Tomorrow*, London: Faber & Faber.

Jameson, F. (1991) *Postmodernism. or The Cnltural Logic of Late Capitalism*, Durham: Duke University Press.

Katznelson, I. (1982) *City Trenches: Urban Politics and the Patterning of Class in the United State*, Chicago: University of Chicago Press.

King, A. (1996) *Re - presenting the City Ethnicity, Capital and Culture in the 21st Century Metropolis*, London: Macmillan.

Latour, B. (2004) "Why Has Critique Run Out of Steam? From Matters of Fact to Matters of Concern," *Critical Inquiry*, 30(2).

Krumholz, N. (1982) "A Retrospecti View of Equity Planning: Cleveland, 1969 - 1979. "*Journal of the American Planning Association*. 48(2).

Lees, L. (2004) The Emancipatory City: Urban (Re) Visions, in L. Lees (ed.), *The Emancipatory City: Paradoxes and Possbilities*, London: Sage Publications.

Lefebvre, H. (1992) *The Production of Space*, Oxford: Blackwell.

——(1996) *Writings on Cities*, Oxford: Blackwell.

——(2003) *The Urban Revolution*, trans. Robert Bononno, Minneapolis: University of Minnesota Press.

Lycos, K. (1987) *Plato on Justice and Power: reading Book I of Plato's The Republic*, Albany. NY: State University of New York Press.

Massey, D. (2004) " Geographies of Responsibility," *Geografiska Annaler B* 86B(1).

McLeod, M. (1997) "Henri Lefebvre's Critique of Everyday Life" in S. Harris and D. Berke(eds) *Architecture of the Everyday*, New York: Princeton Architectural Press.

Merrifield, A. and Swyngedouw, E. (1997) *The Urbanization of Injustice*, New York: NYU Press.

Mill, J. (1861/1969) "Utilitarianism," in *CoIlected Works of John Stuart Mill*, vol. X. Toronto: University of Toronto Press.

Mitchell, D. (2003) *The Right to the City: Social Justice and the Fight for Public*

Space, New York: The Guilford Press.

Neu, J. (1971) "Plato's Analogy of State and Individual: 'The Republic' and the Organic Theory of the State," *Philosophy*, 46(177).

Nussbaum, M. (2000) *Women and Hunan Development: The Capabilities Approach*, Cambridge: Cambridge University Press.

Ong, A. (1999) *Flexible Citizenship: The Cultural Logics of Transnationality*, Durham: Duke University Press.

——(2006) *Neoliberalism as Exception. Mutations in Citizenship and Sovereignty*, Durham: Duke University Press.

Pinder, D. (2006) *Visions of the City: Utopianism, Power and Politics in Twentieth Century Urbanism*, London: Routledge.

Plato (1963) *The Republic*, Cambridge, MA: Harvard University Press.

Purcell, M. (2003) "Citizenship and the Right to the Global City: Reimagining the Capitalist World Order," *International Journal of Urban and Regional Research*, 273.

Rawls, J. (1971) *A Theory of Justice*, Cambridge, MA: Harvard University Press.

Robinson, J. (2006) *Ordinary, Cities: Between Modernity and Development*, London: Routledge.

Sen, A. (1999) *Development as Freedom*, New York: Alfred A. Knopf.

Simmel, G. (1903) "The Metropolis and Mental Life," trans. in Wolf, K. (ed.) (1950) *The Sociology of Georg Simmmel*, Chicago: University of Chicago Press.

Smith, N. (1992) "Geography, Diffefence and the Politics of Scale." in Doherty, J. Graham, E. , and Malek, M. (eds) *Postmodernism and the Social Sciences*. London: Macmillan.

——(2003) "Foreword." in Lefebvre, H. , *The Urban Revolution*, Minneapolis: University of Minnesota Press.

Soja, E. (1997) "Margin/Alia: Social Justice and the New Cultural Politics," in Merrifield, A. and Swyngedouw, E. (eds) *The Urbanization of Injustice*, New York: New York University Press.

——(1999) "In Different Spaces: The Cultural Turn in Urban and Regional Political Economy," *European Planning Studies*, 71(1).

Soureli, Konstantina (2008) "Towards Critical Spatial Possibilities," presentation at the Association of Collegiate Schools of Planning conference, Chicago. July 6 – 11.

Storper, M. (2001) "The Poverty of Radical Theory Today: From the False Promises of Marxism to the Mirage of the Cultural Turn. " *International Journal of Urban and Regional Research*,25(1).

Tajbakhsh, K. (2001) *The Promise of the City: Space, Identity and Politics in Contemporary Social Thought*, Berkeley: University of California Press.

Young, I. M. (1990) *Justice and the Politics of Difference*, Princeton, NJ: Princeton University Press.

——(2000) *Inclusion and Democracy*, Oxford: Oxford University Press.

Yuval – Davis, N. (1999) "The Multi – Layered Citizen: Citizenship at the Age of Glocalization," *International Feminist, Journal of Politics*,1.

第一部分
为什么要求正义?
正义之城辩论的理论基础

规划与正义之城[*]

苏珊·S. 费恩斯坦（Susan S. Fainstein）

城市规划这一职业源于对美好城市的憧憬。19 世纪埃比尼泽·霍华德（Ebenezer Howard）和他的同事们提出的激进主义，巴伦·豪斯曼（Baron Haussmann）提出的创造性破坏概念，美国城市进步主义者们和欧洲同时期技术官僚们更为传统的观念都是城市规划职业得以产生的根源。尽管三种道路在内容、传播范围和民主方向上有所区别，但它们都发端于人们对工业城市混乱、不良属性的极端厌恶情绪。它们的共同目的都是通过诉诸理性使城市具有效率、秩序和美感。（斯科特，1998）

现今的城市规划活动更加稳重。尽管存在少数例外，新城市主义提倡者们尤为著名，但是多数规划师和学术评论家认为，愿景家们不应将他们的观点强加给民众。[①]而且，对于能否找到一个美好城市的典范，人们充满怀疑。对理想主义做法的抨击来自意识形态的各种派别。左派对城市规划抨击不断，缘于其阶级偏见

---

[*] 比本章长度稍短、内容有些许不同的文章在《哈佛规划杂志》（*Harvard Design Magazine*）上发表。彼得·马库塞、诺曼·费恩斯坦、沙伦·莫格和本书的编辑向本稿提出宝贵意见，在此谨表谢忱。

[①] 纽约规划和伦敦泰晤士通路区的规划雄心勃勃，非比寻常。

寻找正义之城

（甘斯，1968；哈维，1978），缘于其反对民主的本性（达维多夫和赖纳，1962；伊夫塔契尔，1998；珀塞尔，2008），缘于其未能对差异化予以考虑（托马斯，1996）。右派则认为城市规划活动限制自由（海克，1944）并造成效率低下（安德森，1964）；其将市场看成是城市空间的合理分配者（克罗斯特曼，1985）。中间派认为综合规划本身就是不民主的、不可实现的（阿特舒勒，1965；林德布洛姆，1959），在他们看来，现代主义者重新设计城市的努力是对城市机制的破坏，是对人们各种舒适和心愿的漠视（雅各布斯，1961；霍尔，2002）。的确，城市规划的历史似乎佐证了批评者的指责：战后美国城市重建和高速公路建造计划导致社区搬迁、解体，而欧洲社会住宅开发行动则频频建设出暗淡无光、社会同质化严重的房屋。而如今，每个城市将提高经济竞争力置于其他目标之上的做法使得城市规划活动优先考虑经济增长，进而牺牲其他社会价值，这给批评者提供了更多口实证据，因为在他们看来，城市规划就是为开发商的利益服务，以牺牲其他人的利益为代价。

还有，尽管迄今为止城市规划活动仍然存在理论质疑、执行困难、结果不公等种种问题，但是通过规划建设一个有活力、无地域偏见、正义、民主的城市的理想依然没有消失，这是进步主义者/左派的理想。即使这种远景似乎永远显得有些虚幻，但它依旧是人们的潜在理想。就其普遍适用性而言，现在这种愿景与以前的设想相比，适用范围很大胆，但也少了些许严谨。远景的内容通常被认为显而易见，但是对其实践的方法极其缺乏。对现实中的规划活动加以批评的同时，多数规划文献想当然地认为我们看到城市规划，自然知道好坏之分，对我们的评判标准无须详细论证。但是运用这种批评方法意味着规划活动可以带来其他效果。具体而言，正义的意义需要持久讨论，因为虽然正义不是美好城市的唯一因素，但是它毫无疑问是最核心的、人们最易违背的因素之一。

直到最近人们才开始探讨适用于规划活动的正义原则，与此同时他们也承认这种道德评判的情境属性：

> 正义不取决于简单的运算公式，对于像城市规划这种具体活动而言，这点尤其正确。规划活动始终存在自行裁决的空间，这又强调实际推理主要事关判断……这事关在普遍与特殊之间寻求折中之路，进而付诸行动。
>
> （坎贝尔，2006：102）

在普遍与特殊之间寻求道路的做法才刚刚兴起。本章的目的无非是将这种讨论进行下去。我要关注的焦点是正义及其与民主和多元的关系。这些是美好城市理论的因素，但更加全面的讨论将不得不对更加广泛的一组价值予以考虑，这些价值包括赏心悦目的物理形状、环境保护以及真实可靠。而这种分析超出了我们此处的讨论范畴。

作为正义之地的城市

是否应对"城市"（或大都会地区）给予特别关注这个问题需要进一步讨论。为什么不给予整个地区、整个国家乃至全世界特别关注呢？保罗·彼得森（Paul Peterson）（1981）在他的《城市极限》（*City Limits*）一书中写到，虽然城市管理部门可以促进经济增长，但是如果不诱发资本外逃、员工失业、课税基数下降，它们不会进行资源重新分配。曼纽尔·卡斯泰尔（1977）则反过来说，城市并不是生产的源泉——这是一个地区的功能。倘若这种情况属实的话，倘若生产是形成经济利益集团的关键，那

寻找正义之城

么将分析局限在城市甚至都会地区的做法是毫无意义的。彼得森和卡斯泰尔的观点表明了都会城市这一层面的无相关性。

可以肯定的是，不能孤立地看待城市；它们身处政府机构和资本流动所组成的网络之中。罗伯特·达尔（Robert Dahl）在1967年的一篇经典文章中提到涉及参与和权力复杂关系的中国盒子问题（Chinese box problem）：在社区层面，践行民主的机会最大，但享有权力的机会最小；随着决策规模升级，权力也变大，但人们影响最终结果的潜力却会变小。因此城市层面是整个管理等级体制中的一层而已。但是，同一个国家内城市之间也有些许差异，如社会宽容、公共服务质量、经济适用房的供给程度、种族隔离/融合等方面，上述差异显示了自治的程度。如果没有其他层面的支持，在城市层面上的正义就无从实现，然而，城市项目的讨论需要一个正义的概念，讨论城市政府权力范围内和城市运动的目的（费恩斯坦和赫斯特，1995；珀塞尔，2008：ch. 3）。除此之外，在特定的政策领域市政府可以自行裁决，进而享有分配利益和制造伤害的权力。这些领域包括城市改建、种族和民族关系的处理、开放空间的规划和服务的供给。卡斯泰尔（1983）尽管极力贬低城市在生产中的作用，还是将城市视为集体消费的核心——在这个地方公民可以获取集体物质，这些物质可以弥补他们付出劳动所得回报的不足。因此，他声称城市社会运动可能引发城市革命，即便它们不能成就大范围社会转型。根据这种逻辑，城市运动的确有些许诱发社会转型的潜力，尽管它引起的改变仅仅局限在城市日常运行的层面。

在试图提出正义之城标准之前，我先要举一个城市不公正的案例，而后对哲学家处理该案例中所隐含价值问题的方式加以讨论。接着，我会对源自各种价值标准的问题及其在城市问题上的适用程度进行考察。此处所提及的思想代表着我更大项目的开始；我试图通过这个项目提出一种城市愿景。这一愿景既可以对城市发展的目标予以规划，而又不易受到道德绝对主义的抨击。

案例：布朗克斯集散市场

我最近以规划师身份参与了一个纽约城市规划决策案例，与上文提及的前三个政策领域有关［城市改建、种族和民族关系的处理、开放空间（open space）规划］。这个案例是要收回布朗克斯集散市场食品批发商的经营权，强行让他们离开市场，把市场所在地转交给一家开发公司。这个市场所占土地归市政府所有，由大迪根快车道（Major Deegan Expressway）直接管辖，于20世纪20年代开始营业，1935年在市长菲奥雷洛·拉瓜迪亚的领导下重新装修，隆重开业。这个市场最后剩余的公司中，有几家就是诞生于20年代。市场中的商人们主要将他们进口的农产品、肉类食品、罐装食品出售给小杂货店、非洲裔食品店和其他专业零售商，这点反映了纽约这个城市族裔多样性的一面。市政府将市场出租给私人公司，私人公司收取租金并对市场设施加以维护管理。在最后的几十年中，由于该私人公司疏于管理，导致市场内建筑破旧不堪、路面坑坑洼洼、服务寥寥无几、装饰荒凉冷清、环境污秽肮脏。坚持经营的商人们不得不遭受市场经理经营不善之苦。不过，即使在2005年，剩余23家批发商（高峰时期有近100家批发商）与其400名员工的销售业绩仍高达数亿美元。

2006年2月，纽约市议会批准了对该市场进行重新划区的方案。根据此方案，现存的8栋建筑将会被拆除，尽管其中一些都被列入国家历史遗迹名录（National Register of Historic Places）。

寻找正义之城

从以前租赁人手中购得该市场租赁权的是一家关联公司（Related Companies），该公司的主席是纽约市主管经济发展副市长的好友。该公司打算在市场原址上建设一家面积数百万平方英尺、郊区风格的零售中心，称之为布朗克斯集散市场中心广场（Gateway Center）。这个广场内将入驻一家巨型零售商店和众多连锁店。该项目的部分融资依赖于市政府和州政府的补贴，这些计划必须要经当地选举产生的地方官员们的批准。市政府管理部门与商人协会之间并没有发生利益相互交换之类的事情。这家关联公司炫耀该项目可能带来的好处，公务人员对此从未认真质疑。虽然布朗克斯区区长、社区委员会成员、市议会议员对集散市场中经商的商人的困境表示同情，因为他们知道这些商人已遭受了数十年的不公正待遇，但他们的同情不足以使他们挺身而出阻止力推该项目的利益集团。城市官员通常优先注重发展经济；宣扬功利主义论调，决策应该是为了最大多数人的（所谓的）最大利益。布朗克斯集散市场受到的待遇不止一次佐证这种观点。

无论在法庭上，还是在各种城市讨论会上，包括在当地的社区委员会、市规划委员会和市议会，商人们都为不得不离开集散市场而奋力抗争。然而，令人遗憾的是，这些商人们缺乏足够的政治影响力来左右政府官员做出调整，要么让他们也参与到中心广场项目中来，要么给他们提供合适的搬迁地点。总的来说，官员接受的逻辑是：新的购物中心是适应服务型经济、实现经济现代化所必需的。

集散市场商人们的咨询人员提议开发一个批发和零售相融合的市场，类似于西雅图的派克市场（Pike Place Market）或纽约自己的切尔西市场（Chelsea Market）。建设批发—零售设施将会使该市场与遍布全国、千篇一律的购物中心区别开来，并充分利用此地城市格局，保留现有的工作岗位。如果能对原集散市场南部、市政府拥有的空地以及北部一片土地加以利用，就可以增加批发用地的面积；但是，市政府希望将这些空地改为公用场地以置换大坝公园（McComb's Dam Park），因为根据规划，大坝公园要改建成洋基体育场。购物中心的开发者是事先选好的，既没有让公众提出此类倡议，也没有给民众机会提出其他开发方案。市政府的代表则认为，开发商是从以前市场经营者手中直接买断的租赁权，纯属私人交易，无须竞标。尽管市政府对这片土地拥有所有权，并将市场上的建筑出租给一位疏于管理的经理，但市场的租赁人可以出售其权益，而不受限制，政府也没有尝试回购租赁权。市政府将受影响的居民和企业排除在外，不让他们参与该地区的规划，限制他们的建议，以免对已规划成形的计划形成冲击。开发商以社区福利协议的形式向社区提供些许好处。成百上千薪水丰厚、由移民成年男性占据的工作职位可能因此消失，取而代之的是兼职性质的、报酬低廉的工作职位；曾经生机勃勃的商业集群也可能被摧毁。①

如司法裁定的那样，法律程序随后展开，召开听证会；在社区委员会、城市规划委员会、市议会的协同批准下，交易开始执行。如果像市政府土地使用审核程序规定的那样，经由评估的确符合特定程序，其结果自然无可指摘。决策完全是地方层面做出的，全然没有州政府或联邦政府的参与。② 人们或许说结构力量（转变的经济、参与竞争的需要）限制了决策过程。但是这些案

---

① 购物中心由长长的空白外墙包围起来，仅有几条走廊通向周围社区。而且，由于巨型零售商店的用工模式，当地工会组织强烈反对修建。此处的一部分也会修建停车平台。根据建筑师所做的效果图，在购物中心侧翼的室外路边咖啡馆里，温文尔雅的市民啜饮着卡布奇诺咖啡。大概这些时髦人物会对购物中心上侧高速公路上飘来的噪声、灰尘、废气和鸟粪毫不在意。
② 由于地处帝国开发区（Empire State Development Zone），开发商能获得一些州政府的税收优惠。然而，州政府并不是决策过程的主要参与者。

例原本可能以不同的方式进行决策，福利也可能以更公平的方式加以分配。

为上述项目辩护的理由主要来自它可能带来的经济贡献，而不是它可能为所处地区带来物理环境上的改善。中心广场开发商所宣称的理由之一就是南布朗克斯地区的贫困居民对能在高折扣店购物渴望已久。由于1990年以来纽约地区贫困率上升，中等收入人口比例下降，这种说法很可能没错。这些居民身陷恶性循环之中：他们没有经济能力光顾独立店铺，是因为薪水微薄；他们薪水微薄又是因为大企业以竞争为由给自身贪婪寻找借口，利用自身优势压低工资。将大型商场（big box store）引入布朗克斯地区将会雇佣更多薪水微薄的员工，这些员工只能惠顾这些对他们进行盘剥、付给他们低廉工资的商场。

人们对这个案例的第一反应就是不公正。建设项目带来的好处为富有的开发商和国有连锁商店所享有。这是对个体、小型商店的歧视，这些商店多为少数族裔所办。开放空间规划旨在惠顾纽约洋基队而非当地民众。我们能够证明这样的结局是不公正的，倘若如此，又是以何种标准呢？

进步主义价值

多数情况下，经验型分析、政策制定和理论形成是在不同轨道上进行的。[①] 因此，我所举的布朗克斯集散市场案例代表了城市研究文献中的无数其他案例，这些案例描述重建项目，将重

[①] 一些城市规划专家已开始提出伦理理论（较为突出的有安德鲁·塞耶、迈克尔·斯多波、约翰·福雷斯特、理查德·森尼特、希瑟·坎贝尔等）；一些政治理论家和哲学家直接或间接地研究城市问题（较为突出的有弗兰克·费希尔、玛撒·努斯鲍姆、艾里斯·玛丽恩·杨）。

建结果归因于注重经济发展联盟的强大力量或城市体制（urban regime）（莫伦克普夫，1983；洛根和摩洛克，1987；费恩斯坦和费恩斯坦，1986）。然而，他们鲜有提出不同政策选择。不过，我可以将城市规划专家们通常视为好的和不好的价值罗列如下。

1. 公共空间
   a. 不好：缺少参与，同质性
   b. 好：异质性
2. 规划
   a. 不好：专家治理
   b. 好：公民参与
3. 福利分配
   a. 不好：惠及富有阶层
   b. 好：重新分配惠及最穷的人群
   c. 模糊：资助中产阶级
4. 社区
   a. 不好：同质性
   b. 好：认可"他者"的存在；多样性①

这些标准尽管广为接受，但很少有人对它们提出疑问或进行仔细论证。②

---

① 其他好与不好包括：建筑环境的质量——不好：缺乏真实感，建筑风格因循守旧/好：历史准确，建筑风格超前；社会控制——不好：有序、主宰、好：抵制、冲突；房屋——不好：奢华住所/好：住得起房屋；超大项目——不好：大，自上而下的规划模式/好：流行、递增、保护；社会服务——不好：私有化、个人化/好：集体消费；经济发展——不好：企业型政府/好：小生意、合作社；环境——不好：自由放任主义/好：规范、环保发展。
② 大卫·哈维（1992、2003）的著作，尤其是他对巴黎的讨论和分析汤普金斯广场公园冲突的文章对这个总结来说实属特例。

寻找正义之城|

哲学思考（Philosophical approach）

与城市规划学者相比，哲学家们致力于提出和阐述他们关于正义的思想。然而，他们的考察很少直接涉及城市问题，他们提出的价值标准通常也不会阐明合适的城市政策。① 尽管如此，现今哲学框架内对正义的讨论的确事关这样的一些问题，这些问题对城市规划专家也同样重要，因此可以用来评估城市政策。首要的是平等、民主和差异问题。

约翰·罗尔斯（1971）的著作是讨论正义及其与平等关系的基础。众所周知，罗尔斯假定原始立场，即在无知之幕后面，每个个体都不知道他们在社会上将身处何种地位。罗尔斯的第一个原则是自由，第二个补充性原则是"差别"，他借差别表达平等。他的论述是，自由的个体理智行事，会选择一份大约平等的主要产品（primary goods），以便他们最终不会处于不利地位。罗尔斯影响力如此巨大，因为在理性选择理论推崇者可以接受的词汇里，他提出一套逻辑论证，既捍卫平等，而又没有诉诸自然法则、神学、利他主义、马克思主义的目的论或人性分析。

女性主义者、社群主义者和文化多元主义者指责罗尔斯不重视主要产品之外的其他价值，忽略了非物质原因所导致的社会差异，没有理解社会本身（即社区、人际关系）是公共产品（a good）而只重视个体而将前者排外。罗尔斯对主要产品的定义是否可以涵盖非物质因素，这一问题与我们此处的讨论关系不大，但如下文要讨论的那样，性别问题、文化差异和个人主义的确与

---

① 艾里斯·玛丽恩·杨非比寻常，致力于城市问题的研究，或许是其在匹兹堡大学城市规划系多年从教的结果。

32

我们有关。尽管如此，为了便于讨论，我们可以将罗尔斯把平等视为是组织"秩序良好社会"或秩序良好城市的理性方式的观点单独提取出来。

森（1999）和努斯鲍姆（2000）的可行性能力方法（capabilities approach）给我们建立与正义之城相适应的价值观提供了更好的通道。可行性能力不是描述现实中人们如何行事（即：最终状态）而指人们有机会做什么。如果有人不选择行使自己的可行性能力（例如：有人可以选择禁欲），那么他就无须行使，但是行使可行性能力的机会不能没有，包括对可行性能力价值的认识。根据这种逻辑，必须将每个人看成是最终状态，每项能力都有一个阈值，如低于这个阈值，人体功能就不能得以发挥。因此，即使可以证明将布朗克斯集散市场商人驱离会给最大多数人带来最大利益，剥夺他们的可能性能力也是站不住脚的。

努斯鲍姆认为可行性能力不能彼此交换。她尤其将生命、健康、身体完整、受教育的权利、对个人环境（政治的和物质的）的控制视为必要的可行性能力。转述为公共伦理而非个体主义伦理，可行性能力方法会对城市居民加以保护，防止他们为了经济利益而牺牲生活品质。因此，迫切需要经济基础支撑的社区不能因为他们缺乏生产企业，就不得不接受毒废料处理场的设立。相比之下，保守派经济学家们将这种交换视为十分理性和可取的，因为他们支持以控制污染的方式设立市场体系。

可行性能力方法可以有效应用于城市机构和项目。抨击功利主义时，森（1999：ch.3）对这种成本效益核算分析方法进行了反驳，因为这种分析方法常被用来为城市资本项目辩护。这种分析通常会夸大效益而低估成本（阿特舒勒和卢布罗夫，2003；弗莱杰格等，2003），它通过累加计算，却不关注分配结果。更为敏感的分析形式是询问谁受益，并对人口中每个群体接受到的产出予以评估。那么，在应用差别原则或可行性能力方法时，我们应该选择让最不富裕群体受益的那种方案。然而，最不富裕群体的概念是主观的，通常根据社会群体附属关系加以分类。我们的确清楚的是，最缺乏政治和经济实力的群体是最不可能获胜的。

努斯鲍姆认为存在虚假意识，可以影响选择权，而不是仅仅发现选择权。因此，关于特定偏好的本质，如果人们被迷惑，选择最大化的福利经济学标准就会被破坏。我们再次以布朗克斯集散市场为例，城市规划委员会成员和布朗克斯议会代表对开发商和市政府官员的论点欣然接受，认为通过建设购物中心，布朗克斯居民便能得到工作岗位、享受福利设施和增加购买力。他们从未接触过其他形式的开发方案，或是为符合民族美食特点而翻修食品批发市场的开发概念。因此，他们的选择权是建立在信息不足基础上的。或者，引用美国许多城市都存在的开发案例，我们看到一个又一个城市投资大量公共资金兴建体育场馆。然而，诸多研究表明，公共财政所付出的成本都无一例外会超过其收益，因为没有比赛时，场馆的周围便成为死角，整体上对城市经济的积极影响是可以忽略不计的。然而政客们和多数公众显然接受此类论调，即城市经济会因主要联盟球队的存在而获益颇丰。[①]

同样，在人们不能清楚了解自己利益的环境中，哈贝马斯的交际理性也不能发挥作用。哲学家中，尤金·哈贝马斯对规划领域可能最有影响力（福雷斯特，1993；希利，2006）。在规划理

---

① 见罗森托布（1999）。纽约市和纽约州最近投资3.62亿美元修建新的洋基球场，尽管新建的球场会占用公共绿地。给出的理由是其对布朗克斯经济发展贡献巨大，尽管现有球场满负荷运转，而且尚没有该球队离开纽约的危险。新球场带来的好处完全由球队独享，因为新球场会有更多豪华包厢和更多空间用来安装赚钱的辅助设施，这都会使球队受益。尽管当地民众就公共绿地被占用提出了抗议，但是面对该区极端贫困的现实需求，在用巨额公共资金修建球场这件事情上竟然没有主要反对意见。纽约市也提供置换公共绿地的土地，但所提供的土地四分五裂，与占用的相比，利用起来很不容易。

论中，理想言说情境和协商民主概念尤其重要。哈贝马斯将理性、说实话、民主概念引入他的思想，并让其发挥作用。他的思想前提是通过话语，决策的参与者会从最佳论据出发做出最佳决策。尽管提出了评估决策过程的标准，但不像森和努斯鲍姆，哈贝马斯没有提出评估政策结果的标准。如同布朗克斯集散市场和洋基球场案例所表明的那样，围绕城市规划的话语通常含有错误论断。哈贝马斯的处理方法认同揭露其谬误，但是在权力领域，他不会指出如何揭露谬误或正义规划涉及什么。在布朗克斯集散市场案例中，市政府雇佣的规划师没有质疑建设购物中心的方案，也没有提出替代方案，这点不足为奇。捍卫布朗克斯集散市场商人利益的人士这样做了，但是"向当局进言"没有奏效。

亨利·勒费布尔与艾里斯·玛丽恩·杨一样，是一位致力于城市主义研究的哲学家。他的"城市权利"论说对以下两点尤其支持，即反对将公共空间私有化和保持大都会的异质性（勒费布尔，1996；米切尔，2003）。此思想应用到布朗克斯，就会对投机开发商攫取集散市场、公共公园改建为洋基球场的做法予以谴责。但是，无论就什么应该包含在权利里面，还是就城市意味着什么而言，"城市权利"皆过于抽象，缺少明确特征。这是一个模糊概念，作为一个修辞手段远比作为一个决策工具有效。与此同时，该论说对城市规划理论家更有用，因为它明确关注空间，而空间这个变量在多数哲学著作中是没有的。

提出评估规划方法和规划政策的标准，这些哲学家为考察规划行为以及他们对个人自我实现的贡献提供了路径。作为实践工具，他们论断的明显缺点是没有对实现其目的的方法加以关注，对根深蒂固的权力结构也没有提出具体处理模式，对现实中追求社会正义所产生的成本与代价更是没有予以考虑。努斯鲍姆认为彼此交换可行性能力是不可以接受的；所有可行性能力必须加以实现。然而，这点或许是不可能的。马克思曾批评空想家们没有找到实现其目标的途径。与马克思不一样，当代政治哲学家们明显觉得贯彻执行是别人的事情。然而，规划师、决策者和政治活动家无法抹去历史，就好像他们是从零开始的——他们不得不是语境主义者。尽管乌托邦式幻想向支持者们绘就了奋斗目标，并能够动员支持者的激情，他们却没有提出特定历史背景下实现变革所需要的战略。马克思提醒我们，人民可以创造自己的历史，但并不是在他们自己所构筑的历史情境中。初始状态、所需能力、理想言说情境和城市权利，这些与布朗克斯的实际情况似乎有些遥远。

实践性

所有这些提供规范框架的努力需要与体制形成、社会排斥和冲突的基础等现实情况相结合加以考察，而且它们还应考虑到各地区之间的差异。每一种哲学方式的抨击都会带来严重问题。罗尔斯为平等价值辩护时说到，在无知之幕后面，身处原始立场的每个个体都会选择平等。然而，我们绝不会处在原始立场的位置（如同社群主义批评者所指出的那样）。罗尔斯的"差别原则"（富有讽刺意味地）回避了残疾和多元文化所造成的差异（杨，1990；努斯鲍姆，2006）。主要产品的平等并不能弥补身体缺陷或交往中的失礼[①]。集散市场商人将物品出售给杂货铺老板所获得的尊敬与纽约洋基球队老板所受到敬重不可同日而语。商人们没能得到让步以便与人共享设施来继续他们的生意。他们不仅因此遭受不公正待遇，而且他们所表达的愤怒情绪和所提出的替代

[①] 罗尔斯（1971：440）的确做过如下陈述，自尊"或许是最重要的初级产品"。自尊的组成部分之一是"发现我们的人和事迹受到他人的赞赏和肯定。"

方案也遭遇冷遇甚至不屑。

家庭责任及其对自由构成的限制衍生出责任义务，责任义务又导致丧失自由，对这些差别原则罗尔斯也没有涉及。① 因此，罗尔斯被批评为过于物质主义（赫希曼，1989；贾加尔，1983；杨，1990：16；努斯鲍姆，2000：ch.1）。理性选择理论中，弥补个人损失总是有可能的。例如，这种可能性就是以赔偿损失形式写进法律的——你在工业事故中损失一只胳膊，你就会根据工作者补偿机制获得若干数量的美元作为补偿。但是我们知道，一只胳膊并不能与任何数量的金钱画等号。同样，人不能因为给临时保姆付费就得以逃避为人父母的义务。单单借助经济增长创造工作岗位，而没有改善社会和交通服务，这会使穷人面临艰难选择：是照顾家人，是忍受很长的上下班通勤时间，还是获得就业机会。城市规划不仅要对某项政策的经济成本加以考量，而且要兼顾考虑其对人民福祉的影响。经济收益能够弥补有损人格工作所带来的羞辱吗？用等量、利用率较低的其他空间取代公用场地可以弥补由此带来的损失吗？财政收入和社会服务的改善是呼吸污浊空气的理由吗？

以个体开始只会导向对个体间平等的讨论，而不是对集体间社会关系的讨论。因此，对正义的多数哲学讨论围绕获得主要产品的平等愿望展开——例如，残疾人个体能否像其他人一样获得等量的主要产品或者他们应该获得额外补偿利益（安德森，1999；努斯鲍姆，2006）。社会学更加专业的讨论会运用公正这个术语，致力于纠正所影响群体面临的不利条件（坎贝尔，2006：94-95）。

公正使我们对一系列因素加以考察，这些因素与我们作为规

---

① 罗尔斯把家庭看作单个单位，对家庭内的正义的组成部分并未加以探讨。

寻找正义之城

划者有关——例如，环境退化设施对不同社会群体的影响，或者谁可以利用公共空间，以及为了何种目的可以利用公共空间。这都指向公共政策的结果，而非仅仅指向政策论证的起点。通过对结果的考察，我们可以避免功利化的成本—效益分析，因为成本—效益分析将焦点集中在单个人的总和上；我们也可以对权力关系和社会结构有更好的理解。

对集群的连贯性和它们彼此间的结构关系不加以承认，是对重新分配这个根本社会问题的逃避——如何避免造成较富裕阶层拒绝接受的负担。真正的重新分配难免会引发冲突，冲突有时可能会非常严重以至于破坏社会和平。要实现更大平等的实际问题，是设计方案以减轻对不得已放弃大量利益之社会阶层的负面冲击。

个人自由的起点也避免了那些与集体财产属性有关的问题——例如，高质量的建筑环境——如果他对发展个人能力或纠正不平等不是必需的话。城市社会学列表服务器上最近出现的一次事关芝加哥的辩论，即，创建一个拥有诱人便利设施、生机勃勃的城市会给所有居民带来好处，还是这只是事关小资消费者，而低收入群体持续被排斥在外（吉尔德布鲁姆，2006）。正如在这个讨论中所提及的那样，似乎存在一个潜在假设：低收入群体不在乎便利设施。换言之，其言下之意是城市美化仅关乎城市精英，劳动阶级只在乎物质利益。我曾经在新泽西州的新不伦瑞克教书，我询问一位向我班学生发表演讲的当地牧师，市中心被翻修，人行道铺上了地砖，布置了街道设施，他那些主要住公房里的会众会对此憎恨吗？他是否认为，这是为了城市年轻职员的利益而将他会众的空间夺走了吗？"你在开玩笑吗？"他回答道，"你认为我的会众就不喜欢住在舒服的地方吗？"对排他行为的反对似乎让步给了这种观点，即，低收入人群与丑陋环境之间的联系是合理的。① 然而，城市权利不仅仅指非排他性——它包括享有令人愉悦、可持续发展的城市，造就文雅的环境并致力于获得这种环境。

> 勒费布尔的展望不仅仅是为了对具体空间进行以使用者为中心的设计……完全占有的权利不仅指现有城市空间的物理存在，而且也指充分满足城市居民需求的城市权利……在更广泛意义上，占有意味着拥有这样的城市权，上下班人员通勤距离不远……回家能住在承受得起、舒适的房屋里。儿童护理者可以从附近的几个公园进行选择……也意味着购物者仅需光顾附近的食品杂货店就能购买到高质量、价格合理的食品。这也意味着城市里没有加剧社会不平等的种族隔离和阶层对立。当然，占有不仅要求享有在空间里存在的权利，也要求能够提供人们有尊严、有意义的生活的空间。（珀塞尔，2008：95）

哲学家们不得不考虑后现代主义者/后结构主义者对说话者置身所在（situatedness）的重视及其对单一伦理的抨击。尽管经济上的不利与种族、宗教背景上的差异相互重叠，但物质上的平等也不能自动克服因缺乏哲学家们所称的"认可"所带来的问题。因此，争论集中在认可是否包括重新分配，或者如同弗雷泽所说，二者是否必须分开分析，尽管它们现实中相互纠缠在一起（弗雷泽和霍耐特，2003）。像努斯鲍姆（1999：ch.1）这些试图保留普遍主义伦理学的学者们，声称尽管存在文化差异，范围广泛的共同价值结构本身可以包括宽容和差异。罗尔斯（1971、

---

① 在美国的环境下，城市很少会对美化工作加以管理，因此出现这种联想是可以理解的。的确，一旦新不伦瑞克城区环境变得称心如意，它的公房就会被拆除，取而代之的是公寓，多数城区居民就会被排挤到城市郊外。

2001）承认差异的不公，并评论到，即使重新分配后的福利国家也不能带来公正，因为它会将生产资源集中控制在某一群体的手中，进而产生弱势阶层。弱势阶层接受福利援助，名声不佳。北欧福利国家的失业人员多以移民背景为主，国家会给这些失业人员提供收入支持。尽管如此，这些国家的发展趋势并没有成功消除失业人员对自己境况的愤愤不平，这点就佐证了罗尔斯的观点。

罗尔斯倾向于选择以"财产所有民主制"（即生产资料所有权分布广泛）或自由式社会主义为基础的"良序社会"。问题又来了：我们如何实现这种状态？如果人们已然知道自己处在有利地位，什么理由可以使他们接受重新分配？这不能简单地总结为，我们已知道自己不在别人的位置上，却要问我们要是别人的话会是什么感觉。如果强势群体认定弱势群体在种族、宗教或肤色上为"他者"，问题就很棘手。这里需要一个基于集体利益的论据——社会理性——而不是个人理性，尽管社会理性在严格意义上而言无须是功利主义的。就实际而言，它必须受到社会运动、政党或提供帮助的精英阶层的支持。

在城市层面向这种理想状态（财产所有民主制或自由式社会主义）前进可行吗？公共领域提供更多地方层级所控制的物质的话，这会更加容易些。例如，伦敦的工党政府对征税法律做出修改后，公共博物馆就不再收费，而当地劳工机构开始向进入伦敦中心城区的汽车征税；我们想当然地认为公共图书馆应提供免费或廉价服务——其他娱乐和教育提供者为什么不能这样做呢？（纽约向着相反的方向走，以前免费的休闲中心开始收费。在1975年财政危机期间，城市大学停止了不收学费的做法。）伦敦在大伦敦议会时代，公共交通费用大幅度下调。这样的措施很可能是地方政府能采取的最有效的对资源重新分配的措施。而且，在公共供给的作用下，整个社会对集体财产依赖性越高，用来维持他们品质的改革（"声音"）自然越多，而非相反（赫希曼，1970）。

在财产所有民主制模式下，居者有其屋成为理想目标，为了发展经济，将私人房屋"剥夺"是非常错误的。[①] 普遍的居者有其屋会使人们更好地利用现有房屋，但它也有缺点：将金融投机因素引入到享有住房的乐趣中，以及对没有资源应对系统崩溃或进行日常维护的家庭来说是不合适的。[②] 然而，我们可以参考阿姆斯特丹和斯德哥尔摩的案例。在这两个城市，土地的公有制并没有抑制房产的私人开发，反而在公共土地价值方面保持了增长，使得租赁房屋对许多人来说是非常不错的选择。即使在纽约市，世贸中心和巴特里公园城等地亦为公共所有，房屋的所有者需付土地租金（尽管这种情形并没有拯救布朗克斯集散市场的商人们）。

发展、公正和多元

最政治化的城市问题通常围绕发展与公正的目标展开。城市再开发项目批评者倾向将发展视为负面目标——会对生态造成危害，而其利益只由已富有阶层所享受。但是，倘若如财产所有民主制那样，财产拥有不那么集中的话，那么发展带来好处的惠及范围会扩大。

I. M. 杨从社会机构而非个人开始论证。她着重探讨以下几对

[①] 美国联邦最高法院在 Kelo v. City of New London（2005 年 6 月 23 日）一案中判决，市政府可以运用征用权（power of eminent domain）征用私人土地，将将之交给第三方，以实现经济发展的目标。
[②] 美国政府通过税收法强调居者有其屋和提供补贴的做法受到进步主义者批判。但是居者有其屋增加了自主感，使他们免于遭受土地所有者的剥削。然而，对税务削减的规模和用途进行限制是有道理的。

寻找正义之城

关系：多元与平等、特色鲜明的文化实践与社会交换、差异与融合。在《包容与民主》（2000）一书中，她所持的立场是这样的：愈加民主，就愈加平等。但她认为协商民主的概念，如通常描述的那样，在大众社会是不切实际的——需要面对面互动交流，太浪费时间。然而，对于为何她接受冲突和迟疑的方式在达成理想的实质性结果方面更加务实，这点就不太清楚了。其实，其概念与哈贝马斯的理念区别不大，因为后者也谈及非中心化民主（de-centered democracy）。

杨（2000）为之辩护的是"区分团结"（differentiated solidarity）而不是融合——即，带有模糊边界的地理群体。她对文化多元主义提出了一种现实主义处理方法，这似乎有点与勒费布尔的城市权利及城市空间应高度异质化的标准相矛盾。强迫居民融合的行动常常会产生反作用——不仅是对抗性反应，而且会使群体失去相互支持机制。居住空间分异（residential differentiation）并不必然意味着其他地方缺乏混合——公共空间、工作场所、休闲区域和学校里面。对纽约巴特利公园城作为一个虚拟社区有人持批评态度（科恩，2004），然而，实际上任何人均可以进入其开放空间和室内冬季花园（不像布朗克斯动物园，尽管地处纽约最贫穷地区，却收取高额门票）。每个公共空间无须让所有年龄段的居民来使用，但是也不应该将人们拒之门外。城市在宏观上可以是多元和包容的，但也无须每个小区域都包括来自多种族、多阶层的居民。有些公共空间的形象令人生畏，比这样的空间更危险的是城市的同质化，即富人、穷人和中产阶级都处在城市边缘，而非在城市内部进行分隔，只要城市内部本身没有明确的分界线。

秩序和效率等保守价值观可能与平等和多元的价值观相冲突。左派将前者看作是通过宣传，对特权的合法化维护和支持

（森尼特，1970；福柯，2003）。但是，正是这些价值观受到民众广泛支持，对社会正常运转起着关键作用。霍布斯认为，维持个人安全是国家政权第一责任。我们不能将此简单视为是对威权统治的合理化。我需要找出如何以人道主义方式阐释这些保守价值观，尤其是当这些价值观没有借助该方式来压制异议政见，营造"无菌环境"或仅仅使富人受益时。我们不能简单地忽视这些价值观。

在以前的著作中我曾将阿姆斯特丹描述成实践社会正义的模范。最近随着荷兰福利国家的衰落、国内种族摩擦加剧和移民法律的收紧，其成功受到人们的质疑（乌特马克，2003；克雷默，2006；迪亚斯和博蒙特，2007）。然而，阿姆斯特丹继续支持社会、政治平等，种族多元和融合，社会规划和经济增长。阿姆斯特丹的案例意味着在社会正义基本存在的地方，可以延续民主程序和正义行动。尽管社会正义的标准可以超越特定社会环境，但它实施的前提是实现的因素已经存在。正义的实现是一个循环过程，其中公正的出现会产生对其有利的情绪，民主习惯会使广大民众参与其中，多元化也会增加社会容忍度。然而，现今阿姆斯特丹的教训令人警醒，它表明即使良性循环也会失衡；良性循环的中断，如同特奥·梵高的自杀，能诱发一系列事件，很容易使人们丧失宽容，并害怕差异（巴鲁玛，2006）。而且，受害者也会转换成为加害者。

过程与结果

现在我们再回到本章此前提及的价值观，进步主义城市规划专家认为这些价值观理所当然。这里我们讨论的各种例子表明，过程与结果彼此纠缠在一起；特定的价值因其语境和阐释不同，可能相互掣肘。最棘手的莫过于民主与平等之间的紧张关系。以布朗克斯集散市场为例，规划过程中遵循了正式的民主程序。与洋基球场的案例不一样，购物中心的规划由一些公共团体认真加以考虑，包括当地的社区委员会。一些商人和他们利益的提倡者、公务员和开发商参与的会议可谓是协商的典范。然而，没有达成任何共识，因为权力结构非常不平衡。要求真正平等的观点会给这些商人在改建的布朗克斯提供经营摊位，但是因起初会议参与者之间的不平等，这种结局没有出现。倘若我们采纳可行性能力方法，我们会发现一旦对特定群体发挥作用的能力不予承认，该群体也就得不到承认。

当我们想到为城市而规划，我们就必须意识到内容与程序是不可分离的。公开程序不一定带来公正结果。从缺乏价值支撑的情形到更加开明的状态会造就令人困惑的战略性问题，因为动员足以克服变革障碍的力量需要一种弥赛亚主义，该弥赛亚主义反驳无失真言论，激起强烈变革。但是，正如内容与程序必须同时考虑一样，理想最终状态与可以实现这种状态的力量也要一起予以思考。倘若阿姆斯特丹给我们提供了理想城市的模糊形象，实现理想城市这一目标会因起点不一样，战略和规范重点也会有所差异。

在美国分配问题尤其明显，因为社会公民权还未真正确立（马歇尔，1965）。正义需要抑制族群身份所引发的情绪，需要为了共同目的付出更大努力，需要识别能够大范围提供有吸引力的福利机构和政策。在美国没有基础广泛的媒体针对城市经济发展、都市社会不平等和环境保护所引发的问题沟通讨论可替换方案。身份政治的内在分裂性质不利于建立此类大型机构，因此很大程度上它是自毁前程。要推行重新分配，认可是其前提，但是认可需要共同承诺而非相互竞争。

在美国历史上处理城市政治变革最有效的方式是运用族群身份提升团结,这种团结目标比象征意义上的认可更伟大。20世纪60年代,美国兴起的比较成功的运动就是以族群为基础的,而族群是指在种族、地域和当事人身份方面具有共同点(费恩斯坦和费恩斯坦,1974)。然而,在移民、中产阶级化和公民服务的种族融合政策冲击下,这种以社区控制为目的社区基础丧失了效力(费恩斯坦和费恩斯坦,1996)。进入新世纪,有效性与种族、移民或性别情况相重叠时,就意味着需要围绕工作地位来组织(最低生活工资运动)。尽管过去的城市社会运动集中在集体消费(卡斯泰尔,1977),未来的运动需要解决工作组织以及新型工人的消费问题。[1] 工作性质的变化需要组织临时工人、家务工人和自由职业者成立工会,而不是组织劳动力大军的传统做法。[2] 这样的工会不得不强调自己的服务功能:岗位培训和岗位安置;设立福利互助会(benefit pools)和福利可转移支付;提供法律服务;设立信用合作社和抵押贷款援助机制。这也意味着继续提供住得起的房子,但是要想成功,这些项目就不得不了解中产阶级的房屋需求,而不仅仅呼吁对最贫困群体施以援手。目标细化的政策,无论它们多么有效,都会缺乏足够的选民支持,因为对那些不能享受的人们来说,这些政策似乎有些不公。

---

[1] Ira Katznelson (1981) 曾呼吁人们注意,家与工作之间的永久分裂是美国工人政治失败的原因之一。洛杉矶新经济联盟(Los Angeles Alliance for a New Economy)却指出强化劳工社区基础的潜力,因为该联盟是建立在社区和劳工关系之上的。

[2] 第一届家政从业人员大会于2008年1月6日在纽约召开。多数参会人员为妇女,她们代表数个城市的地方组织群体。他们旨在打造联盟,提出战略,以要求享受相关福利,包括带薪休假、提高最低生活工资、享受医疗保险、终止工作提前通知等。他们呼吁通过纽约州家政从业人员权益法案,该法案一旦通过就是美国首次通过此类法案。家政服务的本质意味着组织需要以社区而非工作地点为基础。

寻找正义之城

公民参与的重要性也因具体情况而异。多数欧洲城市完全没有美国那种物质需求。尤其在法国和德国，号召公民参与、参加谈判和呼吁政府少些专断是行得通的。在这种情况下，事务性更强的方式就代表着改革。无论在意识形态上还是政治上，对于美国的多数城市来说，占主导地位的是商业领导机制和房主群体，而非公共官僚。因此，个体公民的参与不会给社会转变提供有效路径，尽管它可以阻止毁坏性工程的推进。参与者主要是指要求对现状或与其狭隘利益相关的福利进行轻微修改的城市公民。

城市规范性远景运动需要培育反机构，这些机构有能力以广义术语重新框定问题，也有能力动员组织和财务资源为实现他们的目标而斗争。卡斯泰尔（2000：390）就质疑正义抽象概念的有用性；他担心远景项目仅会导致悲伤。但是，有必要劝说人们超越其狭小个人利益，使他们意识到从集体行动中是可以获得益处的。此类动员活动依赖于人们普遍感知正义，也有赖于来自社会底层的十足威胁，威胁着去引入重新分配作为理性回应。而社会上级阶层需要接受一种道德准则，以便他们不仅不会抵制，甚至会对重新分配措施予以支持。

因此，当想及正义之城，我们必须同时思考手段与目的，社会运动策略与目标以及适当的公共政策。过去致力于进步主义目的的行动发源于民众要求和被隔离的官僚制度（弗洛拉和海登海默，1981）。事前我们无从得知，什么是变革的最有效来源，但是通过持续论及正义，我们可以凸显正义对规划活动的重要性。命名行动本身就有力量。如果我们不断重复呼吁建设正义之城[如保守力量始终都会谈及经济发展，新都市主义会议经常谈及智能发展（smart growth）和终止无序蔓延一样]，我们就可以改变民众话语，扩大行动的界限。传播理论家强调文字的重要性无疑是对的，但是要弘扬正义，言辞内容就要包括对认可和公正分配的要求，这点是必需的。将社会正义排除在城市政策目标之外是目前的趋势。而改变目前发展趋势的第一步是改变对话内容，使得要求平等的呼声不再那么边缘。

参考文献

Altshuler, A. (1965) The City Planning Process: A political Analysis, Ithaca, N. Y., Cornell University Press.

Altshuler, A. and Luberoff, D. (1965) *The City Planning Process*, Ithaca, N. Y., Cornell University Press.

——and——(2003) *Mega - projects* Washington, DC: Brookings Institution.

Anderson, E. (1999) "What is the point of equality?" *Ethics*, 109.

Anderson, M. (1964) *The Federal Bulldozer: A Critical Analysis of Urban Renewal, 1949 - 1962*. Cambridge: MIT Press.

Baruma, I. (2006) *Murder in Amsterdam: The Death of Theo Van Gogh and the Limits of Tolerance*, New York: Penguin.

Buckley, C. and Correal, A. (2008) "Domestic workers organize to end an 'atmosphere of violence' on the job," *New York Times*, June 8.

Campbell, H. (2006) "Just planning: the art of situated ethical judgment," *Journal of Planning Education and Research*, 26.

Castells, M. (1977) *The Urban Question*, Cambridge: MIT Press.

——(1983) *The City and the Grassroots*, Berkeley: University of California Press.

——(2000) *End of Millennium*. 2nd edn, Oxford: Blackwell.

Dahl, R. A. (1967) "The city in the future of democracy," *American Political Science Review*, 61.

Davidoff, P. and Reiner, T. (1962) "A choice theory of planning," *Journal of the American Institute of Planners*, 28.

Dias, C. and Beaumont, J. (2007) "Beyond the egalitarian city," paper presented at Committee on Urban and Regional Research (RC - 21) of the International Sociological Association Conference on Urban Justice and Sustainability. Vancouver, Canada, August.

Fainstein, N. and Fainstein, S. S. (1986) "Regime strategies, communal resistance, and economic forces" in S. S. Fainstein, N. I. Fainstein, R. C. Hill, D.

寻找正义之城

Judd, and M. P. Smith, *Restructuring the City*, rev. edn, New York: Longman.

——and——(1996)"Urban regimes and black citizens: the economic and social impacts of black political incorporation in US cities. " *International Journal of Urban and Regional Research*, 20:22 - 37.

Fainstein, N. and Fainstein, N. I. (1974) *Urban Political Movements*, Englewood Cliffs, NJ: Prentice - Hall.

Fainstein, N. and Hirst, C. (1995) "Urban Social Movements," in D. Judge, G. Stoker, and H. Wolman(eds) *Theories of Urban Politics*. London: Sage.

Flora, P. and Heidenheimer, A. J. (1981) *Development of Welfare States in Europe and America*, rev. edn, New Brunswick, NJ: Transaction Books.

Flyvbjerg, B. , Bruzelius, N. , and Rothengatter, W. (2003) *Megaprojects and Risk*, New York: Cambridge University Press.

Forester, J. (1993) *Critical Theory, Public Policy, and Planning Practice: Toward a Critical Pragmatism*, Albany, NY: State University of New York Press.

Foucault, M. (2003) *The Essential Foucault*, ed. P. Rabinow and N. S. Rose, New York: New Press.

Fraser, N. and Honneth, A. (2003) *Redistribution or Recognition?* trans. J. Golb, J. Ingram, and C. Wilke, London: Verso.

Gans, H. J. (1968) *People and Plans*. New York: Basic Books.

Gilderbloom, J. (2006) "What is success? Chicago and around the world—my own meditation on the subject, " [Online Listserv] corrmmunication to Comurb listserv. Available at: https://email. rutgers. edu/mailman/listinfo/comurb _ r21 [accessed April 2, 2006].

Hall, P. G. (2002) *Cities of Tomorrow*, Oxford: Blackwell.

Harvey, D. (1978)'Planning the ideology of planning', in R. Burchell and G. Sternlieb(eds). *Planning Theory in the 1980s*, New Brunswick. NJ: Rutgers University Center for Urban Policy Research.

——(1992) "Social justice. postmodernism and the city, " *International Journal of Urban and Regional Research*. 16.

——(2003) *Paris Capital of Modernity*, New York: Routledge.

Hayek. F. A. von(1944) *The Road to Serfdom*, Chicago. University of Chicago Press.

Healey, P. (2006) *Collaborative Planning Shaping Places in Fragmented Societies*, New York: Palgrave Macmillan.

Hirschman. A. O. (1970) *Exit, Voice, and Loyalty*, Cambridge: Harvard University Press.

Hirschmann, N. J. (1989) "Freedom, recognition, and obligation: a feminist approach to political theory. " *American Political Science Review.*

Jacobs, J. (1961) *The Death and Life of Great American Cities*, New York: Vintage.

Jaggar, A. M. (1983) *Feminist politics and human nature*, Totowa, N. J. Rowman & Allanheld.

Katznelson, I. (1981) *City Trenches*, Chicago: University of Chicago Press.

Klosterman, R. (1985) "Arguments for and against planning, " *Town Planning Review.*

Kohn, M. (2004) *Brave New Neighborhoods: the Privatization of Public Space*, New York: Routledge.

Kramer, J. (2006) "Letter from Europe. The Dutch model: Holland faces its radical Muslims, " *The New Yorker*, April 3.

Lefebvre, H. (1996) *Writings on Cities*, ed. and trans. E. Kofman and E. Lebas, Oxford: Blackwell.

Lindblom, C. E. (1959) "The science of' muddling through, ' " *Public Administration Review* 19(2); reprinted in S. Campbell and S. S. Fainstein (eds) (2003), *Readings in Planning Theory*, 2nd edn. , Oxford: Blackwell.

Logan, J. R. and Molotch, H. (1987) *Urban Fortunes*, Berkeley: University of California Press.

Marshall, T. H. (1965) *Class, Citizenship, and Social Development*, New York: Anchor.

Mitchell, D. (2003) *The Right to the City: Social Justice and the Fight for Public Space*, New York: Guilford Press.

Mollenkopf, J. H. (1983) *The Contested City*, Princeton: Princeton University Press.

Nussbaum, M. C. (1999) *Sex and Social Justice*, Oxford: Oxford University Press.

—— (2000) *Women and Human Development: The Capabilities Approach*, Cambridge: Cambridge University Press.

—— (2006) *Frontiers of Justice*, Cambridge: Harvard University Press.

Peterson, P. (1981) *City Limits*, Chicago: University of Chicago Press.

Purcell, M. (2008) *Recapturing Democracy*, New York: Routledge.

Rawls, J. (1971) *A Theory of Justice*, Cambridge: Harvard University Press.

—— (2001) *Justice as Fairness*, in Erin Kelly (ed.), Cambridge: Harvard University Press.

Rosentraub, M. (1999) *Major League Losers: The Real Cost of Sports and Who's Paying for It*, revised edn, New York: Basic Books.

Scott, J. C. (1998) *Seeing like a State*, New Haven: Yale University Press.

Sen, A. (1999) *Development as Freedom*, New York: Anchor.

Sennett, R. (1970) *The Uses of Disorder*, New York: Knopf.

Thomas, J. M. (1996) "Educating planners: unified diversity for social action," *Journal of Planning Education and Research*, 15.

Uitermark, J. (2003) "'Social mixing' and the management of disadvantaged neighbourhoods: the Dutch policy of urban restructuring revisited," *Urban Studies*, 40.

Yiftachel, O. (1998) "Planning and social control: exploring the dark side," *Journal of Planning Literature*, 12.

Young, I. M. (1990) *Justice and the Politics of Difference*, Princeton: Princeton University Press.

——(2000) *Inclusion and Democracy*, New York: Oxford University Press.

正义之城的权利

大卫·哈维（David Harvey）

卡兹·波特（Cuz Porter）

对正义之城的概念，苏珊·S. 费恩斯坦（Susan S. Fainstein）试图发自内心地从哲学层面阐释和谐正义的城市形态。虽然认识并阐释内心中的城市是努力走向更好未来的重要时刻，但这只在一定程度上，即基于当代具体社会语境并努力对其进行重塑的时候有用。这种语境是精英阶层通过在以个人权利和自由话语为基础的新自由主义政策中摸爬滚打30年得以恢复。抵制这个阶层的牢固力量需要为重新定义权利和自由、重新构建所栖居的社会程序而斗争。城市变迁在这场斗争中扮演着重要的角色，因此我们是在为正义之城的权利而战斗。

一直以来，费恩斯坦广泛探索城市对社会正义的潜在体现，但只为我们提供了一个朦胧的究竟什么会构成"正义之城"的轮廓。我不认为这有什么意外。什么是社会正义？色拉叙马库斯在《柏拉图的共和国》中认为"每种形式的政府制定了基于自身优势的法律"所以"正义在哪里都是一样，是强者的优势"。柏拉图拒绝了这种愤世嫉俗的观点，认为正义是特殊化的理想（柏拉图，1955：66）。现在有过多的理想构想供我们选择，我们可以主张平等；主张边沁风格的功利性（达到最大多数人的最大好处);主张卢梭风格的契约性(具有他的天赋人权的理想)或者是约翰·罗尔斯的风格;主张康德方式的世界性(对一个人错就是对全体的错);或仅仅是朴素的霍布斯主义,其认为国家施加正义规范私人的不正当利益以防止社会生活变得污浊、野蛮、弱不禁风。一些作家由于受到从正义理论中根除普遍主义的理念干扰,甚至为地方正义理念而辩,敏感于文化和地域的差异(沃尔泽,1983)。我们挫败地盯着镜子问:"在所有的正义理论中哪个最正义?"实际上我们担心色拉叙马库斯可能是正确的:"公正仅仅是一切统治阶级所需。当我们审视法学史和司法决策史,看它们如何与政治权力关联演变时,我们很难否认政治权力和正义理想能一路携手共进。福柯一次又一次理性地质疑权利话语的阶级中立性,更不用说任何法庭的审判制度了(福柯和戈登,1980)。"

然而,我们不能没有正义的概念,原因很简单,因为不公平感历来就是驱动所有人追求社会变革的最有力的温床。正义的理念与权利的概念的联手不仅成为政治运动的一个巨大煽动者,而且成为竭力表述的目标。因此,问题不在于使社会正义的理想和权利的理想相对化,而在于使二者相融。当我们这样做时,我们看到依托于权利和社会正义概念的某种优势社会程序出现了。挑战特权就是挑战所固有的社会程序。反之,如果权利和社会正义的一个主导概念没有转移到另一个概念,社会就从一个主要的社会程序(如:通过市场交换的资本积累)转移到另一个社会程序(如:政治民主和集体行动),这是完全不可能的。正义和权利的理想主义特殊性的困难在于他们隐藏了此关联,这里包括了费恩斯坦的正义之城。只有当他们实实在在地接触到社会程序,他们才能找到真正的社会意义。

约翰·罗尔斯把正义作为公平的理论强化了这个问题,费恩斯坦（在本文集中）吸收了约翰·罗尔斯的理念，把平等正当性作为理性的方法组织秩序井然的城市。罗尔斯寻求中立的立场，以此为出发点指定一个普遍的正义概念。他针对我们在社会秩序中可能占领的位置构造了一个"无知的面纱"（vein of ignorance），问我们如何在无知中确定正义的分布。但他不能假定总无知量，因为没有任何东西可以表示。因此他假设我们知道人类心理和经济行为的一般法则，我们都熟悉产生社会秩序的占主导地位的社会程序。但这些都不是普遍真理。在什么历史时间和地理空间我能定位自己？我依附于哪种经济或心理学思潮？如果我可以在古典政治经济学、边际主义经济学（其主旨是：公平是基于土地、劳动力和资本的稀缺程度，以边际回报率的方式给予），或一些版本的深层生态学、马克思主义，或女权主义理论中做出选择，那么结果会非常不同。显然，意料之中的是，罗尔斯的系统最终会在很大程度上确认市场和资产阶级社会里固有的权利概念，即使他承认，现在还没有一个真正的办法判别资本主义和社会主义做事方式的不同（罗尔斯，1971）。

因此，我们需要将注意力从考虑抽象普遍论转移到社会程序权利和公正概念的关系上。例如，考虑世界正在运行的两种主导社会程序，围绕权力的两个主导逻辑：主权国家逻辑和资本逻辑（哈维，2003、2006）。这两种权力的逻辑往往处于矛盾状态，彼此对立，同时某种程度上彼此互补和支持，避免社会再生产完全融入无政府状态和虚无主义。

首先，考虑主权国家逻辑。无论我们多么希望权利具有普遍性——正如人类普遍权利声明最初设想的那样——都需要国家机构执行这些权利。但如果政治权力不愿意执行，那么权利概念就仍然是一句空话。这种权利基本衍生于公民权和领土化权力，并以它们作为前提（主要表述为国家权力，但不是唯一表述）。于

寻找正义之城

是管辖的领土权将成为问题焦点。这点不是很明了。现在难题来了，它源自无国籍人、没有证件的移民、非法移民等。是不是"公民"成为一个严肃的问题，关系到定义原则是包含在国家或地区的领土规范内还是排除在外（例如，在此管辖内我能否投票？）。国家如何实践主权本身就是一个巨大的问题。正如近几年在许多著作中已经论断的那样，主权受到全球各地资本循环和积累规则的限制（甚至在国家以及地方层面都被限制）。然而，由于对合法暴力形式的垄断，民族国家可以以霍布斯方式定义自己的诸多权利并对此进行解释，只有国际公约才可对这些权利予以稍稍制约。

因此城市权利和正义受到政治力量的空间组织影响。城市行政的模式，警察和条例都属于管理制度，它们被允许在城市政治的昏暗走廊里通过迷宫般的城市官僚主义和城市行政手段玩弄多种利益。一些权利在这个系统中加密，其他权利被简单否认，或者更可能被官僚主义混淆不清而变得毫无意义。规划权力（这边被规划为商业，那边受到谴责说妨碍了健康）、规范行为的法令（"这里指禁止徘徊"）、监视（遍布每个角落的摄像机）、厚此薄彼的服务条款（这里是干净的街道，那里是垃圾场）、维持秩序、抑制犯罪和冲突、使城市日常生活规律而做的歇斯底里的努力，这些随处可见，有目共睹。城市公民权概念（移民的权利，暂居者的权利，外来人参与当地政治的权利）比国家公民权概念更加模糊，因为它经常取决于社交世界的住宅和住所，而现在的社交世界比以往任何时候都更基于流动原则。当障碍和差异根本上来自城市生活创造力时，国家权力便总受困于维持秩序和消除差异。当代所谓的"反恐战争"很危险地近似于压制异类的基本权利。通常情况下想要维护城市的不同权利须进行反对国家重负（dead weight）和领土化权力的斗争。许多城市的流浪汉发现这种斗争就渗透在日常生活中。针对流浪汉的非正义随处可见，而对社会其他人群，流浪汉简直就是公害，由此流浪汉要求正义的言论（米切尔，2003）。虽然这种情况下的权利理论上是平等的，但为确定结果所施加的力量却总是不平衡的。

其次，资本主义的权利逻辑基于一个完全不同的概念，建立在私有财产和个人所有制之上。生活在资本主义社会就要接受或服从诸多权利，这些权利在合法正义地持续进行资本积累和市场交易的过程中必不可少。《1948年联合国宣言》以人人皆懂的语言（universal language）规定，国家应该充当这些权利的担保人。尽管有时显然未能支持这些权利，但国家需要资金维持和提升自身力量，因此在当代很多时候，国家受到资本主义权力逻辑的支配（即使国家影响力很多时候不全是合法地通过钱权交易的选举腐败购买）。但是，相应地，资本需要国家来保护私有财产权和利润率。

因此，我们所生活的社会，个人享有对私有财产和利润率不可剥夺的权利，任何你所能想到的不可剥夺权利的概念都无法与之相提并论。权利制度的捍卫者振振有词地说它鼓励"资产阶级美德"，没有这个美德，世界上的每个人都将会活得更糟。这些权利包括人与人的责任，包括免于政府干扰的独立性（干扰通常把权利制度置于国家范畴内定义的权利的对立面），包括在市场上和法律面前的机会平等权，包括对创新和创业努力的奖励，包括对自己和自己所有一切的关爱，包括允许广泛的自由选择签订合同和进行交易的开放市场。当扩展到自身的个人财产权（制度巩固了个人自由签订合同出售他/她的劳动力的权利，巩固了活得有尊严并得到尊重的权利，巩固了身体免受诸如奴隶制迫害的权利）和自由思想权，自由言论表达权时，这个权利制度似乎更有说服力。这些衍生权利很吸引人，我们许多人严重依赖它们。

寻找正义之城|

但是我们这样做就像乞丐靠财主桌子上的面包屑为生一样。

我反对这个权利制度的理由很简单：接受它就等于承认我们别无选择，不管社会、生态或政治后果是什么，只能生活在无休止的资本积累和经济增长的政权里。这也意味着无尽的资本积累在通过把这些权利延伸到全球各地时一定会在地域上扩张。这正是新自由主义全球化及其制度框架所要求的，正如世界贸易组织、国际货币基金组织和世界银行所完美展现得那样。在这样的政权里，某种帝国主义是不可避免的（哈维，2003），不可剥夺的私人财产权利和利润率权利将普遍建立。这些权利被描绘为邪恶大海里的一叶美德小舟。

难怪财富和权力支持这样的权利和自由，试图说服我们相信其普遍性和善良性。30年的新自由主义式自由使我们高度地关注企业权力：能源、媒体、医药、交通、甚至零售（看看沃尔玛）。乔治·W. 布什把市场的自由宣称为人类走向个人自由欲望的制高点，这种自由原来只不过是方便于传播企业垄断权力的手段，就像可口可乐毫无约束无处不在[1]。举一个例子，美国一直允许占1%的收入最高人群提高他们的收入，由此从20世纪70年代的不足国民总收入的8%直到今天的接近20%。更引人注目的是，0.1%的最高收入人群1978年和1998年的国民收入份额分别为2%和6%多（今天肯定份额更大）（迪梅尼尔和利维，2004：4；《致力于不平等和美国民主》，2004：3）。财富分配的数据看起来

---

[1] "自由是上帝赐给这个世界上每一个男人和女人的礼物"和"作为地球上最伟大的力量，我们有义务帮助传播的自由"[2004年4月13日乔治·布什（George W. Bush）的演讲，桑格引用，2004]。在伊拉克，驻伊拉克联盟临时管理当局负责人保罗·布雷默在2003年颁布命令，支持这一自由观点，包括"公共企业的全面私有化，伊拉克企业的所有权归属外国公司，调回全部外国利润……开放伊拉克银行由外国控制，外国公司的国民待遇……消除几乎所有的贸易壁垒"（Juhase, 2004）。

更糟。新自由主义就是简单地把阶级权力回归于一小撮 CEO 和精英金融家。由于对媒体和政治程序的影响不平衡，这个精英群体试图说服我们，在政治经济权力的新自由主义政权下生活会更好。对他们来说，如果在镀金的贫民区舒适生活，世界就是一个更好的地方。色拉叙马库斯似乎一直都正确，或者正如波兰尼所说，权利和自由被赋予那些"收入、休闲度和安全度不需要再提升的人群，仅仅（留）一丁点自由给人民"（波兰尼，1957：257）。

在短暂的新自由主义历史阶段中，有关自由和权利的辩论显著增加，实际上已取代了作为政治斗争中心话题的民主理想（巴塞洛缪和布雷克斯皮尔，2003），特别是在非政府组织快速增值的影响下，对抗全球性资本主义的政治越来越进入这样的路径：个人权利和自由被视为基础而其他形式的社会团结变得不那么突出。这种散漫的、意识形态的政治转变自然符合新自由主义理念。正如玛格丽特·撒切尔的名言，"不存在社会这种东西，只有个人和他们的家庭"。这也反映了政治权力的结构变化，政府的行政和司法部门以牺牲代表社会民主的机构为代价而获利。

但是我认为放弃所有新自由主义霸权的自由和权利的讨论是不明智的。有一场战斗即将打响，不仅讨论特定情况下应当采用什么权利和自由，而且讨论如何构建权利和自由的普遍概念。一场盛大的争取全球性正义的全球运动看到了问题的本质，这场运动的斗争目的是确定切实可行的方法（吉尔斯，2000；贝洛，2002；卡瓦纳，2002）。现在，我们谈论的诸多权利和自由，以及他们存在的社会程序都需要在不同层面接受挑战。城市产生了，标志着不平等、异化和不公正，并受到这些因素的破坏。作为回应，城市社会运动兴起，反对或支持无休止的资本积累和在其间存在的权利和自由的理念。如果城市的不同权利被确

寻找正义之城

定,不同版本的城市程序被构建,那么特定的城市斗争的火焰就会锻造出任何一种新理念。

著名的城市社会学家罗伯特·帕克曾写道:

> 总的来说,城市是人类最持之以恒的、最成功的尝试,根据心愿重塑所居住的世界。但是,如果城市是人所创造的世界,那么世界就是他今后被迫陷入的不幸境地。因此,人类间接地、在没有明确意识到自身任务性质的情况下塑造城市,同时也重塑了自己。
>
> (帕克和特纳,1967:3)

城市只有与你、我们、我——以免我们忘记——"他们"的欲望相关联时才可以得到判断和理解。如果城市生活不符合这些欲望,那么它就必须被改变。城市权利"不能简单理解为访问权或回归传统城市权。"相反,"它只能被阐释为转变和更新的城市生活权"(勒费布尔,1996:158)。因此,城市的自由远不只是获得已存在东西的权利,而是一种随我们的心愿改变城市的权利。但如果帕克是正确的——在重塑城市的同时我们重塑了自己——那么我们必须不断评估在城市演变过程中我们把自己塑造成什么样,把别人塑造成什么样。如果我们发自己的生活压力大、不和睦、过于平淡、不舒服、回报少,那么我们有权改变程序,通过构造一个本质上不同的城市寻求方法将自己重塑为另一个形象。我们渴望什么样的城市这个问题和我们想成为什么样的人这个问题变得息息相关。我认为,以此塑造和重塑我们自己及我们城市的自由是最珍贵的一种人权。

所以,如果我们确定城市不符合我们的心愿,比如我们确定我们没有把自己重塑的具有可持续性、解放性、甚至"文明"性,我和其他人该怎么办呢?总之,如何才能使城市权利通过改变城市生活而行使呢？亨利·勒费布尔的答案简单地触及其本质：通过社会总动员和集体的政治/社会斗争（勒费布尔，2003）。但是我或社会运动构造什么愿景来指导我们斗争呢？如何发动政治斗争并确保其积极结果，而不陷入无休止的暴力呢？有一点很清楚：我们不能让对后者的恐惧把我们带入畏缩和盲目的被动中。避免冲突不是解决办法。滑回被动就是脱离了什么是城市化的概念，从而失去对城市行使权利的任何前景。

这一点恰恰是费恩斯坦在正义城市理念上的徘徊之处。从一开始，这个理念就被限定在现行资本主义政权的权利和自由范畴内运作，因而只能减轻不公平体制的最糟结果（费恩斯坦，1999；坎贝尔，2003）。费恩斯坦赞成尊重私人产权和市场自由，强调正义城市的推论的启发作用，从而避免直接冲突和斗争的必然性。当然，她的建议包含了分歧和争论，但这些分歧最终是要和谐解决的，可以这么说，就在路边咖啡馆喝着卡布奇诺咖啡解决。我们真正需要做的是了解冲突的性质，其产生于对乌托邦观念的尊重。

大多数被认定为"乌托邦"的项目和计划是固定的正规设计。我称之为"空间形式的乌托邦"——规划的城市和社区，古往今来诱骗我们认为历史将会停止，和谐将会建立，人类一时和永久的欲望都会充分满足，如果不能愉快实现（哈维，2000）。但历史和变化不因为强加了封锁追求新奇和差异渴望的空间形式就消失。所有空间形式的乌托邦最终都压抑了人性欲望。其完成的结果是比解放更独裁和更专制。那么，为什么我们仍然追求这样的乌托邦，用什么办法可以把这一传统移动到更开放的目标呢？路易斯·马林（Lonis Marlin）提供了一个有趣的注释。他认为空间形态的乌托邦意味着一种"空间游戏"（spatial play）（马林，1984）。从这个角度，我们看到各种各样的空间形式以实验建议（experimental suggestions）的形式融入不同的乌托邦规划，建议我们该如何更多按照我们的心愿重塑城市空间，或更中肯地建议我们该如何实现一定的社会目标，比如更大的性别平等、生态可持续性、文化多样性，等等。反过来，我们也学会观察许多作为潜在场所的现有城市空间——被勒费布尔和福柯称为"异托邦"（heterotopic）（福柯，1986；勒费布尔，2003）——可以提供社会空间基地，在这里进行城市生活不同模式的实验，构建一种不同的城市斗争。

然而，在城市选择空间规范与我称之为的社会程序乌托邦之间存在鲜明对比（哈维，2000）。在后者的情况下，我们认为一些社会进程将导致"希望之乡"（promised land）。例如，最近一段时间，新自由主义理论家（基于可追溯到约翰·洛克和亚当·斯密的自由主义传统）试图说服我们，市场自由会带给我们所有人财富、安全、幸福，我们都将最终愉快地生活在我们梦寐以求的城市。与之相对的是一大群激进的革命思想家，曾声称社会或阶级斗争最终会把我们带入一个完美境界：共产主义、社会主义、无政府主义、女权主义、生态主义，等等。这种乌托邦式规划的社会程序无论在理论上还是在实践中似乎都有致命缺陷。在某种程度上，问题在于这种模式完全是从地面创建空间结构时产生的问题。政治权力和组织的地域性在人类事务中保持中立（当我们知道实际上空间形式由社会关系构成）。这样的思想架构忽略了当墙、桥梁和门成为社会行为的框架和不公平的基础时所发生的情况。如果因为空间形式的乌托邦试图抑制历史变化而被需要，那么社会程序的乌托邦同样是错误的，因为他们否认了地面空间组织建构意义的重要性。不能认真应对城市程序的错综复杂会导致致命错误。当说到对城市程序的理解，勒费布尔恰如其分地指出，社会主义者觉得他们"仅仅用幼稚的概念和意识形态武装了自己"（勒费布尔，2003：110）。为什么我们不能设计一种时空程序的乌托邦主义，将空间和时间的激进变化相结合的辩证乌托邦主义,以求塑造完全不同的城市生活想象空间(哈维,2000;勒费布尔,2003)?

我认为辩证乌托邦主义概念似乎比我们以某种方法要到达的某种和谐端点的想法更优越。我曾经应美国费城圣公会主教的邀请在他的年会上发言。我决定给听众谈谈辩证乌托邦主义概念,听众主要是神学家。他们热衷于这个概念,指出基督教概念的天堂永远都在接受挑战,人们觉得那里如此的无聊,没有人愿意去。之后引起一阵热烈的讨论,用这种辩证方式重构基督教的天堂,让它更有吸引力。一个静态的端点是不可取的。阿尔弗雷德·N.怀特海在他的名言里提到这一点,"自然是对新奇的永恒探索"(怀特海,1978:33)。在我看来,人类作为自然的一部分,极为看重的是对新奇的永恒探索。资产阶级在过去30年已经很清楚这点,他们用永恒的探索寻找新奇,新鲜的新奇,异常的新奇,沿着资本积累一路走来把自己重塑为一个阶层。与此同时,左翼一直专注于和谐。他们提出,我们都去基督教的天堂,那里如此的无聊没人想去。在发展我们心中的城市愿景时,就必须解决新颖性这一问题以及如何在我们的愿景里构建新奇。但由于新奇总是产生于冲突,所以正义之城就永远躲不掉激烈冲突。

争取正义之城是重新定义权利的重要战场。权利和自由当然很少,如果有的话,也自愿投降。正如马克思写道,记住"在平等权利之间,武力说了算。"这并不一定意味着暴力(但不幸的是,往往发展为暴力)。但它确实意味着通过政治组织集中足够权力走上街头去改变事情。

圣西门说,社会秩序不可以改变,除非新事物的轮廓已经潜伏在现有事物的状态里。革命并不是完全打破,但是他们的确要颠倒是非。衍生的权利(如有尊严地被对待的权利)应该成为基础,基本权利(私有财产和利润率)应该成为衍生品。这难道不

寻找正义之城

是民主社会主义的传统目标吗？因为它寻求使用政治权力的地域性来调节和抑制资本的权利，获得了一些成功。结果在为获取政治利益而剥夺的一揽子资本主义权利中也有矛盾。如果联合国宣言中关于劳动衍生权利条款（安全的工作、合理的生活水平、组织的权利）得到严格执行，全球资本主义和城市生活会怎样？但是旧权利可以复兴，新权利可以定义：如上所述的城市权利，不仅仅是有权定义房地产投机者和国家规划者，而且有权使城市更符合我们的心愿，从而再现我们自己的不同形象。

城市权利不能简单地解释为个人权利。它需要集体努力，需要围绕社会团体进行集体政治的塑造。然而，新自由主义改变了政治游戏规则。统治已取代政府；权利和自由凌驾于民主之上；无透明度的法律和公私合作取代了具象的民主体制；市场的无政府状态和变态竞争取代了社会团体的协商能力。对立文化必须适应这些新规则，寻找新方式来挑战现有秩序的霸权。他们已学会将自己介入统治机构，有时效果还很显著（如在许多环境问题上）。近年来，广泛的集体形式的民主统治和公民决策创新实验出现在城市设置中（蒙哥马利，2003），包括在阿雷格里港的参与式预算实验（见本文集马里卡托撰写的部分，可以得到这个实验更大范围的更多信息），包括已经认真对待可持续城市理想的第21项议程的许多城市，包括越来越多负责公共区域和社区空间的居委会和志愿者协会，包括排除企业权力差异的异托邦岛（如沃尔玛），并且构建了地方经济交易系统或可持续社区。新自由主义要求的权力分散到各种各样的地方项目，蓬勃发展打开了一个空间，其方式比起密集的官僚化集中规划和控制形象更符合权力下放的社会主义形象或社会无政府主义形象。创新已存在。问题是如何将他们凝聚在一起构建自由市场新自由主义的可行性替代物。

创建新的城市共有权（urban commons）和民主积极参与的公共势力，需要使私有化巨浪退却，私有化在过去的几年里一直是消极新自由主义的颂歌。我们一定想象得到一个更具包容性的城市，即使不断斗争，基于不同的权利秩序，也取决于不同的政治经济实践。一个人受尊重和自由表达的个性化权利非常宝贵，不可以置之不理，但这远不够，我们必须为所有人增加足够的生存机会权、基本物质维持权、包容权和个性权。正如波兰尼（1957：249-258）所认为，眼下的工作是扩大自由和权利范围，超出新自由主义所限制的狭小范围。城市权利具有积极主动性，它使城市富有特色，构建更符合我们共同需要和欲望的模式，重塑我们的日常生活，重塑我们的建筑实体（在某种程度上），定义一种简单做人的选择方式。如果我们的城市空间一直靠想象而构建，那么它可以重新想象并重新构建。

但在这里，城市权利概念需要另一种解释。1989年，捷克人是在大街上把自己从统治压迫中解放出来，越南战争是通过大规模的街头示威才得以停战，2003年2月15日，数百万人在大街上抗议美国帝国主义干涉伊拉克。在西雅图、热那亚、墨尔本、魁北克城、曼谷的大街上，不可剥夺的私有财产权和利润率权都受到挑战。米切尔说，"如果城市权利是一种哭诉、一种需求，那么哭诉只有在一定程度上才可以听到，需求在一定程度上才产生力量，其程度是从这个空间听到哭诉和需求，在这个空间内看到哭诉和需求。在公共空间——在暴乱和示威时的街角或公园和街头——政治组织本身可代表更多人群，并通过这种代表性给予他们哭诉和需求的力量。通过公开索要空间，通过创建公共空间，社会团体自身变成了公众"（米切尔，2003：12）。

不可剥夺的城市权利依赖于强行打开城市空间的能力，在此抗议和争论并创造未调停的公共空间，由此沸腾的城市生活成为具有催化作用的空间，设计出城市生活的新概念和新配置，构建新颖的、破坏性更少的权利概念。正义之城的权利不是一种恩赐。它必须由政治运动争取。

参考文献

Bartholomew, A. and Breakspear, J. (2003) "Human Rights as Swords of Empire," in *Socialist Register*, London: Merlin Press.

Bello, Walden F. (2002) *Deglobalization: Ideas for a New World Economy*, London: Zed Books.

Campbell, S. (2003) In Scott Campbell and Susan S. Fainstein (eds) *Readings in Planning Theory* (2nd edition), Malden: Blackwell.

Cavanagh. J. and International Forum on Globalization Alternatives Task Force (2002) *Alternatives to Economic Globalization: A Better World Is Possible*, San Francisco: Berrett-Koehler.

Dumenil, G. and Levy, D. (2004) "Neo-Liberal Dynamics: A New Phase?" in vander Pijl, K. , Assasi, L. , and Wigan, D. (eds) *Global Regulation: Managing Crises after the Imperial Turn*, Houndsmill, Basingstoke: Palgrave.

Fainstein, Susan S. (1999) "Can We Make the Cities We Want?" in Beauregard, R. A. , and Body-Gendrot, S. (eds) *The Urban Moment: Cosmopolitan Essays on the Late-20th-Century City*, Thousand Oaks, Calif. : SagePublications.

Fainstein, Susan S. and Campbell, S. (eds) (2003) *Readings in Planning Theory*, Oxford: Blackwell Publishers.

Foucault. M. (1986) "Of Other Spaces," *Diacritics* 16(1).

Foucault, M. and Gordon, C. (1980) *Power/Knowledge: Selected Interviews and Other Writings* 1972-1977. Brighton, Sussex England: Harvester.

Gills. B. K. (2000) *Globalization and the Politics of Resistance*, New York: St. Martin's Press.

Harvey, D. (1996) *Justice, Nature, and the Geography of Difference*, Cambridge, Mass: Blackwell Publishers.

——(2000) *Spaces of Hope*, Berkeley: University of California Press.

——(2003) *The New Imperialism*, Oxford; New York: Oxford University Press.

——(2006) "Spaces of Global Capitalism: Towards a Theory of Uneven Geographical Development,"New York:Verso.

Juhasz. A. (2004) "Ambitions of Empire:The Bush Administration Economic Plan for Iraq(and Beyond) ," *Left Turn Magazine*,12,February/March.

Lefebvre. H. (2003) *The Urban Revolution*,Minneapolis:University of Minnesota Press.

Lefebvre,H. ,Kofman,E. , and Lebas,E. (1996) *Writings on Cities*,Cambridge,Mass:Blackwell.

Marin, L. (1984) *Utopics: spatial Play*, Atlantic Highlands NJ: Humanities Press.

Mitchell,D. (2003) *The Right to the City: Social Justice and the Fight for Public Space*,New York:Guilford Press.

Montgomery,M. ,National Research Council(U. S.)Committee on Population,and National Research Council(U. S.) Division of Behavioral and Social Sciences and Education(2003) *Cities Transformed: Demographic Change and Its Implications in the Developing World*,Washington,D. C. :National Academy Press.

Park,R. E. and Turner,R. H. (1967) *On Social Control and Collective Behavior*, *Selected Papers*,Chicago:University of Chicago Press.

Plato(1955) *The Republic*,Baltimore,MD. :Penguin Books.

Polanyi,K. (1957) *The Great Transformation*,Boston:Beacon Press.

Rawls,J. (1971)*A Theory of Justice*,Cambridge,Mass. :Belknap Press of Harvard University Press.

Sanger,D. (2004) "Making a Case For a Mission," *New York Times*,A1,April 14.

Task Force on Inequality and American Democracy(2004) *American Democracy in an Age of Rising Inequality*,American Political Science Association.

Walzer,M. (1983) *Spheres of Justice: A Defense of Pluralism and Equality*. New York:Basic Books.

Whitehead,A. N. ,Griffin,D. R. ,and Sherburne,D. W. (1978) *Process and Reality: An Essay in Cosmology*,New York:Free Press.

话语规划：以社会正义为话语

弗兰克·费希尔（Frank Fischer）

过去十年间在城市规划理论领域发生一场措辞尖刻的争论。争论的一方提出交际行为理论（communicative action）或辩论模式（argumentative approach）；另一方试图重申传统的政治－经济取向，后者首先强调社会公平。很大程度上，对传统政治经济方法持支持态度的学者似乎担心，他们已经输给了新近出现的协商民主取向。这种取向以深受哈贝马斯认识理论（epistemological contribution）影响的城市规划专家的作品为基础。有些人曾表达如下关切：交际行为正演化成为，如还未成为的话，规划理论的主导范式。对他们而言，这种交际理论对较为传统的问题，尤其是对社会公正的关注，并未真正加以解决。本章的目的是参与这场争论——有时态度不甚友好，也不太有效——来说明这两种取向间的差异往往要比看上去小得多。的确，可以说，社会正义和侧重话语交际方式在重要理论方面相互依存。为了避免出现这种学术对立，本文讨论试图说明话语规划专家和政治经济学者的著作是如何可以用一种基于实践话语的、更加包容的规范框架来融合。为了这个目的，我们首先对交际行为模式进行简单描述，接着对其批评者的观点加以讨论。

规划理论领域的交际行为：语言、论证和话语实践

过去15年来，交际模型或"辩证转向"已发展成为城市规划和政策分析领域的一个重要理论取向，尽管难以成为主导取向（费希尔和福雷斯特，1993；塞杰，1994）。[①]规划领域以理论家费希尔、希利、英尼斯、霍克和思罗格莫顿为首，这种取向的目标就是检讨城市规划专家从事政治和职业实践交际的方式。通过对知识与权力关系的关注，如普洛弗（2001：221）所言，这些理论家考察了"权力行为，例如使用中的词、实践中的辩论，以及代表由来已久的政治和思考方式的姿势、情感、激情和道德等。"与此同时，它也涉及对参与或合作规划形式的分析（希利，1997）。

这些学者将促进协商进程视为城市规划专家的基本活动之一。为了这个目的，他们提出对规划实践进行辩证分析或话语分析（福雷斯特，1999）。从这个视角出发，关于规划知识的一个重要来源就是规划专家工作时的话语活动：他们的审议、计划和其他文件中的书面和口语词汇。从福雷斯特的观点来看，公共规划的任何一个方面都没有沟通重要。通过聚焦公共争论和面对权力时的竞争信息，他的焦点集中于"实践中的言辞"。承认规划专家所工作的机构是扭曲沟通信息的基本来源，批判分析必须集中在"规划相关机构中谁说了什么，什么时候和如何说等因素所

---
① 术语"沟通行动"来自哈贝马斯的沟通行动理论。在规划争论中该术语是指具体的研究思路，尽管在更广阔层面上它与辩证、协商和话语相关。我将使用这一术语勾勒出相关争论，随后对侧重沟通的偏重话语立场予以强调，把它称之为"话语模式"。该术语用来指后经验主义倾向，这种倾向有助于规划理论的提出，包括规划理论中的社会正义。

引发的政治效应（地位、策略、效果和影响）"（福雷斯特，1999：53；1988）。

对交际行为理论家而言，这种话语实践调查是对当地话语背景下的个体专业人士的重视，无论在城镇会议上还是规划部门的办公室里都是如此。他们想知道规划师们在他们规划实践活动中，彼此谈话和倾听时，到底发生了什么（福雷斯特，1999：49），尤其是这种交流互动是如何通过意义的基本系统得到阐释的（希利，1997：49）。其目标是帮助规划师们对他们自己的话语实践，特别是他们论证的方式，进行批判性反思。他们试图对规划师所用语言表达出的潜在信息进行挖掘，因为这些信息是原本清楚呈现意图的隐晦影射。如 Ploger（2001：221）解释的那样，其目标旨在使政策规划师和分析者更加清楚地意识到他们实践交流能力的隐含形式，以便开展更加民主、更加理性的公共沟通。

给这种观点提供支撑的是哈贝马斯有关"扭曲沟通"的观点，对福雷斯特和希利来说尤其如此。通过对具体案例的描述，使从业规划师们意识到在规划实践中常常存在被控制或扭曲的交流。这种作品反映了对"知识与力量之间关系，工具合理性本身包含着压制的可能性和对更加开放方式的认知"的巨大兴趣（桑德科克，1997：96）。只有当规划师们对这些时常微妙的权力机制有所意识、有所批判时，才有可能培育交际团结（communicative solidarity）。为实现这个目标，规划师的任务是通过话语反驳建立更加平等的沟通力量。规划师应该不仅要将自己视为政治和机构力量的代言人，而且也是改革社会行动的一部分。因此福雷斯特和其他学者不辞辛苦将倡导规划、社会规划和极端规划交织起来，并把它们看作是自我批判交流实践的一种模式。

在此过程中，这些规划师们寻求创造话语空间和机遇，以探索更为一致的规划和决策模式。正如桑德科克（1997：96）所说，所进行的工作是确保"呈现主要观点，使成员间的信息平等化，在群体过程中创建条件，以确保论据的分量，而不是使某些现有框架内的个人权力或地位成为决策的决定因素。"以政治术语而言，其目标是理解深受政策和计划结果影响的、存在于各种社会角色之间的公共协商是如何能使规划过程变得更加民主，而不那么技术官僚。在认识论上，沿用杜威及哈贝马斯的传统，真正的挑战是要理解话语过程对理性本身的基础意义。在这些规划师们看来，理性存在于协商和沟通的理解与意图之中，这些理解所存在的社区又为民主协商所开创的传统、惯例和协议所制约（霍克，1994：31；1997、2007）。

对那些严格遵循哈贝马斯交际行为理论的人士来说，规划过程中的话语和协商可用理想语言的标准化要求来分析。从这个角度来看，规划的批评视角根植于"普遍实用"，"普遍实用"又是语言所固有。倘若协商对话是基于论据的真诚、可理解性、真实性和规范合法性，那么理想语言的通用原则可以充当"民主、主体间交流的道德原则，也是讨论结果的自然理性的前提"（Ploger，2001：221）。并不是如多数人所以为的那样，这些理论家认为规划过程可以用理想语言之标准来重新设计，而是其标准可以充当反实践原则，且这些原则可以充当评估协商的标准。

交际转向：主导范式？

当下的辩论似乎发端于朱迪思·英尼斯（1995）在规划期刊发表的文章。在这篇文章中，英尼斯建议道，处理规划的沟通模式有可能成为主导范式。尽管她没有说它一定会，她的确说它可能会成为主导范式。鉴于它所引起的误解，该陈述是不幸的，这点英尼斯自己也予以承认。这篇文章刊登在重要的规划类期刊上，在从事传统规划方式研究的研究者中，尤其是在倾向于政治经济批判的学者中，引发了强烈抗议。在重要事例中，他们的回应是呼吁重视社会公正。

交际学派心怀称霸城市规划的野心，这点或隐或现。基于这种认识，批评者向这种理论及其提倡者发起了几次相互关联的猛烈抨击（赫胥黎和耶夫塔克，2000；耶夫塔克和赫胥黎，2000）。有些批评者认为这种侧重沟通的学派并没有包含规划领域的各个方面。正如马扎（1995）所说，专业规划师真正所从事的大量规划活动尚未被沟通学派很好地阐释。一方面，它似乎忽略了规划师作为研究者所进行的经验性活动——解决模式、交通距离或城镇收入分配等方面的衡量。就事实本身而言，这点毫无疑问，尽管"忽略"可能并不是合适字眼。作为回应，沟通学派理论家认为，他们并未反对此类工作；而是聚焦于规划领域的另一个方面，因为在他们看来，在以往这方面没有受到重视。他们还认为，尽管他们并不是关注马扎所认为的各种传统经验规划活动，但是沟通理论家对下面这点很感兴趣，即在政策规划过程中规划师们是如何处理有关以上问题的经验信息的。

与此紧密相关，其他学者认为，提倡沟通者忽略了该领域的传统话题，即关于城市和城镇地区的话题（费恩斯坦，2000）。这点的确没错，但是它容易忽略以下事实：交际理论家对在城市规划部门工作的规划人员尤其关注，这当然也包括他们工作时围绕城市和市民所展开的谈话。这点可能不是每个人都感兴趣的，但在这种背景下重点在于了解规划者的交际互动，以及规划者是如何与相关城市群体、公民、管理者和政客实现互动的。与此同时，这使得众多学者沿着这些思路，集中讨论如何促进这些群体之间的公共协商。

此外，其他批评者认为，强调规划者沟通活动难以对理论和实践构成批判性处理模式。鉴于大多数从业者为城市下属的这类或其他类机构工作，在一个政府机构里记录的谈话本质上是一种交际沟通，这种交际沟通即使不被扭曲也会被其组织结构和过程中所固有的政治利益所影响。人们可以学习成功的规划者如何使用语言游说，但这难以构成一个足以形成真正共识的理想交际场景（思罗格莫顿，1996，2003）。为此，批评者质问，在"野兽的肚子"里工作的规划者是如何使用这些原则的。难道他们的活动不受他们所在机构固有的想法和实践制约吗？这不能说明对权力缺乏理解吗？的确，声称规划机构的诸多实践是其利益和需求的结果也不是没有道理。该学科的出现本身就是为了发挥此项功能。就此而言，作为州政府机构的公务人员，通常的规划师和政策分析师主要为他们所工作的机构复制现行权力关系（耶夫塔克，1998）。人们对此没有疑问。为此，有人询问是否能够通过引入"高贵规划师"的语言和学科话语使政策和规划实践的合理性得以改进（Flyvbjerg，1996：388）。

事实上，各种各样的批评家过于天真地描述沟通行为理论，因为沟通行为理论相信规划者可以改变很多东西，能够产生更大的政治经济力量。在经常将规划诋毁为一种职业的话语系统中，有人认为聚焦规划活动充其量是对琐碎行为活动的关注，在最坏的情况下，甚至是对城市进程的严重误解。它只是不明白改变如何得以产生。此外，交际行为理论将规划师理解为中间协商者和交流促进者。有人认为，规划师们似乎相信，只要交际不平等行为得以消除，结构差异自然会消失。他们的文章似乎认为理想陈述就是规划的目标。他们认为，由于语言和修辞并不能从根本上影响任何东西，沟通交流不是很有意义的事情。由于内容贫乏，所以它很难提供实质性批评。

倘若就批评的重要方面达成一致，批评者的诸多观点就是成立的，尽管在他们的陈述中有些偏激。这些观点的迫切性取决于沟通行为模式能否成为其主导范式。实际上，人们对此鲜有担心。仅仅通过聚焦于规划过程中的具体活动，难免过于狭窄难以发挥作用。第二，涉及此方法的人士中无人认为这就是其全部。尽管人们可以从不同角度解读英尼斯的著作，但是英尼斯本人已然收回自己的论点，而诸如福雷斯特和霍克等学者就正式与此论点拉开距离。倘若此方法仅仅是诸多主题中一个，交际行为理论家因拓宽研究领域而做出了贡献。正是这种情况非常有利于帮助规划师们更好理解其工作的本质，弄明白如何高效地工作，尤其在交流沟通方面。鉴于其对教学的重要性，早期对此观点的忽略可以被认为是罕见的。

人们可能就此不再深究。批评者的确有些道理，但是人们没有必要为他们的最大恐惧担忧。人们没有机会也没有兴趣对主导范式的沟通行为模式进行评价。然而，此番争论中有更深层次的担忧，是不应被忽略的。与双方立场相关的问题都涉及语言和话语的作用，尽管这种相关是各种各样的。在多数对沟通行为的批评中潜藏着的是隐含的——有时也是明显的——对向语言转向的拒绝。其实，有人似乎仍然认为语言仅是空洞的工具，仅仅反映现实，因此对世界毫无独立作用。例如，劳里亚和惠兰（1995）曾认为转向语言是"实实在在的空洞"。在他们看来，聚焦于语言和话语不是理解规划过程中"表达"问题的有用方式。再如，费尔德曼（1997）干脆将对话语的强调贬低为某种"喜剧"。

作为学科话语的规划：话语方法

在规划和政策层面上交际学派涉及的不仅仅是讨论与倾听。

根植于对知识的话语理解，沟通学派以更深层次的视角来聚焦话语和协商。在规划和政策分析领域，技术或技术官僚占据主导模式，话语模式很大程度上是作为对此主导模式的回应而存在。话语模式是建立在对语言和话语在人类活动中发挥重要作用这一事实予以承认的基础上的。从后结构主义视角，交际学派主要研究语言和话语实践如何影响和左右社交界。的确，继福柯之后，它旨在表明学科专业技术及其话语是如何成为权力和社会规范现代制度的核心形式。规划其实就是此种话语权力的一种形式，尽管它有多种表现形式。①

话语是社会生产和再生产的基础。哈哲尔（1995）将之定义为"观点、概念和分类的总体，该总体得以生产、再生产和转变以便给物理和社会关系赋予意义。"话语和话语实践以这种方式划定主体和客体的范围，人们通过主体和客体体验世界，详述可以接受为知识的观点，进而被视为知识代理的参与者。正如夏皮罗（1981：231）所说，社会参与者——规划师、政客和公民——并没有"在他们的话语中虚构语言和意义"，"最终相信他们所说的所有事情的政治关系模式，而事前没有对此决定进行特定的评估。"因此，鉴于政治语言限定公共问题的意义，探讨语言的计划或政策不仅要用语言来表达，而且要借助语言加以构建，这些语言本身就是用来描绘规划或政策本身的。

不妨看一个简单而明晰的例子：滥用毒品的政策协商是在医疗话语系统还是法律话语系统中构建，两者是有着明显区别的。也就是说，以一种方式而非另一种方式来表述一件事情明显是说

---

① 这种协商（沟通）模式的提出以规划和政策分析为基础，尤其是受到关于后经验主义/后实证主义认识论和协商民主理论影响的相关著作。政策分析和规划通常被视为彼此密切相关的领域，而政策分析常常被认为是规划的方法论之一。

寻找正义之城

明了一系列事情,这些事情为某些特定的人所理解,而非其他芸芸众生。以这种方式,从历史、传统、态度和民众的信仰角度对公众干预的方式予以构建,而这些历史、传统、态度和民众的信仰包含在其话语体系中,并在体系中得以巩固。话语模式不仅对这些话语进行考察,而且寻求确定是何种政治力量引起了这些话语的构建。

或者可以举一个与本讨论更加相关的例子,没有人见过政治经济,但是我们都在讨论,似乎我们见过它一样。政治经济制度是一个语言概念,用来描述一系列我们仅可部分感知的关系——人们去银行理财,与工厂主管商谈业务,阅读财务报告或者去市场购物。但是人们从来没有亲眼看见过整个政治经济制度。尽管我们只是接触到该制度的一部分或发现它的效果,制度本身仍是一系列正式和非正式的关系,这些关系仅可通过语言和论证得以构建和讨论。

从这个视角来看,政治经济制度镶嵌在具体的话语实践中,这些话语实践生产和再生产一些观点和行为,这些观点和行为对理解和运行该制度非常重要,包括对社会正义和公正待遇的理解。假以时日,对公正的解读成为理所当然;它们很少被使用它们的参与者所注意。作为人们通常所接受的假设,它们根植于制度协商和实践之中,这些协商和实践生产和支配基本的政治—经济关系,包括谁有权做什么。借助对政治经济的话语限制——其相互关联的结构和功能——用以理解和阐释制度行为的概念范式和标准得以确立,包括其对社会平等和收入分配的影响。语言因此"成为数据分析的一部分,而非仅仅是谈论外在语言现实的工具"(夏皮罗,1981)。

尽管社会通常围绕一个主导话语构建,例如,资本主义话语,包括其对正义和民主的理解——仍有其他话语在发挥作用。

存在着相反的话语，例如社会主义和极端环保主义话语，但是这些话语运行在社会秩序的边缘。在占主导地位的制度之内，也存在着与社会不同部门相关的次话语，这些次话语相互关联——其中有政治、经济和宗教话语。为了规范这些次制度之间的互动，出现了各种学科话语对这些制度加以协调和引导。例如，经济学就衍生出根植于资本主义意识形态和原则的知识领域，法律和管理学科也是如此。在这种宽阔的话语框架内，利用与合并各种现有话语的线索，政治通过论证得以推进。正基于此，话语模式迈入了舞台中心。

认识到社会互动的话语本质，话语模式对以技术和理性方式探讨计划和政策的做法构成了挑战，因为后者在政治和价值层面是中立的（哈哲尔和瓦格纳亚尔，2003）。相反，话语模式被认为是根植于特定意识形态中。并非忽略技术和经验分析本身，话语模式寻求从规范假设角度来理解这种分析，而规范假设是话语模式依靠和/或支持的。因此它根植于在某个时段定义社会的辩论性斗争。基于后经验主义认知论，它承认社会和政治生活根植于话语实践生产和再生产的社会意义网络。

后经验主义聚焦于科学对现实的叙述，而非现实本身（费希尔，2003）。这并非声称没有独立于探索者的真正且分离的探索客体。焦点聚焦于社会参与者所了解和呈现的词汇和概念，而非目标及其性质本身。旨在了解这些不同认知元素如何在话语层面互动进而影响被称之为的知识。鉴于观察社会和政治现象种类的视角性质，社会客体或过程的知识更多地被视为从各种竞争性阐释之间诞生的话语—语言—互动中产生。这也给探讨权衡过程的各种阐释方法、修辞辩论和分析提供了机会（思罗格莫顿，1996、2003）。

在认识论之外，在行动的现实世界，话语模式诉诸论证的媒介。话语规划师或政策分析师通过探讨数据、技术工具、概念和理论的方式来构建实践论据,而不是集中于经验分享本身(Majone,1989)。因此本模式寻求用更大范围内的情景证据来证明正在探讨的证据。为此目的,它利用实践话语的规范逻辑。[1] 话语协商成为对论据因素加以考虑和分类的主要方法。这就是严格学科分析的案例:专家收集论据,并从不同方法视角思考其意义,包括其侧重行动的影响。通过认知拓展,尽管以不严格的方式,公民以其自有的"普通知识"做同样事情的权利获得认可(林德布洛姆和科恩,1979;林德布洛姆,1990)[2]。话语规划师的基本工作是开发协商各种方法以帮助公民做到这一点(费希尔,2003、2009)。

因此,话语模式就是对认知差距的回应。尽管有批评者似乎认为侧重沟通会妨碍或使注意力转移,不再关注规划和解答问题的经验知识,话语规划的出现似乎应对这一事实,即专业领域仍未具备此类知识。还没有此类知识体系,因为对紧迫问题缺少经验分析。相反,该问题与社会世界的本质及我们理解复杂现象的能力有关。尽管这并不是说有关社会、经济的问题没有专业知识,只是承认,我们所做仅是部分性的能够应用。就经验和规范的范围而言,该知识的不确定性只有通过话语考察才可以得到实践,而这种范围对其应用程度而言是最基本的(弗莱杰格,2000)。话语规划者因此试图跳出这种两难境地。它是一种侧重行动的尝试,试图找到、理解和阐释在现实情景中的部分知识。这不可能是规划理论本身,但是它须是规划学科最重要的一部

---

[1] 规范性话语与实践性话语之间没有明显界线。有时二者可以替换使用。在本文讨论中二者都被视为是规范性的,涉及"应该做"什么。我们用规范性主要是指关于规范、标准和理想的问题而实践话语是指更大范围的评估,这种评估将实证和规范话语综合起来寻求该做什么的决定。
[2] 林德布洛姆将社会科学知识定义为"普通知识"的改进版本。在这方面,在公民的严格普通知识和日常普通知识之间没有明显认知区分。

分，而规划学科希望能有效地应用这种知识。

作为话语的社会正义

那么，这种视角如何应用到社会正义和辨别正义之城的行动上来呢？要回答这一问题，首先探讨社会正义的具体特点很重要，或者探讨这个概念缺乏什么样的特点或许更合适。基本上而言，我们发现了一个没有明确内容的概念。就最宽泛层面而言，社会正义指特定社会通过对有利条件和不利条件的公平分配使社会群体和个人得到更公平的对待。然而，除此之外，人们很难对公正分享和公平待遇意味着什么达成一致。多数人们希望生活在一个公正社会，这个社会通常被理解为能最低限度提供可供人们享受的福利的社会秩序，如就业和医疗保险。但在明确这个概念的内容方面还是远远不够。

而且，关于公正社会应是什么样，它应该如何运行，我们发现有许多政治经济意识形态相互竞争，因为它们有着各自的概念。例如，政坛中的左翼和右翼运用社会正义这一概念时会表现得多么的不同。对左翼来说，正义社会是指以高度经济和政治平等为特征的社会秩序（它可以通过收入分配政策、累进税收和财产的再分配加以实现）。在这方面，社会正义总是社会主义的基本原则，在福利安全网这一概念中得到明确反应。与此同时，政治保守主义者认为公正社会应是基于自由市场，并比国家主导的公共政策能向人们提供更大的公平机会。从资本主义视角来看，社会的不公正最好通过个人努力、私人爱心和慈善机构得到纠正。

这些相互竞争的政治立场使得重要政治理论家指出，关于社会正义并不存在客观标准。对许多人来说，它是一个道德相对主义术语,是由后现代主义者提出的一个立场。更多的学者甚至认为其没有意义而直接将其抛之脑后。然而,紧随马基雅维利,其他学者将其视为没有实质内容的概念用来为现状提供辩护。据此观点,社会正义是有权力的人所言之物。根据这种理解,人们可以提出正义之城理论,但是它也仅仅是许多有争议立场中的一个,在持不同立场的人的眼里也的确如此。也就是说,它并不能根据既定标准永久确立。人们仍可呼吁更多社会平等,但是此论据是建立在一种政治倾向之上的(甘斯,1974)。

那么这个概念附带何种价值呢?从协商的视角来看,本概念主要是邀约人们诉诸话语,也就是说,对特定社会中的平等和机会本质及其成员是如何改变现行安排加以思考。这种话语存在于两个层面——一个是理论层面,另一个是实践层面。在理论层面,现今有关社会正义的讨论多数以罗尔斯(1971)的哲学著作为起点。此处的问题事关价值分配,倘若人们将要决定——通过个人协商——"居于无知之幕之后",那么人们不会知道自己的社会和经济地位。借助复杂的理论推理过程,罗尔斯总结道,人们会选择机会平等的制度(这将涉及一系列政治和经济制度,这些制度将补偿经济力量长期发展的后果,以避免财产和财富的过度集中,尤其是防止可能导致政治支配的情况出现)(罗尔斯,2001:44)。无须对罗尔斯的结论表达同意或不同意,亦无须参与讨论他立场的方方面面,人们很快意识到这种理论推理对现实世界中的规划者不会提供什么实质性的帮助。由于社会思想实验的条件并没有在行动世界中确立,政治哲学家的世界与专业规划者的世界相去甚远。

尽管理论讨论可以帮助我们思考社会正义,然而这种思考的结果过于抽象,不能对规划决策提供任何指导。就这个意义而言，规划是在理论和行动之间运行的。它依赖于基本的城市价值，这些价值大多源自数个世纪的城市实践和社会斗争，尤其是后者。例如，费恩斯坦（2008：20-22）曾列出了一系列城市价值，并将它们归类为以下三个价值取向——平等、多元和民主。她认为，通过规范收入分配、给低收入者提供补贴和低廉的交通费等方式来追求平等。多元与种族混合和公共空间的必要性有关，尤其是通过分区法（zoning law）来实现。按照其定义，民主包括对城市发展的咨询，它对城市的广泛利益予以考虑。我认为，她列出的一系列城市价值缺少了高效这一价值。高效这一价值在理论—行动连续体的另一端发挥作用。如果不对行动的有效性加以注意，很少有问题能够得到解决。

以此来看，规划最好被理解为一项将技术效率与社会平等有效融合的任务。社会正义的问题在很大程度上是如何平衡这些彼此冲突的价值。尽管人们做出努力在平等与有效之间建立最佳取值关系——例如经济学中帕累托最优解（Parento Optimal solution）——这些概念仍处于彼此排斥状态，常常导致它们之间的相互取舍（奥肯，1975）。人们可以取得更多社会公正但往往是以牺牲技术效率为代价；相反，技术效率的提高以牺牲社会公正为代价。

那么谁有合法的权威来建立这个价值组合呢？在一个由来自不同民族、种族、文化和阶级背景的人们组成的多元社会中，这一点又如何做到呢？历史经验表明，这点并不能自上而下成功实现[1]。典型的表现就是社会主义。无论人们怎样谈论社会主义，它代表人类长久以来试图自上而下规划一个公正社会的努力。借

---

[1] 对首先定义"正义之城"的柏拉图而言，这个问题的答案是哲学家国王，在长期斗争的历史长河中这一概念被人们拒绝，以便控制君主的独断行为。

寻找正义之城

助马克思主义的政治经济原理，通过科学分析经济和社会动态的法制试图取得经济效率和社会公平之间的和谐平衡。苏联在半个世纪的光阴里将一个农业社会转变成为20世纪的一个世界级大国。但是这一行动的历史表明，其以社会正义名义获得的成就却是以牺牲其他价值为代价的，以民主和民权两大价值为最。其结果是建立在集权领导制度之上的毫无生气的社会制度。有人声称苏联的多数公民如果有机会，他们定会选择生活在另一种社会价值分配制度之下，尽管此番声称有简化历史的风险，但也合情合理。人们也可以说，集中规划师没有能以人民的名义成功或合理解决这些问题是历史留下的一个教训。

如果正如他们的批评者所说，沟通规划师们花费了太多时间倾听，人们当然定会注意到社会主义制度倾听的太少。这一故事被多次叙述凸显了民主制度的基本假设，即少数人不能代表多数人讲话。这种历史表明试图引导社会的政治领导人常常如普通民众一样容易犯错误。它也表明技术官僚试图将行动根植于政治经济科学的高度实证主义概念，这一做法本身就问题重重。鉴于科学本身的不确定性，时间已证明经济规划者是不能在效率和社会公平之间取得平衡的。现在，由于后经验主义对科学，尤其是社会和经济科学数十年的重新阐释，我们知道尽管政治经济能够帮助我们对特定问题加以思考，在充满不确定性的世界中，它并不能解决这些问题。相反，解释和解决方法必然来自由各种理论、发现、具体承诺和政治判断的组合。在很大层面上，一个学科群体仅仅是对此关联予以思考。的确，仅在此刻，话语视角可以解决这种现实。作为替代选项的认识论则不能，因为它试图解释科学家从事研究时他们的确做了什么。

缺乏客观标准和硬科学知识，话语规划师们首先试图建立一套大家可以接受的（行得通的）标准从而在社会行动领域内运行。为此目的,他们追求社会正义,是从替代方向——即通过将问题提交给在社会中生存的人们来确立正义的标准和内容。① 正如社会主义者所声称的那样,议会机构常常作为维护资产阶级利益的"空谈俱乐部",但是社会主义规划师本身又无法提出合法的、以高承诺和强动机为支撑的计划。这正是西方资本主义民主容易犯错误的相反方向;他们常常带来很大的经济、社会不平等,并没有履行承诺去减少其负面效果。从协商视角来看,可替代方案——可以说是在不发生社会变革情况下的唯一可行方案——会使得空谈俱乐部更加民主。

转向民主协商不需要任何根本性理由,因为民主已是一个基本的社会价值。然而,在一个高度不公正的社会,例如美国,民主往往被狭隘地定义为限制可能的选项和结果。最为典型的是,它被简化成一种"咨询",是行政者对协商的有限理解。协商规划师主要试图重新建构这种协商需求。不是采用建立在歪曲——如不是被操纵的话——沟通交流基础上的自上而下模式,协商规划师试图引入更加真正意义上的民主协商。作为程序的关注点,协商不是关于社会正义本身,而是关于我们如何决定人们应该怎样界定社会正义。只要该术语由特定群体来定义,尤其是那些拥有权力的人,主要挑战将是通过向更多群体,尤其是边缘群体提供更多协商程序来寻求更多的平等。从话语政治和话语伦理视角出发,其任务是考察谁参与和在什么样的情形下参与。除了政治

---

① 正如哈贝马斯(1973:33)写到的那样,"政治斗争的决定不可能起初在理论上得到辩护,接着在组织层面得到执行。"这个层面唯一"可能的正当理由是在实践话语中的共识;参与者所达成的共识,这些参与了解其共同利益,明白其处境,知晓可预见的后果和次要后果;参与者仅是那些知道自己愿意承担的风险及有何期望的人。"总之,规划师用理论和实践知识以证明参与者的情景,但是参考者必须通过讨论与协商自己决定采取何种愿意采取的行动。

精英之外，这一行动将包括更大的社群。

在此过程中，话语规划承认，不同社会和不同社群所重视的东西有所不同，同一个社群内的人们也有不同倾向。因此，适合所有情形的社会正义概念是不存在的。这种模式承认用以协商的社会正义概念只有在愿意践行的人们当中才可以成功。这不仅涉及社会的众多成员，也涉及生活在各种子系统中的人们，因为他们要面对具体的社会情形。

话语模式不是如常常被描绘的那样，对理想语言予以狭隘或天真地强调。它不仅仅倾听公民心声。相反，协商和论证过程本身就被视为政治斗争的一部分。只要通过使论证社会正义进入政治，它将作为一种帮助人们构建和提出更好论据的方法提出。没有将论证与政治混淆，它仅试图促进话语斗争。为了实现这样的目的，它可以对两个特定论据运用理想语言的哈贝马斯原则，并指导此番话语安排的构建，但是它这样做时并没有混淆这些标准与真实世界的具体情形。的确，基本目标就是在理论和实践层面列出可以使权衡有意义的智力和物质条件。这点反映了如下认识，真正的民主协商依赖于人们在资源和权利上的平等程度。

鉴于现有的不平等占主导地位的政治和经济制度，沟通模式尤其注重权力关系。因为它认识到，如希利（1997：66）所说，权力关系"是我们的一部分，它们通过我们得以存在，公民因此应该意识到他们可以寻求和发展的资源。"规划师或政策分析师越是更好地理解占统治地位的权力结构，包括其意识形态和政治动态，他们就越有机会发展出有效的战略挑战而不仅仅是复制权力结构。在希利看来，协商合作被视为是横跨各种独立组织联系社区成员的方式，在此过程中它可以改变社区成员看问题、想问题和行动的方式。合作规划作为用以沟通的权

话语规划：以社会正义为话语

力，有潜力改变权力关系和地方文化。[①] 作为一种试图揭露剥削结构的方式，沟通交流结构可以使公民更好地意识到他们自己的利益以及如何追求他们的利益（Ploger，2001：225）。[②]

话语规划因此意味着给民主协商创造空间，以使公民参与目标的制订和冲突的管理。通过追问现行管理模式使谁享有特权，使谁处于边缘地位，该方法能够挑战正式制度，使其变得更民主，更有合作精神（希利，1997：201）。其任务是澄清各种处于压制地位的交流沟通权力并推广引发协商授权的知识（费希尔，2009）。

从这种替代视角来看，社会正义与民主协商之间的关系不是或者的关系。在现实规划世界，确立和推广社会正义概念需要社会高度的平等。在这方面，本章通过提及协商规划师与其批评者最初的争论以表明在学科话语讨论过程中所引入实践话语逻辑的帮助下，规划是如何可以更加建设性地得到处理。它有助于澄清该争论在很大程度上是建立在对规范/实践话语本质的有限理解基础之上的；规范话语和实践话语并非彼此完全排斥。

协商社会正义：规范话语的层次

通过承认社会正义是规范话语——涉及"应该是什么"——我们从此话语的结构和逻辑视角对其进行检讨。实现利用规范话语的好理由，正如我在其他文章中所提出的那样，规范/实践争

[①] 对希利（1997：244-245）而言，"协商范式变革的过程"是指需要激起"一个地方的政治和组织文化的意识"。被视为启蒙战略，沟通规划应包含"新的文化概念、理解系统和意义系统"，这些都居于社会行动者的世界观里。

[②] 为此目的，话语规划可以向"转变学习"的实践借鉴。"转变学习"是激进教育理论家们提出来的，诸如保罗·弗莱雷（费希尔和曼德尔，2009）。

83

论的完整结构涉及话语相互关联的四个层次。①从这个视角看，交流/话语规划师与其批评者可以被看作是讨论同一件事情但是他们又在不同话语层次上。研究规划话语的学者与呼吁更加关注社会正义的人士之间的冲突，以此来看，涉及同一话语的不同但又彼此相关的层面。双方并非代表截然不同的规划方向，相反，一方集中在微观层面而另一方集中在社会正义话语的宏观层面。

其实，采纳沟通模式的规划师们做的多数调查都是聚焦于低层次的实践讨论，当他们倾听工作现场的规划言论时，尤其如此。市政府所雇佣的规划师们常常在具体政治和行政命令下工作，因此他们必须对政治和行政命令强加的种种限制非常留意。那些有权对社会正义下定义的人士对此处的社会正义予以正式界定。事关社会正义的更大问题很少在政治哲学层面出现。②的确，他们常常在话语层面被压制，但这并不是说他们提出的种种疑问和事项就不存在。在这个层次上讨论的规划师们总是提及公正的方方面面，但是他们通常的做法是以更加实用的术语来讨论，这些术语与社会哲学相去甚远。

就实践话语的规范逻辑而言，这些讨论局限于一级讨论。人们能识别出用以组织该层次协商的两种具体问题。第一种问题在本质上是技术性质的：一个计划或政策行得通吗？它的效率高吗？或是否有效？它会引发意外后果吗？等等。这些问题是多数标准规划技术所遇到的。对行动计划技术有效性的实证评估是基于特定标准或规范，例如，住房项目的可承受能力或者发电厂的

---

① 要了解规范话语非正式逻辑的详细讨论，参见费希尔（1995，2003）。这种讨论是基于"普通语言"哲学家们的著作，应用于政策分析时尤其如此。

② 这不应被视为规划办公室里没有人会考虑宏大问题。有些人当然会考虑，但是他们极少在工作环境下表达这些问题（Needleman and Needleman，1974）。他们受制于控制该机构、使其超越手头任务的人，因此通常被认为不切题，如果不是不恰当的。

安全标准。

　　除此之外，实践协商还涉及常被忽略的规范领域。尽管多数规划和政策论证集中于效率和有效性方面，批判性分析必须包括对衡量计划的标准加以评估。这其中又涉及三个额外话语，其一集中于规范标准应用的具体情景。作为对第一层次话语的第二个协商，它追问是否存在特殊情形，这种情形对技术评估而言是特例。是否存在具体情形，或经验的或规范的，需要加以考虑？例如，垃圾焚烧厂距离人口密集的城市是否太近？或是提议修建的房屋对要入住的人群来说是否合适？就业培训项目能否真正解决失业人员的需求？对项目技术评估的有效性人们是可以接受的，但是在特定情景下，却认为该项目并不适合。例如，就垃圾焚烧厂而言，邻避（NIMBY）政治及围绕环保正义的斗争很好地说明了这个问题。

　　两种话语——技术和情境——体现了规划办公室所进行的多数讨论，代表着规划实践的重要问题。但是他们仍不会直接涉及主张更加注重社会正义人士的关切。的确，如果规划的分析模式处于这个层次上，那么规划的批判模式就会面临许多问题。尽管我们已对第二层次话语进行了讨论，这些关键性批判问题还是作为低层次实用问题的逻辑延伸而自然出现。

　　就社会及其赖以建立的规范原则而言，第二层次话语分析要证明第一层次判断的正确性。也就是说，超出对计划的技术后果和情景后果的评估直接涉及探究采纳这些判断的第二层次社会结果。第二层次社会结果之一，即话语的第三层次——要求询问特定的计划对整个社会是否有帮助或有促进性结果。是否存在社会秩序的相关情形——其经验过程或规范目标——都会使得技术和情境判断成为问题？例如，我们面对的是政治经济的基本问题。特定的就业培训计划一定会给现有劳动力市场提供机会吗？或者它仅仅是向提供就业培训的雇主提供了税收减免呢？这些问题都需要对社会制度的结构和功能做基本的政治和经济分析。只有对社会政治制度、经济制度运行情况做出准确分析，才能对某个政策或计划可能带来的贡献进行评估。

但是接受社会制度本身绝不会被视为既定的。我们此处已到话语的第四层次，该层次引入社会和政治批评的任务。首先，询问社会制度是否能够践行其本身所宣称的原则和价值。例如，社会能否在事实上践行机会平等和公平对待两项原则？因为这两项原则使得社会制度具有合法基础。其次，有没有可替代的社会制度可以更好地践行这些以及其他社会原则和价值？我谈及有关社会正义话语的理论/哲学层次。为了更好地协助这个层次的协商，人们不妨参考诸如罗尔斯等哲学家有关社会正义的真知灼见或哈贝马斯有关沟通互动和民主协商的指导。

问题的关键是：事关社会正义的规范协商从实践话语的全方位展现出来，从极其具体到极其抽象。在此过程中，它涉及一系列话语，这些话语依赖最为相关的方法论侧重——技术—实证分析、参与者观察、政治经济分析和哲学批判。这些方法借助全面、综合的实践话语探讨各不相同但又在逻辑上彼此相关的问题。常常表现为以下情况，在一个话语层面上探讨的学者通常看不见其话语与其他话语成分之间的关联，这些话语成分都属于一个完整的规范判断。从这个视角看，我们可以详细指明批判话语理论的任务是辨别和解释这些关系。倘若我们从交流规划的批判开始，批判交流模式的目的应集中在规范判断的更高层次是如何根植于日常官僚化的讨论中的，尽管这种根植是隐隐约约的。批判任务旨在表现事实上这些讨论是如何事关社会正义，尽管这些关联遭到削减并隐匿于视野之外。跟随哈贝马斯和福柯的传统，批判话语分析的核心贡献是阐明更高层次话语的特定方面是如何作为前提根植于更低、更实用的讨论层面。的确,只有对这些关联予以澄清,真正的民主协商才可以实现。如此看来,话语模式鲜与社会正义问题不相关联。的确,有关正义之城的实质讨论取决于它。

结　论

本章首先阐释了侧重交流互动规划理论的派别和从事更富有批判性的政治经济模式规划理论派别之间的争论。尽管其目标是对话语模式的交流理论予以澄清并提供支持,我们的讨论承认多数从交流视角进行的探讨并未认识其批判性潜质。其在讨论公正时,往往忽略提及其讨论根植于社会正义话语这一点。人们诚然无须将这些关联单独提出作为研究主题,但是,如不承认这些关联会招致人们的批评。[1]

与此同时,我试图呈现政治经济理论家和社会正义理论家表述太多的形式。他们的问题固然重要。但是这些问题不仅与规划师们——实践规划师——的任务相去甚远,而且这些问题本身就没有简单的答案。首告,他们并不拥有足够的知识去解决他们提出的问题。再者,他们缺乏决定这些问题的道德权威。尽管他们可以提供相关信息和知识以做出公平与正义的决定。但这些决定只能通过协商做出。的确,如我们所见,话语模式的出现正是为了解决这一问题——在学科及公共规划过程中。在公共语境下,话语规划师主张民主协商,而且是有各个层次声音参与的民主协商。

此种协商需要建立在公开、透明交流过程的基础上。为此目的,本章总结道,规划的批判话语模式需要解释话语层次与规范

---

[1] 此类批评从理论幼稚到官僚困惑和政治神秘,林林总总。

假设之间的关联,否则这些关联深藏于这种话语之中。从这个角度而言,沟通规划师需要仔细解释日常规划言论与更高层次理论问题之间的话语关联。更高层次理论是日常规划言论建立的基础。社会正义提倡者的理论问题已然根植于更加琐碎的规划谈论之中,社会正义提出者与此同时必须对其理论的根植方式予以考虑。总之,批判模式要建立实践与理论的关联。这对理解以下信息十分必要:社会公平和公正的规范如何在制度实践中以及如何通过制度实践运行,包括真正的民主协商如何能够更好地得到设计与促进。

参考文献

Fainstein, S. S. (2000) "New Directions in Planning Theory," *Urban Affairs Review*, 35.

——(2008) "Spatial Justice and Planning," paper presented at the International Conference on "*Justice et Injustice Spatial*," University of Paris X, Nanterre, March12 - 14.

Feldman. M. (1997) "Can We Talk? Interpretive Planning Theory as Comedy," *Planning Theory*, 17:43 - 64.

Fischer. F. (1995) *Evaluating Public Policy*, Belmont, CA: Wadsworth.

——(2003) *Reframing Public Policy: Discursive Politics and Deliberative Practices*, Oxford: Oxford University Press.

——(2009) *Democracy and Expertise: Reorienting Policy Inquiry*, Oxford: Oxford University Press.

Fischer, F. and Forester, J. (eds) (1993) *The Argumentative Turn in Policy Analysis and Planning*, Durham, NC: Duke University Press.

Fischer. F. and Mandell, A. (2009) "Michael Polanyi's Republic of Science: The Tacit Dimension," *Science as Cuhure*, (18)1.

Flyvbjerg, B. (1996) "The Dark Side of Planning: Rationality and Realrationalitaet," in Mandelbaum, S. J., Mazza, L., and Burchell, R. W. (eds) *Explorations in Planning Theory*, New Brunswick. NJ: Rutgers University Press.

Fiyvbjerg, B. (2000) *Making Social Science Matter*, Cambridge: Cambridge University Press.

——(1999) *The Deliberative Practitioner: Encouraging Participatory Planning Processes*, Cambridge: Cambridge University Press.

Gans, H. J. (1974) *More Equality*, New York: Vintage.

Habermas J. (1973) *Legitimation Crisis*, Boston: Beacon Press.

——(1987) *The Theory of Communicative Action*, 2 vols, Cambridge, MA: Polity.

Hajer, M. A. (1995) *The Politics of Environmental Discourse*, Oxford: Oxford University Press.

Hajer, M. A. and Wagenaar, H. (eds.) (2003) *Deliberative Policy Analysis: Understanding Governance in the Network Society*, Cambridge: Cambridge University Press.

Healey, P. (1997) *Collaborative Planning*, London: Macmillan.

Hoch, C. (994) *What Planners Do: Power, Politics & Persuasion*, Chicago: Planners Press.

——(1997) " Planning Theorists Taking the Interpretive Turn Need not Travel the Political Economy Highway," *Planning Theory*, 17.

——(2007) " Pragmatic Communicative Action Theory," *Journal of Planning Education and Research*, 26(3).

Huxley, M. and Yiftachel, O. (2000) " New Paradigm or Old Myopia? Unsettling the Communicative Turn in Planning Theory, " *Journal of Planning Education and Research*, 19.

Innes, J. E. (1995) " Planning Theory's Emerging Paradigm: Communicative Action and Interactive Practice," *Journal of Planning Education and Research*, 14(3).

Lauria, M. and Whelan, R. (1995) " Planning Theory and Political Economy: The Need for Reintegration," *Planning Theory*, 14.

Lindblom, C. E. (1990) Inquiry and Change: *The Troubled Attempt to Understand and Shape Society*, New Haven, CT: Yale University Press.

Lindblom, C. E. and Cohen, D. (1979) *Usable Knowledge: Social Science and Social Problem Solving*, New Haven, CT: Yale University Press.

Majone, G. (1989) *Evidence, Argument, and Persuasion in the Policy Process*, New Haven: Yale University Press.

Mazza, L. (1995) " Technical Knowledge, Practical Reason and the Planner's Responsibility," *Town Planning Review*, 66.

Needleman, C. and Needleman, M. (1974) *Guerillas in the Bureaucracy*, New York: Wiley.

Okun, A. M. (1975) *Equality and Efficiency: The Big - Tradeoff*, Washington,

D. C. :Brookings Institution.

Ploger,J. (2001) "Public Participation and the Art of Governance," *Environment and Planning B. Planning and Design*,28:219 – 41.

Rawls,J. (1971)A Theory of Justice,Boston:Belknap.

Rawls,J. and Kelly,E. (2001) *Justice as Fairness: A Restatement*, Cambridge: Harvard University Press.

Sager,T. (1994) *Communicative Planning* Theory,Avebury:Aldershot.

Sandercock,L. (1997) *Towards Cosmopolis: Planning for Multicultural, Cities*, New York:Wiley.

Shapiro,M. (1981) *Language and Political Understanding: The Politics of Discursive Practice*,New Haven,CT:Yale University Press.

Throgmorton,J. A. (1996) *Planning as Persuasive Storytelling: The Rhetorical Construction of Chicago's Electric Future*,Chicago:University of Chicago Press.

——(2003)"Planning as Persuasive Storytelling in a Global – Scale Web of Relationships," *Planning Theory*,2(2).

Yiftachel,O. (1998)"Planning and Social Control:Exploring the Dark Side." *Journal of Planning Literature*,12.

Yiftachel,O. and Huxley,M. (2000)"Debating Dominance and Relevance: Notes on the Communicative Turn in Planning Theory," *International Journal of Urban and Regional Research*,24(4).

正义与空间想象[*]

穆斯塔法·戴安科（Mustafa Dikeç）

H. G. 皮里（H. G. Pirie）在约二十年前发表的一篇文章中写道：

> 如果政治哲学家的忙碌完全被空间理论家和应用研究者忽视无疑是遗憾。如果本文审视了那种忙碌的内涵仍孤立无助同样是遗憾。
>
> （皮里，1983：472）

皮里在题为《论空间正义》一文中反思了"从社会正义和区域社会正义观念形成空间正义概念的愿望和可能性"（1983：465）。当涉及空间和空间性时，这篇文章提供了另一种对正义概念的反思，指出各种形式的非正义在空间化过程中的表现方式，以及逐步认识到正义和空间性之间（之中）的辩证关系可以使空间成为对抗非正义的政治场所（site of politics）。本文将进一步阐

---

[*] 本章主要包括以前出版的材料：戴安科（2001）"正义和空间想象力"，《环境与规划》，33：1735-1805。这一段经出版商 Piod 公司许可转载。我很感激卡兹·波特、约翰尼斯·诺维、英格里德·奥利沃、詹姆斯·康诺利的精心编辑。

明的是，正义和空间的概念化不同于皮里的理解。

地理相遇性（geographical encounters）

地理参与社会正义开始于笛卡儿对空间分布的特别关注（戴维斯，1968）；从重视生产、资本主义城市运作、资本主义不均匀区域为接续（哈维，1973）；转型于赞扬个性和差异，重点不在正义和共识上，而在非正义和解除契约上（哈维，1992；梅里菲尔德和苏杰道，1997；梅里菲尔德，1997；格里森，1998）；目前结束于差异偏见的问题化和寻求团体的共性纽带（史密斯，1997、2000）。然而，很少有研究明确采用"空间正义"概念（弗拉斯蒂，1994；索佳，2000）。皮里的空间敏感性无疑不易被理解，然而他的概念化仍值得保留。诚然，他"以那时熟悉的方式"对待空间，"好像是一种容器，作为由个体位置和距离之间的关系构成的一种本质或物理表达"（1983：471）。很遗憾皮里在一个似乎完美的起点上停了下来：

> 空间概念并不僵化死板。它也可以被看作社会创造——作为社会创造的架构，不只是社会环境……根据空间作为过程或根据正义的激进观念产生的概念化空间正义严格地说是一个挑战，很可能被作为需要构建空间正义概念的唯一场合。尽管挑战了盲目崇拜空间，尽管激烈攻击自由分配问题，弄清正义是否具有满足社会结构空间概念的可能性是值得的。

(1983：471-2；重点补充)

那么，接下来要努力接受这一颇具诱惑力的建议。

首先，我利用艾里斯·玛丽恩·杨（1999）的非正义定义，但我不使用"差异"的名字，这使我背离了她的观点。然后，我转而接受巴里巴平等自由（equality freedom）就是政治伦理约束的概念，约束预示着解放运动不以某种特殊性而以实施平等和自由法规的名义爆发。平等自由提供团体的"共有"约束，该观念的更多内容会在结尾部分出现。

坚信正义途径和正义原则在时间和空间上是特定的，这个观点是奠定前提的基础，也的确是一个完整的尝试过程。假定社会空间特异性和正义概念之间存在着密切关系。我情愿相信正义的空间维度敏感性会增强——特别在空间动态非正义被暴露并大量认可的社会中——在空间内或通过空间引导阻止统治和压迫的解放运动。城市似乎为这种前景提供了肥沃的土壤。

城市敏感性

20世纪60年代和70年代冲动地把"城市问题"带到政治议程中。这个时期城市敏感性增强有两个主要原因：第一，城市功能法日益加强，城市交换价值日益受到重视，对使用价值的损害日益获得关注。第二，正如伯特赫（1999）所言，曾经寻求社会运动替代工人运动，找到了一种政治动员力，本质上比基于工作单位的传统动员力更具空间性和城市性。当然，这些原因在法国政治文化之外可能很少有人信服。然而，正是在这种背景下针对这些问题，勒费布尔构思了城市权利概念。

勒费布尔（1993：435）写道，"城市权利不能理解为简单的访问权或回归传统城市权。它只能被阐释为转变和更新的'城市生活权'"。城市权利不仅是产权所有者的权利，更是城市所有人的权利。因此，城市权利并不仅指"干净"古雅的城市，街上走着"好公民"（good citizens），美丽的公园熙熙攘攘，生活美满

寻找正义之城

幸福。勒费布尔（1996：195）认为，"恰恰相反！城市权利不废除对抗，不废除斗争"。当然，这种说法不意外，如果按照勒费布尔的观点：城市具有同时性和相遇性，通过斗争得到满意的权利。他极为理智地质问（1993：428）："难道这不是城市的具体需求吗？难道没有相遇的时间和交流的时间需求吗？"我认为这些质疑具有双重性；呼吁和批判。呼吁指需要（再次）声明城市权利。其次，批判起源于勒费布尔对福利资本主义社会的指责"组织消费的官僚社会"，他们创造需求，需求制度化，城市空间交换价值高于其使用价值。在 60 年代和 70 年代，由于摧毁了城市文雅，通过理性排序城市空间剥夺了城市居民社会性相遇的空间，实用主义的、技术官僚的城市化程序面临严厉批判。这种批评在某种意义上是一种抽象的城市权利批判，我认为这是勒费布尔提出城市权利概念的动机。让我试着澄清这一点。

勒费布尔关于城市的全部著作贯穿着一个共同主题：对当代城市的批判。随着 19 世纪工业资本主义的发展和部署，随着现代民族国家的兴起，当代城市就已开始恶化。20 世纪，随着资本主义主导了社会生活的所有领域，社会变成了"消费控制的官僚社会"。由于城市是权利强烈演化的场所，所以不仅消费被控制，社会空间和空间生产也被控制。在这个意义上，勒费布尔的尝试可被视为通过主张城市权利拯救个人脱离被压迫和被均质化过程的政治项目。他写道"个人不会消失在大众压力导致的社会影响中，反而会得到强化。权利一定会大白于天下"（1993：435）。

由于资本主义开发和部署，人们需要重新评估城市权利，那么除此之外，19 世纪和 20 世纪还发生了什么？那究竟是什么样的权利？为什么勒费布尔如此谨慎地说城市权利"不能简单被视为访问权"？我先从第二个问题开始。这样的概念会使勒费布尔过于接近康德在他著名的《论永久和平》一文提出的世界公民和全球宜居论点。"康德（1970）说陌生人不能申请居留权，但可以申请访问权。"陌生人到达后也享受另一种权利：招待权。这表明他们不可以被有领土争议的主人视为敌人。陌生人没有权利申请居留，但只享受访问权或路过权。此外，该权利被设计为州际制约性，因此，那些在某个签约州不具有公民身份的人就没有受招待权。[①]

接着来看第一个问题，答案可能会和改变公民观念有关。如维德尔·文登（1992）认为，这个观念目前已受到政治环境和社会组织范畴内两个基本元素的挑战：移民和文雅。公民权利起源于空间意义的城市权利，这些权利源于城市，源于空间。这种分离伴随着勒费布尔所批判的那个时期，最终使他宣称要重新定义城市权利。艾欣（1999：165）认为城市"不仅是集团权利斗争的前景或背景，也是要求权利的战场。"一直到17世纪，这些斗争都作为"以政治空间形式主张城市权利"来追求。自19世纪以来，政治空间的公民权和斗争重新定位于以国家，亦即现代民族国家为中心。在这个意义上，勒费布尔的城市权利概念是号召提倡居住在城市的所有人不受任何歧视通过城市空间参与政治斗争。

> 城市权利，辅以差异权和信息权，应该对城市居民（citadin）和多项服务用户的公民权益进行修改、具体化、实用化。一方面，这将肯定用户的权利，知道他们在城区活动的空间和时间的想法；另一方面，也涵盖了使用中心空间的权利，而不被分散挤到贫民窟（工人、移民、"边缘人"甚至"特权者"）。
>
> （勒费布尔，1986：170；译自1996：34）

[①] 对好客概念的阐述，指出其康德版的限制和危险，也出现在戴安科（2002）的著作中。

城市权利不仅意味着城市居民参与城市社会生活，更重要的是他们积极参与政治生活、管理和城市行政。勒费布尔（1986）说：成功实现这些权利需要社会、时间和空间的转型。是城市政治生活要发生改变，而不是城市本身。换句话说，城市权利不包括从上而下分布的权利，是一种积极地共同参与城市政治生活的方式。所以城市包括"不基于抽象而基于'居住'空间和时间的公民社会"（1986：173；补充强调）。因此，城市权利不仅是参与权，更重要的是授予权，有待通过政治斗争确定和细化。不仅是城市空间权，而且也是政治空间权，把城市构建成政治空间。从这个意义上说，城市公民不是指法律身份，而是指政治身份，指城市的识别形式。通过政治斗争进行身份构建得到另一个权利——差异权。

差异权与城市权互补。勒费布尔深谙其意，尽管有时莫明其妙地会使人特别关注差异性的后果。他写道，具有差异性的权利是"不被强行分类的权利，而此类别一直必然地被同化力量确定"（1976a：35）。他强调"具有差异性的权利"的"具有"，不特别强调"差异"，勉强解释为特别。因此，言外之意是产生于"不同意的权利"和"具有差异性的权利"的分歧和争论中（最终持异议）。更好的诠释也许是"抵制/斗争的权利。"特殊和差异之间的区别和二者之间的动态关系是勒费布尔的"差异主义"课题。他批判后者向前者降低身份。从前者向后者运动是差异形成的时刻，只有通过政治斗争才可实现（勒费布尔，1981）。因此正如杨（1990）的方案所建议的那样，相互支持不仅以特殊性为基础，而且以意志和差异能力为基础。通过强加于某些群体的身份或通过使用和他们自己相关联的身份批评某些群体的边缘化，然后试图以"差异"的名义形成"政治认同"以抵制这样的程序，这意味着接受并继续陷于已建立的类别中。

对于勒费布尔，特殊性天然存在，不过后来成了现代世界的差异。差异的概念由长时间思考和个体感觉到的虚幻性差异而形成，最终使之失去个性。他写道：

> 行为差异不同于思想和思考的差异。哲学家和逻辑学家的思想和无生命的差异与无思想和有生命的差异相反。这点不可以退变为庸俗的重复演示：独创性、差异性、多样性、区别性等。
>
> (1970a：65-66)

因此，差异权"只有在超出书面和规定之外被充分肯定，在公认为社会关系基础的实践中被充分肯定"(1970：45)。正如他在宣言的结论部分所说"差异主义是关于生活的。不是思考而是被'具有'差异"(1970：186)。

因此，勒费布尔所概括的权利通过生活经验和社会关系建立，一旦建立就会导致新的生活方式和新的社会关系，差异的可能性——甚至关于已建立的权利本身。在这个意义上，正如勒费布尔认为：

> 与其说权利是对抗世界的所有物，不如说权利是对世界的一项要求。权利成为社会的合法权利，而不是有人拥有别人没有的财产。这种权利获取了满足基本需求和成员兴趣的必要资源……就城市权利和政治参与权利而言，权利被认为是社会关系的一个方面，而不是个体的固有自然属性……
>
> (霍尔斯顿和阿帕杜莱，1996：197)

在陈述这些权利时，空间正义概念通过培养对不公平的空间敏感性可作为动员话语，对抗不公平的空间文化。还可成为避免胡乱解释这些权利的必要政治伦理。

寻找正义之城

空间正义：一种概念化

我首先从三个典型案例指出在维护和体现不公正过程中空间化的作用。第一个是哈维讲述哈姆雷特皇家食品工厂的火灾。比较哈姆雷特事件和纽约事件，为了指出前者缺乏政治反应，哈维写道：

> 相对偏远的农村环境的类似事件直接提出逻辑问题，大规模现场政治反应（如在百老汇的抗议示威），说明资本主义策略的有效性，地理分散远离政治化中心，城市作为控制劳动力的方法。
>
> （1996：340；补充强调）

这也许是工业资本家从1969年7月都灵大罢工中得到的沉痛教训，左翼联合财团和政党反对为增加生活费组织的罢工。都灵的600000工人不仅被工厂剥削，而且受到城市主宰——都是资本主义积累模式导致的后果。资本主义生产体系建立的权力社会关系产生和复制了剥削，而空间统治是由资本主义空间逻辑产生和复制，进一步加强了对某个群体人口的统治。在这个意义上，都灵罢工是"为争取城市权利的先驱运动之一，反对城市由于投机压力而发展、受利润最大化逻辑刺激的模式"（诺韦利，由罗金引用，1977：335）。工厂的非正义是剥削，城市的非正义是统治城市空间，不再能负担得起租金的工人被赶出城外。非正义体现在社会和空间中，更重要的是，其产生不仅有社会性而且有空间性。

列举空间化非正义不是为哈姆雷特也不是为都灵。如果含糊点儿说，是为了洛杉矶公交乘客联盟（BRU）。焦点是大都会运输局（MTA）的交通政策和投资方案歧视了依赖交通的特定公交乘客人群。此案进入法庭（劳动/社区战略中心洛杉矶大都会运输局），作为代表350000公交乘客的集体诉讼案。1996年通过法令解决，迫使MTA重新考虑其政策，结果暂停了建设规划好的固定铁路运输系统。此案质疑了MTA强加在洛杉矶依赖交通的贫穷劳动人口身上的空间模式。从这个意义上说，BRU

> 可以被看作打破了民权的传统观念，围绕民主公民权和城市人权的新愿景，更具体地开放到一个空间政治，所有城市居民积极参与创造城市景观的社会生产活动成为他们的权利和责任。
> （索佳，2000：257-8）

此外，索佳认为BRU案件表明人们关注到空间维度的非正义，也许预示着形成了空间范畴内明智的实践和政治——所谓的"空间正义"：

> 我这样说并不是要用空间正义替代更熟悉的社会正义观念，而是更清楚地展现潜在强大的但经常是模糊的空间，展现诸方面的社会生活，以更有效的方法展现空间社会性（和历史性），通过空间意识的实践和政治让世界变得更好。
> （索佳，2000：352）

我读这些案例权当它们是说明性的小插图，表示了"非正义的空间性"——从物理/区位到更抽象的维系非正义生产的社会和经济关系空间，以及表示了"空间的非正义性"——消除（如在哈姆雷特的案例中）形成政治反应的可能性（如在都灵和洛杉矶的案例中）。

在非正义的空间性和空间的非正义性的辩证思维中，前者概

寻找正义之城

念意味着正义有一个空间维度，因此，可以通过空间角度辨别空间的非正义（当然，这个角度可以通过有效分析分布模式而获得，正如 BRU 案例所示）。另一方面，后者意味着现有结构在自身的生产能力范围内通过空间产生和复制非正义。与前者相比，后者更具动态性和更以程序为主导。这样一个概念化意味着两个基本点。第一，本质上的分析不应该取决于考虑中的事情，而应该取决于考虑的组成部分。第二，形式和程序是分不开的，必须一起考虑。那么，这种方法怎么与空间有关联呢？如勒费布尔所说：

> 辩证法重新提上日程。但这不再是马克思的辩证法，正如马克思的不再是黑格尔的……今天的辩证法不再坚持史实性和历史时间，或者坚持短暂的机制主义如'推理—反推理—综合推理'或'肯定—否定—否定之否定的'……认识空间，认识那里"发生"了什么，认识其用途就是要恢复辩证法；分析将揭示空间的矛盾。
>
> （勒费布尔，1976a：14、17）

> （社会）空间不是和其他东西一样的一个东西，也不是和其他产品一样的一个产品……它是一系列操作的结果，因此不可以归为一个简单物质行列……本身是过去行为的结果，社会空间在暗示他人也禁止他人的同时允许发生新操作。
>
> （勒费布尔，1991：73）

因此，重点不在于空间本身，而在于产生空间的过程，同时在于社会、经济和政治关系的动态过程中生产的空间蕴含。因此，我建议在非正义性和空间性关系中考虑的辩证形式的基本特征如下：

a. 聚焦空间性作为过程，作为相对稳定结构的生产者和复制者，同时亦被相对稳定结构生产和复制（永久性）；

b. 认识生产、复制时的非正义性和空间性的相互关联性，认识通过调节导致二者的较大永久性来维持彼此的相互关联性。

在这个意义上，空间正义的概念是批判系统性的排斥、统治和压迫；批判旨在培养新的敏感度，驱使向着内于嵌空间和空间动态中的非正义行动。其目的是要说明意识形态关于（非）正义空间性的话题，通过城市权利和差异/抵制权利两个概念了解到像 BRU 这样的自发运动也可以加入其中。在更大范围但不是总体范围的正义概念下，特定环境中考查可能成为非正义的来源和资源的过程是有帮助的，因为类似的过程在不同的环境中可能会产生不同的结果。相对于专注通用的正义模式下的固定形式或分布后果，关注其关系和蕴涵中的程序是一个重新配置的辩证方法。这种方法不是要辨别特定事件的正义性或非正义性，而是帮助探索社会、空间、经济和政治形成的动态过程，观察是否以这样一种方式运行产生和复制统治和压迫的永久性，这将被视为非正义。在空间意义上，统治作为一种不公平形式体现在空间；体现在最明显构建的环境中，其他各种不明显（或不可见）的空间流动、分布、网络和机构中。更重要的是，空间和空间化的过程不仅在统治条件产生中发挥重要作用，在其复制和生存中也发挥重要作用，为现有的生产方式（即资本主义）充当不可或缺的操纵工具。

那么，到目前我用到的三个观念——空间正义、城市权利、差异权利——如何合成为政治解放的一部分呢？接下来，我将提供"三位一体"，汇集这些概念，定义政治解放的空间因素。

三位一体包含三个概念：非正义的空间辩证法（非正义的空间性和空间性的非正义），城市权利和差异权利。我阐述这些概

寻找正义之城

念为"理想的平等自由"的参数;也就是说,抵制统治和再抵制,实现就意味着解放。勒费布尔的两个权利观点一直是知识界努力的目标,旨在解放政治,为表述"非正义的空间辩证法"提供更好的框架。事实上,这似乎是很必要的基础,确切地解决从个人主义和集体主义角度诠释这些权利产生的悖论。[①] 这种方法的前提不仅在于空间动力学在生产和复制非正义时发挥重要作用,而且还在于他们既允许也禁止权利声明的形成,权利付诸行动或实践的方式和程度。

三位一体提供了一个共同词汇[②]和概念组织,他们培养了"政治伦理约束"(墨菲,1992:231),或者"政治团体道德"(哈维,1996:360)宣传解放运动,[③] 举几个说法:"被困在空间中"(哈维,1989),"被链在空间中"(布迪厄,1999),"被空间的社会生产致残"(格里森,1998),被城市创业精神排除(霍尔和哈伯德,1996),或通过城市更新项目被驱逐(勒鲁,2001)。从某种意义上,通过社会关系的培养,而不是被作为特定本体论的假想,约束才具有伦理性。这个概念预示道德防御实践必须通过接触进行社会协商,而不受城市统治群体的焦虑支配。通过需要对抗和争论来看,约束具有政治性,不能总毫不费力地和解,原因很简单,空间生产明显具有政治性(勒费布尔,1976 b)。至于三位一体的个体成分相互关联的方法,空间(非)

[①] "所有人的城市中心"是马赛的一个协会,目前反对城市更新项目引发的投机势力,这股势力驱逐移民人口离开城市中心。见勒鲁(2001)。

[②] 迈克尔·基思(1997)在他关于伦敦东区的孟加拉年轻人的文章中采用了一个类似的概念——"阻力词汇",并说明一个共同词汇如何成为反对种族主义的纽带。

[③] 当然,这不可以解释为只指"受到影响的",而得从"平等-自由"概念的角度看。从这个意义上讲,这些运动表示抵制否定社会原有宗旨(在这种情况下,抑制歧视和排斥),抵制否定人性等(巴里巴,1997)。这是通用纽带,不仅联合受影响的人,而且包括所有想否定对人性否定的人。

正义概念具有各种参数,城市权力据此被评估,通过差异权利拒绝违规。我们有充分的理由相信,对(非)正义的这种空间敏感度会继续发展,特别在社会排外主义的空间动态被认可的社会。米勒的观点赞同这种可能性,他说人们

> 认为社会正义观念就是更一般地看待社会,他们通过实际社会生活的经验获得这些观点,社会具有明确结构并体现出特定的人际关系。
>
> (米勒,1976:342)

结论:城市空间的政治化

> 空间不是定论:我得不断地表示,不断地表明。空间永远不属于我,从未被给予我,我得征服。
>
> 乔治·佩雷克(1997:91)
>
> 意识形态里什么是善什么是真,至关重要的是空间而不是时间。有些东西在任意地方、某个地方、这里或别的地方可能是善的、是真的。
>
> 戈伦·瑟伯恩(克雷斯韦尔引用,1996:3)

伏尔泰曾经写道"正义和非正义的界限很难确定;就像健康和疾病、恰当和不恰当、真与假之间的中间状态一样很难标明。"同样非常困难的、几乎不可达到的是,当与空间实践相关联时辨别正义与非正义之间的分界线。出于这个原因,也许最好是用城市权利和差异权利构思空间正义的概念,如艾蒂安·巴里巴的平等自由命题所示,和"理想的普遍性"相关联。

平等自由意味着无条件的"差动"(differential)推进反抗歧视和压迫的集体斗争。巴里巴(1997)定义"平等"为非歧视,

定义"自由"为非限制（非压迫）。这两种都根据情况开放于不同的定义。消除或简单地反对歧视必定意味着消除或反对压迫，反之亦然（没有平等不可能自由，没有自由不可能平等）——所以这就是平等自由的概念。抵制歧视和压迫联合起来意味着解放。

巴里巴的政治解放命题对当前的课题有着重要意义，原因有二。首先，平等自由作为非歧视和非镇压的理想境界，一直是武装暴动反抗现存秩序的坚不可摧的力量源泉，在不同情况、地方、群体中得到重生和重新历练。通过集体过程，通过"反抗压迫、等级制度和不平等"的政治斗争而获得。因此，平等自由在既抵制歧视又抵制压迫的集体过程中"永远不能被授予，不能被分配给个人，只能被征服"（1997：446；补充强调）。这与勒费布尔的"差异主义"、城市权利和差异权利高度共鸣，因为两种权利不断重新定义并通过政治斗争获得，他们本质上不具有程序性和规范性。那么，理想是通过这种斗争的集体过程、空间（城市权利）和方法（差异权利）去征服。从这个意义上说，平等自由共鸣会是这样：所有城市人口参与城市政治生活的权利（反对歧视），与政治阻力斗争的权利（反对压迫）。所隐含的不仅仅是政治运动，而是政治本身的变迁。所隐含的是一种"政治权利"，意味着"除了靠他/她自己的行动和权利的集体化，没有人能靠外力或上面的力量被解放"（巴里巴，1997：446）。

在这个意义上，兰希尔（1995：70）非常明智地说，"问题不在于'我们如何面对一个政治问题？'而在于'我们如何重塑政治？'"

巴里巴平等自由的第二个含义是与超个体属性有关——理想普遍性。这不仅指反对歧视和压迫斗争的集体过程，而且指作为政治解放的普遍象征维度，这意味着"不依赖于影响力的大小或普及的程度"（1997：447）。因此，斗争并非旨在以其特定性本身的名义维护"特定集团的权利，而在于宣称打击了那个特定群体的歧视或排斥所代表的一种人性否定"（1997：453）。归根结底，所改变的是政治本身。斗争没有描绘定义身份的社区，但描绘为实现平等自由消除歧视和压迫的集体过程中的团结，这始终是颠覆现有秩序的一个因素。

巴里巴心中也有第三个平等观念，既不是分配型也不是参与型，而是一个公开的公民型（新伦理和政治）。根据这样一个平等的概念，他认为（1991：66）："城市权利谈论可以表明城市变成一个城邦，一个政治集体，一个公共利益得以定义和实现的地方。"这难道不是勒费布尔心中所想吗？他的概念是城市权利辅以差异权利。这种观点首先阐明城市概念超越了一个管理实体，使城市成为可以协商的地方，在这里权利条款可以协商，更好的是，国家和社会和空间之间的相关性，或者，自然的国家、社会之间的关系及其空间也可以协商。

城市权利不仅包含某些权利的形成和城市人口的政治素养，也是对城市空间动态构成的反思。因此，不应只认为是主张权利的实践，还要使之概念化，最终进入动态学议程（如房地产市场）和原则议程（如城市政策、土地使用政策、法律规划）。用这些办法使城市的社会关系空间化。在这个意义上，我认为三位一体是一种尝试，通过空间正义概念解决这个问题，质疑体现自身城市空间性的动力学和原则。此外，如果勒费布尔的概念被采用，那么很有必要使空间正义概念化，以便能够区分在城市权利名义下对城市空间的侵占概念和统治概念。

尼尔·史密斯（1997：134）举例揭示"基于个人权利的抽象正义系统中固有的双重性"。此例采用相同的合理化推理手段既支持无家可归的人又反驳无家可归的人。支持者提出以下问

寻找正义之城

题:"为什么我们无家可归的人没有住房的权利?"反对者针对这个问题使用相同方法提出另一个问题:"难道我没有权住在不受无家可归者扰乱的街区吗?"正如史密斯认为,第一个问题是"讨论和反对个人主义",而第二问题表示"重申个人主义"。这是一个非常好的例子,因为它描述了以个人权利的自由框架诠释城市权利话语的危险性。城市权利概念不仅表示空间变化,而且表示社会变化,因为概念构思并合理化的方法在很大程度上取决于社会本身,包括政治文化。换句话说,城市权利可能会由于所涉及的社会而发生巨大变化,尤其是如果案例标有清晰严格的界线。例如在希腊城邦,争辩的是城市权利由居民完美体现,不包括女性和奴隶。举最近的一个例子,没有什么能阻止前纽约市长鲁道夫·朱利安尼推进"城市权利"(针对一些人但不是所有),以城市权利的名义对无家可归者实施零容忍政策,除非市民一起居住培育出新的社会伦理。那么,如何才能克服这一矛盾,把城市权利(还有差异权利)构思为政治解放呢?通过"解放的异体构造",我会跟随雅克·兰希尔去辩论。

兰希尔写道"政治主观化和解放逻辑是一个异体构造,一个其他思维的逻辑……它从来不是简单的身份认定"(1995:68)。甚至工人运动也不是身份认定。"Proletarii"在拉丁文里意思是"多产的人"——"他们生产孩子,仅仅使其生存繁殖而没有一个名分,没有成为城市象征秩序的一部分。"因此,无产者并不意味着一个特定的身份,而是"任何人的名字,弃儿的名字:不属于等级秩序,事实上是参与瓦解秩序"(兰希尔,1995:67)。因此他们的运动作为一种解放,并不意味着重新主张个性自私,而是主张平等和自由:

但任何自我解放运动的首要座右铭总是反对"自私"的

斗争。这不仅是一种道德语言（例如，为激进的社区奉献个人），也是一种逻辑：解放政治是自我政治的一个另类解释，希腊术语称之为"异体"。解放逻辑是一种异体构造。

（兰希尔，1995：65）

从这点看，égaliberté 作为平等和自由的主张，提供了超越特定身份认定的普遍性。在这个意义上，我提出的三位一体定义了反抗歧视与压迫的空间参数。形成了非正义空间维度的敏感性，可以被认为是超越由城市特定群体利益产生的紧张状态（隔离、社会空间排斥等），通过理想的普遍性，通过不断培育共同生活和共享空间的意识，通过（公民）平等和自由的理想。如果城市仍然是一个结构化社会空间的排斥之地，统治被合法化，这样不仅意识没有充分开发，更糟的是错误地开发；也就是说，在城市引起社会空间排斥。所有这一切并不意味着城市进化就不会成为排斥和隔离的地方。忽视这一事实将会是一个怀旧的谬误。然而，使之合法化，甚至促其发展终将是一个致命缺陷，导致零容忍型政策。那么，这种意识的形成怎样有助于对抗不公呢？精通空间并熟知政治阻力后，如何利用空间对抗不公呢？换句话说，空间会满足这样的政治解放吗？

根据加伯（2000：267-269）的观点，四种途径很重要，当然彼此不可相互排斥，而且还可能对抗解放（egaliberte）运动。政治阻力可以利用城市空间达到：第一，人们的行为起源于空间，从空间的物质条件进行政治动员，寻求空间化选择方式（例如，巴黎公社、洛杉矶暴乱、都灵罢工、BRU 案例）；第二，人们的行为作用于空间，以群体身份占有或主宰（例如，占有纽约汤普金斯广场公园、形成封闭社区）；第三，人们的行为在空间发生，上街进行辩论、游行、抗议或暴力（例如，巴黎公社、1968 年 5 月事件、洛杉矶暴乱、都灵罢工）；最后，人们创造空间，通过链接隐喻性的空间和政治创造扩大公众政治参与的条件，（例如，按照哈维的上述观点，是纽约政治反应形式，而不是哈姆雷特和 BRU 案的组织）。虽然空间最常作为一种控制和统治手段，但正因为如此，空间还播撒着大量阻力种子（克雷斯韦尔，1996）。

那么，空间正义概念的实质性影响是什么呢？可以看到两个互为构建的前景。第一，提供一个概念性机构，其内容规范用来指导城市空间的实际生产。第二，错误的开发和部署会让愿意面对空间动态的解放式政治知晓这个动态会产生和复制各种各样的不公平。当然，两个前景取决于所涉及的社会和附加在公正原则上面的意义。正义毕竟是依情况而定的"可通约性的物化实体"（reification of commensurability）（迪莫克，1997：6），而不是给出一个实体论。

参考文献

Balibar, E. (1991) Comments in the minutes of seminar "Loi d'orientation pour laville：seminair rechercheurs decideurs," *Recherches* 20.

——(1997) *La crainte des masses. Politique et philosophie avant et après Marx*, Paris：Galiée.

Bertho, A. (1999) *Contre l'État, la politique*, Paris：La Dispute.

Bourdieu, P. (1999) "Site effects," in Bourdieu, P. el al. (eds) *The Weight of the Worid：Social Suffering in Contemporary Society*, trans. by Ferguson, P. P. et al. [*La misère du monde*, 1993, Editions du Seuil, Paris], Palo Alto：Stanford University Press.

Cresswell, T. (1996) *In Placel Out of Place：Geography, Ideology. and Transgression*, Minneapolis：University of Minnesota Press.

Davies, B. (1968) *Social Needs and Resources in Local Services*, London：Michael Joseph.

Dikeç, M. (2002) "Pera peras poros：longings for spaces of hospitality," *Theory, Culture& Society*, 19(1 – 2).

Dimock. W. C. (1997) *Residues of Justice: Literature, Law, Philosophy*, Berkeley and Los Angeles: University of California Press.

Flusty, S. (1994) *Building Paranoia: The Proliferation of Interdictory Space and The Erosion of Spatial Justice*, West Hollywood, CA: LA Forum for Architecture and Urban Design.

Garber, J. A. (2000) "The city as a heroic public sphere," in Isin, E. (ed.) *Democracy, Citizenship and the Global City*, London and New York: Routledge.

Gleeson, B. (1998) "Justice and the disabling city", in Fineher, R. and Jacobs, J. M. (eds) *Cities of Difference*, New York and London: The Guilford Press.

Hall, T. and Hubbard. P. (1996) "The entrepreneurial city: new urban politics, new urban geographies?" *Progress in Human Geography*, 20(2).

Harvey, D. (1973) *Social Justice and the City*, Baltimore: Johns Hopkins University Press.

——(1989) *The Urban Experience*, Baltimore: Johns Hopkins University Press.

——(1992) "Social justice, postmodernism and the city," *International Journal of Urban and Regional Research*, 16(4).

——(1996) *Justice, Nature and the Geography of Difference*, Malden, MA and Oxford: Blackwell.

Holston, J. and Appadurai, A. (1996) "Cities and citizenship," *Public Culture*, 8(2).

Isin, E. (1999) "Introduction: cities and citizenship in a global age," *Citizenship Studies* 3(2).

Kant, I. (1970[1795]) "Perpetual peace: a philosophical sketch," in *Kant's Political Writings*, ed. Reiss, H. trans. Nisbet, H. B. , Cambridge, UK: Cambridge University Press.

Keith, M. (1997) "Street sensibility? Negotiating the political by articulating the spatial," in Merrifield, A. and Swyngedouw, E. (eds) *The Urbanization of Injustice*, New York: New Yark University Press.

Lefebvre, H. (1970) *Le manifeste différentialiste*, Paris Gallimard.

——(1976a[1973]) *The Survival of Capitalism: Reproduction of the Relations of Production*, trans. Bryant, F. , London: Allison & Busby.

——(1976b) "Reflections on the politics of space," *Antipode*, 8 : 30 – 37.

——(1981) *Critique de la vie quotidienne* III : *De la modernité au modernisme(Pourune métaphilosophie du quotidien)* , Paris: L'Arche éditeur.

——(1986) *Le Retour de la Dialectiqve*, Paris: Messidor/Éditions sociales.

——(1991[1974]) *The Production of Space*, Oxford: Blackwell.

寻找正义之城

——(1993[1968])"The right to the city,"in Ockman,J. (ed.) *Architecture Culture*1943 - 1968:*A Documentary Anthology*,New Yark Rizzoli.

——(1996) *Writings on Cities*,trans. Kofinan,E. and Lebas,E. ,Cambridge,MA:Blackwell.

Leroux,L. (2001) "A Marseille, les anciens de l'immigration, oubliés de la rénovation urbaine,"*Le Monde vendredi*,22 juin.

Lojkine,J. (1977) *Le marxisme. l'état et la question urbaine*,Paris Presses Universitaires de France.

Merrifield,A. (1997) "Social justice and communities of difference:a snapshot from Liverpool,"in Merrifield,A. and Swyngedouw,E. (eds) *The Urbanization of Injustice*,New York:New York University Press.

Merrifield,A. and Swyngedouw,E. (1997) "Social justice and the urban experience:an introduction,"in Merrifield,A. and Swyngedouw,E. (eds) *The Urbanization of Injustice*,New York:New York University Press;pp. 1 - 17.

Miller,D. (1976[1979]) *Social Justice*,Oxford:Clarendon Press.

Mouffe,C. (1992) "Democratic citizenship and the political community,"in Mouffe,C. (ed.) *Dimensions of Radical Democracy: Phuralism, Citizenship, Community*,London and New York:Verso.

Perec,G. (1997[1974]) *Species of Spaces and Other Pieces*,edited and translated by J. Sturrock,Harmondsworth,Middlesex:Penguin Books.

Pirie,H. G. (1983) "On spatial justice,"*Environment and Planning A*,15.

Rancière,J. (1995) "Politics,identification,and subjectivization,"in Rajchman,J. (ed.) *The Identity in Question*,New York and London,Routledge.

Smith,D. M. (1997) "Back to the good life:towards an enlarged conception of social justice,"*Environment and Planning D: Society and SPace*,15.

——(2000) "Social justice revisited,"*Environment and Planning A*,32:1149 - 1162.

Smith,N. (1997) "Social justice and the new American urbanism: the revanchist city,"in Merrifield,A. and Swyngedouw,E. (eds) *The Urbanization of Injustice*,New York:New York University Press.

Soja,E. (2000) *Postmetropolis: Critical Studies of Cities and Regions*,Oxford and Cambridge,MA:Blackwell.

Wenden,W. de(1992) "Question de citoyenneté,"*Espaces el sociétés*,68.

Young,I. M. (1990)*Justice and the Politics of Difference*,Princeton,NJ:Princeton University Press.

——(1999) "Residential segregation and differentiated citizenship," *Citizenship Studies*,3(2).

第二部分
正义之城的局限有哪些?
扩展讨论

从正义规划到共享规划

彼得·马库塞（Peter Marcuse）

他们关押了偷窃牧场鹅的人，
却放纵了圈走牧场的恶棍。

思考正义城市有利于强化城市规划的标准性，现阶段实用主义和退却的时代极其需要这个标准性。但是，呼吁分配正义有必要，但不足以成为标准声音。它没能触及非正义原因，因为结构性隐于权力之中。开头的打油诗暗示出这个问题：正义需要惩罚小偷，但是不能防止偷盗，也不能保护共享权的持续性。共享权代表整个物产权体系和生产关系，不只是平等使用权，是一种理想的城市模式，不仅拥有平等分配权，还要支持全面发展市民的能力。这时正义规划就力不从心，共享规划则必不可少。讨论不应该围绕想象的乌托邦，应该具体提出隐藏在权力创造和权力实施中的结构性话题，社会关系中权力既能形成分配性非正义，也能大大抑制好的、人性的或正义的城市。

正义规划

呼吁正义城市是迫切的。在几个世纪的斗争、诠释、政治关

寻找正义之城

注中，要求得到正义至关重要。正义是具体的，不是换一个世界，而是方向明确地改变现有世界。确切定义正义会引起争议，但明确定义的难度不会降低构想的重要性。在现今城市，无须非让人信服对一般意义的改善正义的关心就是可理解的关心。没有人会认为城市应该不公正，没有人会否认正义水平在当今城市可以得到很大改善。强调这一事实是推动整个讨论的重要方式：引入公平的概念是向前迈出的重要一步，即使分析不了所有内涵，但在规划和社会政策等领域会有即时效用。

当我们观察正义之城概念如何在正义规划中使用，就会出现几个问题。正义至少在广泛接受分配正义的角度看是必要的，但不足以成为规划目标。它支持修补不公正，走向没有分配不公的城市目标，但如果不做补充就触及不到不公正的结构性原因。

还有一个问题：谨慎定义什么是更广泛的目标，简而言之，就是消除公平分配商品和服务中的结构性障碍。已经提出各种构想，如多样性、自由、功能、人类发展和心目中的环境。这样的目标当然可以归入正义概念，但这只是推迟其明确化和合法化的问题。本文集其他章节讨论到几个构想，结束语中谈到了其效用。本章并不关注这些构想，请允许我使用模糊的、一般的短语，如"更好的社会""为了平民利益服务"和"广义话题"，以避免模糊了主要话题，即规划如何应对结构性问题。

正义规划的局限

直观地看，正义是个有意义的概念：平等相待、成果平分，或者就是公道。正义是一种途径，社会普遍认为城市规划中将会考虑法律基础。规划问题的合法途径与正义标准对照，从根本上判断规划决策，并定义这些标准应该是什么。通过把立法当作民主和正义过程"正当程序"的结果，法律合法化了那些标准，结果问题和过程问题就合为一体。相比之下，规划没有直接涉及个人正义，而是与社会效用有关：规划师会毫不迟疑地划分十字路口四个角的其中一个角为加油站，禁止如此使用其他三个角，而传统的法律观点需要解释为什么没有相似地或公正地区分四个角。

在平等、公平、公道意义上，法律的默认要求（default requirement of law）是正义。对规划而言，社会效用或效率是起始要求，或默认位置（default position）。如何处理顺向不公（consequent injustices）是规划中一直面临的问题，不幸的是也需要解决。对于今天的法律和规划，正义由正确立法制定标准衡量。如果发生了不公正，通常典型做法是再分配金钱作为赔偿。在苏珊·费恩斯坦概述的布朗克斯集散市场案例中（见本文集中她撰写的章节），规划问题应该是如何获取社会效用，而任何因此而产生的不公应该依法处理。法律面临的问题是任何社会效用讨论，如果经可接受的立法过程批准，是否可以为不公平结果辩护。如果布朗克斯集散市场案例的结果对特定群体的确不公正，旧商人发起的挑战不能说服法庭接受根据现行法律结果是不公正的，那么现行法律实现不了应该实现的正义原则（事实上通常不会，但这无关紧要），现行法律就应该改变。正义之城会使公平和正义成为社会效用——规划者关心的问题——的一部分，像现在的法律。

因此，如果分配正义是中心问题，其没有根本理由不被视为法律问题，不被相当传统的法理学原理解决，不考虑更广义的共同利益问题或能力问题，费恩斯坦也提出过这个问题。并不难想象出法律把分配正义原则用在布朗克斯集散市场等案例中。唐纳德·哈格曼的"赢家补偿输家"（哈格曼、Misczynaski，1978）是一个显而易见的可能性。通过这样的措施，通过任何一种实际提出的备选方案，应对布朗克斯集散市场案例的正义方法可以很容易被预见到。"赢家补偿输家"规则可以实现，在任何其他政府行政或规划过程中没有明显瑕疵。这样我们可能会更靠近正义之城。

但在好城市里，如此改变法律，如此实现正义概念，会使我们更接近以更广泛目标制定的正义吗？的确会，这会降低不公平的程度，由于正义之城的特征是没有不公平，所以更会让人接近那个特征。但这解决不了旧商人的贫困问题，考虑到附近居民缺少就业机会，交通带来的污染，附近居民缺乏购物选择，所有这些都应该解决，正如费恩斯坦在提高功能途径中毫无保留地承认的那样（努斯鲍姆，2000）。光这些还不够，但从补救不公正到公开提出城市应该是什么样的问题需要更深层的话题，这远非关注正义的直接问题就可解决。

费恩斯坦的章节认识到这些问题，在呼吁"鉴定提供广泛有吸引力的福利的机构和政策"时，超越了正义。"广泛有吸引力的福利"需要由某个标准定义而不是正义。呼吁的"反机构（counter-institutions）"不仅避免不公正，而且提供其他福利。它们可能需要解决：(a) 一个好城市应该提供什么样的"有吸引力的福利"以及 (b) 不公正的结构性来源是什么。特别是反机构应该处理形成"权力失衡"的现有机构和政策，费恩斯坦引用过"权力失衡"，作为布朗克斯集散市场案例揭示出非正义的产生（更多通过反机构平衡权力的作用的内容见斯泰尔和康诺利的文章）。如果规划正义之城，或正义计划就要解决这些问题，就必须直接明确解决权力及其来源问题。

权力问题

如下所论，共享规划直接处理权力问题时不同于正义规划，不是简单补救分配社会福利过程中弄权的后果。对权力进行初步定义很必要，以此区别权力的行使。

没有权力的社会未必是没有秩序的社会，就像有权力不足以保证秩序，如美国军队在伊拉克所重新发现的。哲学问题很复杂，但权力和权威之间的区别是中心问题。权力是让他人不为自己的利益而为了权力持有者的利益执行命令。关于规划的权力是社会创建的，是城市在社会、经济和特定历史时期的特定社会的政治结构。权威同样是让他人执行命令，不为权威持有者的利益，而为集体利益，由集体同意的规则定位。与规划相关的权威有望促进整体健康、安全和福利。它的规则基于推理，也许在哈贝马斯的意义上实现民主接纳。强势规则不同于那些凭借更大的权力和自身利益获得的权威所强加的规则。

关键的区别是，权力基于人与人之间的社会、政治、经济不平等，社会创建和结构形成的不平等。持有权力是社会创建的个人与团体之间的统治和服从关系。正义行动不受这种关系影响。这点在实际规划世界中很重要，因为它强调了不公平的冲突特点。在不公正的情况下不仅有失败者也有得益于失败者的成功者。因此，惠及穷人的措施对富人来说就是牺牲，共识不可能解决这些不公正问题，因为很少双赢。

大部分规划理论讨论问题的解决办法，好像权力关系并不存在。或者，以其更为政治化的意识形式针对如何调整非权力条件下设计的解决方案，这时权力影响显而易见，而不受挑战。正义作为规划或公共行动的核心标准被引入，必然不可避免地超越个人的不公平实例，挑战使用权力本身的合法性。因此，带来的问题远远超出今天主流规划理论讨论的范围，提出规划者们、政府官员和政治实践中的公民要面对的更大问题。

寻找正义之城

结构变化的需要

影响社会整体权力存在和分布的因素最终是结构。因此，如果要解决权力关系问题，必须解决结构性变化。本文开始引用的那首老诗强调了这一点的重要性，关心正义和正义之城之间的关系。诗来自早期的圈地运动，经常被作为封建主义向资本主义和工业化市场经济过渡的标志。该诗尖锐指出简单正义和结构性不平等之间的差异。值得反复诵读：

> 他们关押了偷窃牧场鹅的人，
> 却放纵了圈走牧场的恶棍。

伯特尔·奥尔曼（2006）引用这首诗，重复学术界鹅离开牧场的研究与牧场离开鹅的研究之间的差异。我需要确定鹅的所有权是分配正义的问题，保护牧场是更广泛的问题，我认为正义规划研究需求必须辅以对共享规划研究的关注。[①]

如果我们改变规划的规范性目标，从只呼吁公平分配到挑战导致不公正的社会权力关系的存在，我们必须超越正义之城作为现有权力关系中公平分配的城市。正义之城的讨论不应回避这个问题。一方面，公平分配的正义规划重点表明，正义之城只是没有不公平的城市，接受现有的结构、法律和制度。费恩斯坦在本文集她的章节中的讨论显然不满意那个结果，如早些时候援引的"反机构（counter - institutions）"所表明，为超越修复现有不公正打开大门是唯一的指导原则。共享规划必须经过那扇门，考虑

[①] 共享研究不需要关心所谓的共享中的悲剧。勒特·哈定发表一个毁灭性的反驳论点，见伊恩·安格斯（2008）的论述。

替代现有权力关系，不然就成了对能力或勒费布尔"城市权利"全部意义的特别支持（更多讨论见戴安科的文章和本文集我的后记）。重新审视费恩斯坦引用的布朗克斯集散市场案例，可以使从正义规划到共享规划的争论更具体。

布朗克斯集散市场案例和正义规划

费恩斯坦在她的章节中提出的布朗克斯集散市场案例不是一个非典型案例。她在这里看到了哪些不公平？从本质上说，是公共行动的不公平结果，通过市属产权的租赁协议、融资和分区改变布朗克斯的土地用途，带好处给强大、人脉广、资金足的开发商，损害了弱小、时间久、更为贫穷的大部分使用土地的移民商人和他们的员工。补贴拨给开发商，而不是旧商人；城市土地让开发商得到好处，没有提供给旧商人任何搬迁点。用来获得政府支持项目的影响不正当吗？旧商人被剥夺了正当程序了吗？富人获利是以牺牲穷人为代价吗？政府行动的福利应该有不同的分配方案吗？提出这些问题，换句话说，"这些结果不公正吗"？

本文针对这些结果所用的原则要求公平或正义概念，费恩斯坦交替使用这两个术语。关于正义的定义开始于约翰·罗尔斯，关注主要商品分配的公平与平等。费恩斯坦随后采取其他潜在措施，如多样性，在功能方法讨论中达到顶峰，然而结果成了"最少数的有钱人得利的选择"，讨论或多或少开始于罗尔斯的定义。在这些公正原则下解决布朗克斯集散市场案例的办法针对公共行动的好处（大概成本），关注土地使用和补贴分配。布朗克斯集散市场案例的理想解决方案可以把旧商人市场和新提议的商场结合在一起，可能开发商或政府要付出一些代价。第二好的方法可能是在其他地方给旧商人分配土地并提供搬迁支持。

寻找正义之城

任何情况下，这个问题都是结果分配（distribution of outcomes）的一种，解决方案是认为原状可接受，因为大概是一个可接受的直接方案，如果不理想，会造成项目短命，开发商还没到现场项目就夭折了。程序问题被提出，但显然独立于结果之外，因为更好的流程并不必然导致正义结果。这种分析能导致更公正分配公共利益的行为，或者更好的结果吗？是的，这当然值得重视。它真的被更广泛的问题讨论说明了吗？会开发更广阔的社会公正问题，提出公共行动的最终目标问题，引发正义之城的愿景，或致力于实现它吗？除非进一步推进，否则应该不会。正义之城目标的确敞开大门寻求更广的方法，但并未穿过这扇门。为此，我们需要从正义规划转向共享规划。

共享规划

布朗克斯集散市场案例和共享规划

布朗克斯集散市场案例所引起的更广泛问题是：谁最终受益于市场？应该使用什么流程做出决定呢？需要什么机构来实施呢？如果像小诗表明，这些问题的答案导向对共享作用的详尽阐述，那么问题进一步提出：影响公共福利的决策为谁制定又出于什么目的？布朗克斯集散市场的根本问题是什么？谁有权使用土地？市场应该扮演什么样的角色？私人和公共利益如何调解？制定土地利用决策时什么手续能最好地确保最理想的结果？这些就是共享规划的问题。

更具体地说，可以问的问题或许包括：为什么工作受到威胁的市场工人不能保证一种体面的生活、一份体面的工作而不需要担心市场关闭？如何解决非熟练工人的经济不安全，不熟练造成的社会限制，以及已经离开市场的83位商人的困境？为什么剩下的17位商人要担心生计？正式的规划过程允许公众郑重和知情地参与回应这些问题吗？民主进程中金钱的作用是什么？增加税收鼓励改变土地利用的城市动机有效吗？财产私有制在多大程度上与公共利益的土地使用安排相冲突？

这些问题的答案远远超出实际规划在特定情况下所能达到的水平。他们认为，社区性利益决策过程必须对发展有正式约束力，根据民主决定的一般规则，如社区性规划的很多支持者所要求。他们认为，这些规则必须规定，大多数主要土地利用决策需要从整个城市的共同福利考虑，社区决定要听从更大的共同利益。他们认为，私人财产权利必须被视为赋予一个社会目标，而不是要保证私人利益，如新巴西土地法（参阅本书马里卡托的章节）和旧魏玛宪法所规定。他们认为，在特定情况下，经济增长不应该等同于共同利益，应对经济增长的城市机构必须限制在其管辖范围内，广泛关注其他市区机构，包括教育、收入、环境、家庭福利，等等。

解决结构变化

这是共享规划提出的结构性问题，虽然不可能在某个案例，如布朗克斯集散市场身上得到有效解决。但是这些问题可以提出。可以用来扩大讨论，开始挑战现行实践的合法性，将当权者置于防守位置，从而证明他们的方法可以用来寻找盟友，建立联盟，集结政治力量改变结构安排。在特定的情况下，根据聚集的联盟力量，他们实际上不仅可以有助于赢得具体案例，也能防止重复，长远地看，思考这些问题产生的进一步变化将导向公共利益的新概念和追求的重要性。

提出这些问题在任何具体情况下都是一个艰巨的任务。最好

寻找正义之城

的传统规划，好的正义规划试图长久全面地提供资源正义分配，这在现有的城市规划职业的道德规范中是需要的（如果不是强制性要求）。但强制执行很少要求共享规划提出的问题。布朗克斯集散市场案例中几乎没有提及，正义计划只处理现有权力关系的个案。如果把正义之城定义为这样一个城市，每个案件都公正处理，不质疑其中的权力结构和来源，那就是为了树木而失去森林，为了个人利益而失去共同利益。正义针对遵循规则的每个人，真正的正义之城必须针对规则是否正义。规则针对的必须超过正义；他们必须致力于更广泛的目标，这一目标是社会应该为所有成员来实现的。

看到潜在的问题

关于城市功能我们知道的够多，功能的背后是哪些机构和结构，如何和为什么形成决策，如何行使权力，谁能够提出关键问题，这要求超越不公的个案而针对更广的目标。在布朗克斯集散市场共享规划中提示的上述问题是范例，对特定实例如何提出更广泛的问题。这些问题可以通用，每个案例需要以具体条款解决，最常见的问题可能是最基础的，我们知道的足够多，足以说明一些。接下来，由于空间使用是大多数城市规划争议的关键部分，问题围绕土地利用展开。

至关重要的是，可能会先提出这些问题：公共行动对于特定案例的目的是什么？只是简单找到一块土地的最高和最佳使用值，或提高城市税收收入，或促进这项或那项业务活动吗？还是为公共利益服务，改善现在可能受到公众行动影响的个人生活呢？通过提出问题：城市应该是什么样，城市是为了谁，并以此作为讨论的起点——正义之城可以作为有用的概念——就会有一个完全不同的框架。改变话语条款在费恩斯坦的章节被认为是必要的。既定问题变得不单是土地使用问题，而是公共行动目标问题。正义是最低要求，对公共福利的贡献是最高要求。调查必须问为什么这些标准会满足或不会满足。

从共同利益角度更广泛叙述土地利用问题将不可避免地导向关注城市决定使用土地的流程。因此，这将进一步提出问题，土地分配过程中市场的适当作用，土地使用政治决策的民主程度，包括开发过程中开发商的角色，如何在支出公共资金用于补贴过程中建立优先权。共享规划会审查所有对结果有实际或潜在兴趣的群体（这里潜在非常重要，因为"利益相关者"对那些需要参与的人的标准定义很少考虑到他们），询问怎么安排使用特定区域能更好地服务于这些群体的利益，如何最好地解决利益冲突。决定是否应该首告源于的土地利用，而不以公共利益为标准？市场社会依赖私人开发商的后果是什么，已经开始的土地私有制后果是什么？具有知识素养的公民的首要条件是什么？为什么受益于市场决策优于受益于面向社会的公共决策，只是适用于这个案例还是一般情况都适用？这些问题都是固有的大部分土地的利用问题。

最重要的是，共享规划会问：什么样的权力要处理所面对的情况，谁行使这个权力？行使权力时花谁的钱？可以动员什么潜力对抗这一权力行使？应不应该寻求一个独立于行使权力的解决办法？这些问题都会在最受影响的个人和团体中引起共鸣，不管它们是复杂的还是有哲学性的，在关于什么可以做的公共争论中都是有力的问题。

这样一个以共享为本（commons－oriented）的方法符合正义规划方法。事实上，追求正义规划并得出逻辑结论将主要导向权力问题，进而导向共享规划问题。专门针对布朗克斯集散市场提出的问题就是一个很好的例子。在这种情况下，正义规划应该导

寻找正义之城|

向关注需要解决问题的原因，但如所提议的那样，实际它却把关注放一边或仅仅在特定情况下将之用于实现正义的服务（鹅被盗的问题）。共享规划专注于更大的问题（保护共享权），关注产生问题的权力关系，检视权力创建的结构去认可市场的作用，具体案例和一般情况都适用，认可权力持有者主导国家，但不鼓励干扰市场的社会性公共行为。这两种方法大相径庭，但殊途同归。

规模问题

一旦打开更广泛考虑分配不公之个体案例下潜伏的结构性问题的大门，其他问题就清晰了。一是规模问题，即问题需要解决的层面。正如费恩斯坦很恰当地指出，"没有其他层面的支持，城市的正义是不可能实现的"。如果只关注市政府今天能做什么，这个说法成立。但如果重点是实现好城市、正义之城、支持人类能力全面发展的城市，那就需要更广泛的关注。另类方法可以实现的领域不单是城市。理论和实践教导说，任何城市所发生的一切都高度依赖地区、国家、世界所发生的一切。除此之外，不仅是解决方案依赖于其他层面的支持，需要确定的原因也存在于其他层面。城市内产生问题的结构安排由更高层面决定——国家化和日益全球化。改变的努力通常关注城市政策，因为这是今天社会变革力量最大的领域，是城市规划者和从事日常生活斗争者发现被卷入的领域，当然，是城市规划者通常运作的领域。但无须争议性或复杂性分析就可认识到，补贴和再分配的问题、正义管理问题、经济监管问题、环境控制问题、战争与和平问题不能简单地在城市层面处理。这些超越了正义，也远远超越了城市范围。

当需要对紧迫的具体案例立即做决定时，尤其是在国家的行政部门对社会正义的呼声明显无动于衷时，提出这样的问题不切实际。但如果为了共同利益就更改国家政策的教训则需要有机会就重申。即使在中等层面，如果是政治变革，准备好的、有效的提案也会有机会，即使不是直接出结果，也会联合其他力量、团体和机构，围绕一个共同的政治程序，这一政治程序有利于组织的力量和权力。费恩斯坦指出重大变化需要有效社会运动背后的社会动机。每一种个体不公均可以用来强化以下认识，即问题有多广泛、涉及多少层面，以及需要多少人一起朝着共同目标努力。

结论：从正义规划到共享规划

回到开篇的小诗：面对一只鹅被盗，提案必须显示鹅的所有权和牧场的所有权之间的联系。分配正义针对的是鹅。为了保护牧场，需要面对更广泛的问题——但不是非常实际的问题。不建议立即采取在当下环境中可完成的行动是不负责任的，谈论牧场放走鹅也是不负责任的。我们教导学生，规划需要在真正可能性范围内尽力做到最好，我们不应该告诉他们有些事在不可能的时候实际上却是可能的。但这并不等于对共享的威胁保持缄默，而意味着寻求方法进而提出更大的问题。当然，规划过程的不民主性质可以被提出，如决策中金钱和政治权力的影响。替代方案可以被提出。如果需要补贴，补贴到了哪里，可以呈现分配网络的样子。谁受益，谁受苦始终是规划分析的重要组成部分，可以很有启发性。对布朗克斯集散市场案例的描述事实上说明了这些；它们包括，但也超越了简单的正义呼吁。

但这个方法颇为罕见。问题是城市规划本质上是以鹅为本的（goose - oriented）规划，或最好的情况，是正义规划。在现有的

寻找正义之城

权力分配和法律监管计划内，它针对的是眼前的问题、眼前的行动。我认为费恩斯坦试图打破这种模式，指导规划师共同面对眼前和长远的规范性问题。在实践中，这意味着认识到规划的局限性，但不屈服于这些局限。

寻找正义之城需要解决整体共享的问题。我们处理鹅和偷鹅的问题是合适恰当的，并尽我们所能确保两者都得到公正处理。但为了创建更好社会中的更好城市，我们需要超越个体的正义。我们需要处理共享的所有权、控制和使用。手段只是一部分，仅仅是挑战的一部分。规划者必须记住这一点，并帮助说明这意味着什么。实现共享方法不仅仅是规划者的任务，也是公民，包括所有居民和共享用户的任务。规划者应该看到过程中其角色的广泛潜力和真实限制。

参考文献

Angus, I. (2008) "The Myth of the Tragedy of the Commons," Toronto: Socialist Project. Online. Available HTTP: http://www.socialistproject.ca/bullet/bullet 133. html (accessed August 25, 2008).

Hagman, D. G. and Misczynski, D. J. (1978) *Windfalls for Wipeouts: Land Value Capture and Compensation*, Washington, D. C.: American Planning Association Planners Press.

Nussbaum, M. C. (2000) *Women and Human Development: The Capabilities Approach*, Cambridge: Cambridge University Press.

Ollman, B. (2006) "Why Dialectics? Why Now?," *Synthesis/Regencration*, 40 (Summer).

"正义"如愿以偿了吗?
"正义之城"话题中的欧洲城市

约翰尼斯·诺维(Johannes Novy)
玛吉特·梅尔(Margit Mayer)

引 言

最近几十年,左翼学者和活动家探讨解决社会公正和城市问题的方式发生了巨大变化。要求平等主义的再分配和社会改革的呼声并没有完全消失,这曾经是左翼政治派别最重要的基石。但是,面对新自由主义全球化以及"承认差异"(弗雷泽,1995)的广泛散播,"真实现存的社会主义"被击败,凯恩斯主义的社会民主也已消亡,这让人们对"左翼"的这些陈旧可信的目标产生了怀疑。虽然承认性别、性取向、肤色、种族,甚至生活方式是差异的基础,但是从政治经济角度撰写文章的学者们发现越来越难用多样性和平等性架构正义,为此,在没有制定出究竟如何定义社会正义或正义之城的具体标准的情况下,他们经常限制自己进行评论(费恩斯坦,2001:885)。

学者们努力丰富城市正义运动的维度,迄今为止他们在否认差异和身份的旗帜下严阵以待,同时——经常无意间——正中攻击平等主义的新自由主义者的下怀,从而导致了代表前几代左翼学者首要目标的反对经济不平等斗争的边缘化。还有一些学者事实上完全放弃了追求社会正义之城,他们往往采用"第三条道路"的说法和政策处方,同意新都市主义以设计为本的"方案"来解决城市问题。此外,20世纪西方资本主义乌托邦都市主义的失败也影响了学者们对城市社会正义的思考。由于社会和城市改革的失败导致了失信(平德,2005),曾让早期几代城市规划家发出全面改革呼声的乌托邦精神已被实用主义取代,那些继续呼吁激进改革的人们大部分不被重视或者遭忽视。进步的城市规划尤其遭遇信任危机(费恩斯坦,2001)。然而,今天新自由主义当道,城市内部与城市之间的不平等加剧,在此背景下(派克、蒂克尔,2002)探求非正统的、进步的城市愿景,使之回归城市议程(米切尔,2003;利兹,2004;平德,2005)。苏珊·费恩斯坦的正义之城著作恰到好处。揭露了城市规划和发展话题中的正义需求不受重视,以及人们对此日益不安的心态,费恩斯坦的著作引发了新一轮争论:当代城市问题应如何思考和行动,如何在城市层面实现正义(请参阅本集中康诺利和斯泰尔撰写的章节)。

正义之城模型:通向更宽的社会正义之路?

费恩斯坦关于正义之城的论著灵感来自她对美国城市和塑造了美国城市的发展模式的长期和持久关注,也来自对此的不满。事实上,尽管她更广泛地讨论与规划相关联的正义,涉及超越美国本土的理论和实践,但她对当代城市发展弱点的探索,对什么是更好城市的讨论,显然来源于——主要关注——与美国城市有内在联系的发展。基于对规划中正义角色的更广泛讨论,费恩斯坦特别认为美国城市的城市经济发展政策问题是增长优先,这个问题一直抑制进步,一直阻挡了更大的社会和环境正义。

同时，费恩斯坦也困扰于激进城市学术对城市发展过程中固有的不公平做出回应的手段："许多政治经济学领域的传统学者在没有对什么是令人满意的城市制定出具体标准就发表了评论文章"（2001：885）；而那些不屑于评论的学者，要么把他们自己看作是特定社会群体的倡导者，要么由于对参与问题有成见，有时忽视了这样一个事实，更好的规划过程不一定导向更好的规划结果。另一方面，乌托邦式的理想主义也不是费恩斯坦的理念。对她来说，规划理论是"在全球资本主义政治经济环境下对人类生活达到更好状态的可能性分析"（2000：470），而不是完全改变我们生活的世界。费恩斯坦认为"虽然乌托邦理想提供渴望的目标，提供动员选区的灵感，但是他们不提供在特定历史环境下过渡的战略"。她认为致力于进步城市变化的规划者、政策制定者和活动家反而需要一个愿景——思考在现代城市所处的环境中什么是理想城市，什么是可行的城市。

但在当前先进的全球化资本主义条件下，什么是"正义"，什么是"可能性"？在费恩斯坦的几部著作中，她认为阿姆斯特丹代表"相对地平等、多样化、民主城市的最佳可用模型，对保护环境做了有力的承诺"，即城市已经设法在"价值观"之间找到了平衡——民主、平等、多样化、发展和可持续性——她断定是达到社会正义的必需之物（费恩斯坦，1999：259；2000；本文集）。这种描绘和阿姆斯特丹更普遍的"理想城市"意象相互共鸣，阿姆斯特丹的"理想城市"在欧洲和欧洲以外地区的规划者和城市学者中广为传播。①

---

① 事实上，费恩斯坦在她正义之城的最新方案中（本文集）有点不再强调阿姆斯特丹的角色是"最好的模式"，认为城市仅仅提供一个"理想的城市模型的粗糙意象"，举一个例子，最近由美国学者组织的会议认为，以社会正义、环保主义、规划和设计的标准衡量时，阿姆斯特丹被称为 21 世纪的理想城市"（吉尔德布鲁姆，2008）。

寻找正义之城

本章我们着手探讨这样一个话题,把阿姆斯特丹的普及性描述为一个角色模型指导我们对社会正义和进步城市议程进行辩论。这样,我们不必如此关心阿姆斯特丹,而更关心与阿姆斯特丹有关的城市类型:欧洲城市的模型。近年来,学术文献剧增,宣扬"传统"的欧洲城市,常常典型理想化地反对"美国城市",因为欧洲城市代表了具有规范力量的城市模型,可以指导在当下全球化和欧洲一体化环境中的政治行动(霍夫曼-阿克瑟勒姆,1993;巴尼亚斯科和拉盖尔斯,2000;豪瑟曼,2001;汉森普弗拉哥,2002;Kaelble,2001;拉盖尔斯,2002;西贝尔,2004;豪瑟曼和海拉,2005)。对欧洲理想型城市寄予伟大的希望,特别是关于克服社会排斥和隔离,关于生态和密度之间应有的积极关系,以及竞争性——虽然定义模糊——与社会和空间一致性。欧盟同时也做出努力恢复与早期现代欧洲社会的"传统"城市相关联的某些特质,宣扬欧洲都市风格的规范性愿景,补救全球化和所谓为城市的未来福祉做担保的负面影响(弗兰克,2005)。

我们关心的是把阿姆斯特丹当作超越欧洲范围的城市发展典范使争论具有可信度,即使许多这样的争论被冠以欧洲城市过去状态的理想化,以及对当今问题和问题根源的欠考虑状况。进而言之,把欧洲城市看作城市发展的非正统的、进步愿景的参考的观点转移了,更糟糕的是,移植了标志为不平等和不公平的现象——虽然以不同的形式。如果条件结构得到改善,我们由此忽略了需要考虑的更大愿景。这还会削弱欧洲城市中活动家的斗争,他们反对以不同形式塑造欧洲城市空间的不公平、压迫和排斥。本章详解和证实这个观点,是为了解释为什么参考欧洲城市以及当代环境下欧洲城市的规范模型具有阻碍而不是促进进步的城市变化的风险。针对最近拉丁美洲地方治理实验的此起彼伏,本章最后试图推动费恩斯坦引发的重要讨论，超出了当前对北美和欧洲城市的关注（二者之间问题的双重性）。鉴于当前的构想基本上根植于欧洲和北美的假设和想法，寻找城市行动变迁的模型应该扩展到世界其他地方，以便活跃和扩大美国和其他"第一世界"城市的进步行动主义。

作为理想类型和理想化城市模型的欧洲城市

当前在欣赏阿姆斯特丹之际，再次掀起对欧洲城市和城市传统的广泛兴趣。这个兴趣的成功例证是针对城市发展的反现代途径，这里的提法源于把建筑师莱昂·克里尔（Leon Krier）的传统欧洲城市模型的保守设计描述为具有新意和创新性的观点。以韦伯式的欧洲城市观念为前提的一批学术著作，试图重振欧洲城市的传统，指导架构当前全球化和欧洲一体化环境下的政治行动。

这里我们不太顾虑复苏兴趣，那种对欧洲城市历史空间特质的兴趣，那种中产阶级和上层阶级对越来越多的怀旧视觉代表物的兴趣，这是对均质化的迟钝趋势和把使用现代主义的规划特点隔离开来的现象所做的反应。当今欧洲城市建筑的大部分参考采用了这些"传统"的欧洲城市特征——美学和结构。呼吁城市发展要尊重——或重建——城市的历史城市形态，包括各种建筑类型和用途，其中所谓的"公共"（但实际上经常是私人的）空间具有特权，强调建筑设计反映个体城市建筑传统和身份选定的元素。但费恩斯坦还指出，要求不同的城市形式并不足以保证城市会有更多的社会正义、政治解放和生态安全。最好的情况是改善了城市环境。最坏的情况是讽刺了欧洲城市的过去，掩饰了当今的问题，为房地产开发商、城市支持者和其他地方精英的利益提供服务。

但如上所述，"欧洲城市"在最近几十年的卷土重来不仅是因为保守建筑师和规划师"回到未来史学"的观点（莱勒，2000：102）。一个全新的欧洲城市模型也由城市社会学家提出，他们呼吁欧洲城市的独特传统以及欧洲城市系统的历史地理特点（巴尼亚斯科和拉盖尔斯，2000；豪瑟曼，2001，2005；拉盖尔斯，2002；豪瑟曼和海拉，2005；讨论参见凯兹波夫，2005）。巴尼亚斯科和拉盖尔斯（2000）最早主张应该更加重视欧洲城市中传统欧洲大陆的城市体系。援引马克斯·韦伯的欧洲城市观念，比较欧洲城市和北美相应城市，巴尼亚斯科和拉盖尔斯认为，尽管有明显的多样性，欧洲城市代表了鲜明的城市类型。他俩认为传统上对欧洲城市多形态的、法律的、社会的、文化的特征定义在当前全球化和欧洲一体化环境下正在复兴。虽然其他学者认定"魅力衰落"（fading charm）和欧洲城市边缘化是全球化进程的结果（卡斯泰尔，1996：431），但拉盖尔斯和巴尼亚斯科却认为比起之前的建议，欧洲城市对全球变化影响更具复原性，认为民族国家的重要性尤其越来越弱（全球化和欧洲一体化的后果），实际上是走向末路。

与韦伯对中世纪城市的古典调查相呼应，巴尼亚斯科和拉盖尔斯突出了城市"地方社会"自我管理的历史角色，为资产阶级和现代资本主义的兴起提供了文化、社会和法律框架。领土国家的出现削弱了城市的重要性，之前，城市一直是强大的社会和政治力量，因为具备了自治城市公民和高度自治的特色。现在，由于"放松控制"民族国家，城市的"策略空间"再次得到发展，并有机会去"创造自己的身份"，恢复他们作为欧洲社会关键决定因素的角色（巴尼亚斯科和拉盖尔斯，2000：7）。

虽然巴尼亚斯科和拉盖尔斯夸大了做出这种主张的程度，但他们对夸大了与类似全球化的超本地现象有关的均化压力主张提供了重要改进方法。另外，他们的提醒受到欢迎，全球化过程在跨越空间时自我体现不同，因此必须根据程序所影响的制度和监管的环境去探索。然而，作为一种分析框架，理想典型的欧洲城市的概念仍然是模糊的。虽然城市作为行动者的概念本身有问题（马尔库塞，2005），巴尼亚斯科和拉盖尔斯还投入相对较少的注意力关注限制当今欧洲城市自治权程度的因素，或者说集体和个人行动者所塑造的自主性。巴尼亚斯科和拉盖尔斯肯定意识到了这些限制，但他们关注的是最近重组程序给城市自主能力的机会。巴尼亚斯科和拉盖尔斯同样讨论了具有当代城市欧洲特征的更为一般的动态学。当代欧洲城市面临的挑战——尤其是日益严重的社会不平等、贫困和极化——没有被忽视，但重点在于作者把什么看作欧洲城市过去和现在的优势。因此重点不仅在于欧洲城市越来越多的自主权、多元自治、和谐共存和公民的团结，而且还在于城市的小巧外形、混用特色、公民生活、社会凝聚力，以及他们的政治文化和地方身份。

大多数学术著作接受了巴尼亚斯科和拉盖尔斯（新）韦伯式的欧洲城市观点，也主要关心欧洲城市的积极特征（开博尔，2001；哈森佛洛格，2002；豪瑟曼和海拉，2005）。豪瑟曼和海拉（2005：61）对这种倾向相当坦诚。对他们来说，"新韦伯式的框架是概念性的框架，也是规范的框架"，因为"它揭示了欧洲城市的良好品质……强调了城市的政治地位，公民的政治角色和责任"。很明显，人们重新对城市的"欧洲性"感兴趣不仅是启发创建社会的科学分析。相反，大多数借助韦伯的欧洲城市观点的学者认为"传统"形式是历史性成就，可以指导今后城市发展的蓝图。他们至少含蓄地接受了与资产阶级崛起相关的理想，欧洲城市概念与之有着内在的联系。一旦反对封建主义和教权主义的力量得到解放，这些理想在今天的政治环境下就具有不同的意义（弗朗茨，2007：17）。现在这些理想经常被用来促进自由市场、个人主义、个人责任和/或"公民"责任，犹如回应社会问题一样反对政府方案。① 因此，在今天的政治环境下他们未必代表进步社会变化的推动者。

现存欧洲城市和现代城市重组

在当前的历史关头，因为新自由主义重组，（民族）国家和公民社会之间关系重新配置，市政层面和政府更高级别的分工不可否认已经发生了改变。巴尼亚斯科和拉盖尔斯认为，由于曾经的中央职责越来越多被下放到地方政府，城市在政治、经济、社会和文化领域获得了更抢眼的角色。然而，它们是在特定环境下做到这些的。这个环境几乎不允许他们提出与主流意识形态背道而驰的原则，与实践中的布伦纳和西奥多（2002）的"现存新自由主义"② 背道而驰的原则，与其他各类新右翼保守主义背道而驰的原则。国家权力和管制的持续入侵，日益排除长期失业者，以及越来越歧视移民和具有移民背景的群体，以及当前对民事权利和自由的侵蚀代表了欧洲各个城市现实中的歧视和不公正，与之相对的是当地政府体制，即使从根本上反对也几乎没有什么优势。当地政府领导人已经别无选择，只能放弃福利型社会政策而选择以竞争为导向的创业型政策，因为全球化、经济结构调整和

---

① 欧盟的城市发展政策关注城市和城市区域竞争，至少在一段时间内激进地使用欧洲城市概念作为文明和民主的摇篮，是恰如其分的例子（弗兰克，2005）。
② 近年来，批判地理学家已经观察到与新自由主义改革相关联的转型不符合预示空间转型的自由和市场。相反，"现存新自由主义"是由"国家、地区和地方环境形成，由继承的制度框架、政策制度、监管实践和政治斗争的遗产定义"（布伦纳和西奥多，2002：351）。

由国家和超国家机构实施的新自由主义政策——如欧洲联盟——改变了城市治理的机构领土模型。这些高层次政策已经改变了公共资源的分配和再分配，从大众化项目转向支持减税刺激投资的定向土地项目、中心城市改造、地方营销以及类似的活动（霍尔和哈伯德，1998）。因此针对严重"弱势"人群和地区的政策和项目不再重新分配，而简单地趋向于把市场驱动程序和公民参与以及"能力建设"的努力进行结合，即使因为越来越多的群体和公共空间更加戒备森严，剥夺了诸如无家可归者的基本权利，即乞讨权利或躺在人行道上的权利，"自由化"的住房市场破坏了住房权利（梅尔，1994、2007）。竞争逻辑与私有化管理一直到最近才扩展至相对社会化的范围，不仅涉及消除公共垄断提供的标准化市政服务（如公用事业、环境卫生、公共安全、公共交通），而且通过竞争性承包创造私有化、定制化和网络化的城市基础设施（鲁格莫尔，2006、2008）。

欧洲城市的城市治理，简而言之，重点已放在经济增长和效率、创业精神、竞争力、解除管制规定和私有化上，采用从福利型转向"工作型"的社会政策（埃里克等，2004）。当欧洲财富和机会分布更加不均匀，重新开始关注贫困和劣势，社会问题和社会矛盾就急剧增加。但这些问题很少触及根基，特别是越来越占主导地位的新自由主义的主体性（莱特纳等，2006）。

新一代由欧盟（EU）频繁资助的社区管理和社区任职再生程序是一个恰当的例子，产生于20世纪90年代，解决愈演愈烈的城市社区的贫困（安徒生和范·肯彭，2001；梅尔，2006）。其中大多数倾向于认为问题不在于不平等的升级和贫困的加重，而在于缺乏"包容"。因此，低工资或贫困不需要解决；事实上只要人们融入社会网络，这些并不构成问题。相反，"排斥"——从正常社会生活中脱离的特定群体——成为关注的焦点。解决"排斥"的最好办法是通过让他们进入劳动市场改变他们的行为使这些群体和个人"正常化"（高夫和艾森奇兹，2006；梅尔，2006）。这些群体实现就业或进入到微型企业既是一种手段也是基本健全的社会包容关键性指标。被排斥群体集居的社区被视为加重和滋生了"排斥"。因此，必须针对这些社区设置综合项目，鼓励当地合作伙伴，激活当地各种利益相关者。与承诺为推动地区繁荣增长的投资者和开发商实施补贴与减税相比，对这些项目的资助显得微不足道。新的反排斥项目建立的制度愿景和话题不仅分散了日益不平等的结构性原因，而且也阻止人们更有效地组织和动员，而后者实际上可能扭转衰落趋势，导致真正的改进。这些对排斥做出的反应，换句话说，既不寻求减少穷人的数量，也不以任何方式左右贫困产生。他们既不质疑"包容"于基本不公正的社会，也不质疑人们被"包容"于社会安排的非正义手段。

阿姆斯特丹——近乎完美吗？

当然，城市之间存在差异。例如，阿姆斯特丹被普遍视为抵制新自由主义压力的城市。比较研究往往把它置于靠近分离欧洲城市的低端，社会差异不明显，社会流动性相对较大（勃洛克等，2001；马斯塔德和多露，2002；马斯塔德和萨勒特，2003）。有关移民和多样性的社会态度和政府政策一直被认为是进步的，市政府因为在决策过程中考虑到了居民和社区组织，对擅自占用房屋者和其他激进反对派的表现以宽容和仁慈回应而一直被称赞（乌特马克，2004）。然而与此同时，在不受全球城市重组威胁的地方看不到阿姆斯特丹的变化（BAVO，2007）。在学术领域几乎没有人注意到（乌特马克，2008），当凯恩斯主义和集体主义策略退居新自由主义市场意识形态和力量之后，大部分发生在阿姆斯特丹的事情在今天符合欧洲其他地区的发展。20世纪90年代，新自由主义市场意识形态和力量曾在阿姆斯特丹声名大振，伴随的是荷兰福利国家的侵蚀（尼基门，1999；BAVO，2007）。

社会住房逐渐被推翻或被转化为市价住房（乌特马克，2004；奥登那木普森，2006、2007、2008）；文化产业已经转向促进旅游、休闲和房地产开发；教育和社会服务福利措施减少；面向获取经济效益的计划和项目开始主宰公共政策议程，这些项目与城市同行竞争投资、创新和"创意类"项目，比如祥达斯项目就是城市南部的新商业区；内城社区中产阶级化，群体和社区之间的生活条件差异越来越大（克鲁斯特门，1996；奥登那木普森，2007、2008）。此外，随着反文化多元化逐日增加，被大加赏赞的阿姆斯特丹式宽容传统受到了挑战。（范·斯万宁根，2007：241）。例如，2002年皮姆福图纳遭暗杀，2004年西奥·梵·高引发的公众态度僵硬化和政府对"多元文化"政策的复议（乌特马克等，2005）。最后，与阿姆斯特丹的宽容形象形成鲜明对比的是，当城市寻求打造其形象并以高收入吸引商业投资和居民的时候，近年来地方研究发现了一条向"城市复仇主义"和兴起"文化控制"转型的路径（奥登那木普森，2007；范·斯万宁根，2007：238）。[①] 题为"我被阿姆斯特丹化——拥有诸多机会的自由城"的抗议活动是对城市当前市场战略"我被阿姆斯特丹化"的回应。

这并不是说阿姆斯特丹已经放弃被称赞的所有品质。换句话说，乌托邦式的阿姆斯特丹没有一夜之间成为反面乌托邦的鼓吹

[①] 这是以高度有争议的围捕非法移民的举动说明，在警察制止和搜索的过程中指控种族歧视，不断努力"清理"红灯区并驱赶无家可归者离开内城。

寻找正义之城 |

者。但是这个城市最近的发展轨迹表明：（a）首先，过去的阿姆斯特丹从来都不是一个乌托邦的化身，因为现有的矛盾和问题那时并没有一夜之间出现；（b）阿姆斯特丹同样受到和发达资本主义世界其他城市一样的政治经济和社会重组程序的限制，并几乎以相同的方式解决。阿姆斯特丹和其他城市之间的差异是程度不同，而不是类别不同。这些差异肯定和阿姆斯特丹居民的日常生活有关。城市通过各种方法得以持续发展：通过其社会民主主义传统以及依旧没有消失的70年代和80年代的社会运动成就，通过荷兰福利国家所遗留的风格，通过地方活动家为弱势群体、边缘群体和被压迫群体呼吁"城市权利"的持续斗争。但尤其是由于阿姆斯特丹一直被誉为进步的城市政策中心，宽容、平等、世界性城市的缩影，过去几十年的调整却提供了一个欧洲城市现代改造的普遍性典范（奥登那木普森，2006）。当今的阿姆斯特丹没有为进步规划者提供出可行的蓝图，而是表明在目前条件下，城市欧洲化对活跃和扩大美国城市进步运动的范围可能并不是最有益的参考点。相反，必须看到，欧洲城市的当前发展尤其是围绕着它的涉及欧洲城市概念的话题有着非常矛盾的一面。后者可能具有善意，特别是当用来批判美国式发展的特性：社会分裂、环境资源浪费、文化类同，但借鉴欧洲城市的历史模式掩盖了这样一个事实：封建主义和资本主义历史时期的欧洲城市一直都是混居和充斥歧视的地方。许多有关中世纪晚期和近代早期欧洲城市的特点主要有益于（日益向上的）资产阶级，其前提是一组特定的——没必要羡慕的——文化、社会、经济和政治条件。20世纪欧洲城市的很多特点，比如社会经济混合型城市人口的成功，为贫困阶层人口提供少量的社会保障，与城市没有太大关系，倒是与多样的民族福利国家和依法批准的社会政策有关系。随着废除这些政策和构建曾经更宽泛的政治经济框架，很难预料到未来欧洲城市能否成为进步城市变化的范例。

挑战新自由主义——拉丁美洲的"新"左翼

争取更大的城市社会正义的不同方法不是不存在。苏珊·费恩斯坦组织了大量针对阿姆斯特丹的调查，提供了"实在的社会正义模型"，由此在当今规划和制定政策中吸取了重要的经验教训。尽管清晰认识到产生阿姆斯特丹形象的许多特质是一种理想的城市模型，依赖于特殊历史和制度背景，要么不复存在要么正在被动摇和瓦解，但这个观点仍被提出。观点的根本前提是"成就正义是一个循环过程，先存的公平产生有利的情绪，民主产生公众参与，多样性增加宽容"（1999：266）。与此观点有些矛盾的是，我们发现争取不同的、更正义的城市化程序中一些最有趣的灵感来源于世界上那些不公平和不平等问题突出以及历来受具有物质和意识形态特征的新自由主义特别影响的地区（戴维斯，2006）。正义之城的概念已具有关注独特的欧美假设和想法的特性，这很像更普遍的城市研究和理论（罗伊，2005）。随着越来越多的城市研究得到承认，更多注意力不仅应该放在关注城市变迁和发展中国家的经验上，而且还应特别关注拉丁美洲国家的最新发展，因为它们可能会为北美及其他地区争取更大的城市正义提供有益的范例。

最近几十年在拉丁美洲，一种"新"左翼思潮蜂拥而来，其形式为进步和通常激进的城市运动以及地方政府、区域政府和国家政府的参与，这为我们在北半球致力于进步城市变化提供了有趣的经验（安戈蒂，2006；肯尼迪和蒂莉，2008）。虽然欧洲的地方精英行动通常基于假设或陈词：假设民主资本主义秩序会使人们过得很好，由于它优化了市场特性并减少了公共部门的介

寻找正义之城

入，陈词是"没有选择"（所谓新自由主义现状的蒂娜综合征），拉丁美洲的情况已经大为不同了。过去的几十年里，在社会运动的支持下，在应对压力的过程中（索扎，2006），左翼领导的地方政府在某些情况下抵制——或扭转了——新自由主义治理和规划方法（见本集马里卡托的章节）。不考虑其广泛的变异，在很多不同的地方例如利马、阿雷格里港、蒙得维的亚、加拉加的 La Libertador，或者墨西哥城，这些"城市层面的实验"在反对新自由主义的再分配框架内共同致力于改变以获取更大的社会和空间正义（查韦斯和戈尔德弗兰克，2004）。很多情况下，他们也制定了参与当地民主的新形式，制定了权力下放，扭转公民冷漠，扩大普通人民政治权利的倒置规划（bottom - up planning）。[1] 虽然必须认识到这些实验不是制定章程而是提出批评，发生在许多需要改进的地方环境中，但是这样的努力仍然值得进一步关注。他们尝试用更民主、更负责任的破除从属性决策形式，带给人们更多的政治权利，不仅"代表了挑战当前新自由主义的正统思想和自由主义（或最小）民主的重要步骤"（查韦斯和戈尔德弗兰克，2004：195），而且也超越了左翼政治（选举和其他的）早期的集中技术性治理模型倾向。

更多对拉丁美洲"新"左翼的关注不仅关键性地评估地方政府的作为，而且更密切观察进步力量对抗压力采用的策略（即社会运动、工会、本土组织和非政府组织），这些策略尽管在地区层面、国家层面和超国家层面经常有不利的政策环境，但已开始

---

[1] 市政参与式民主最突出的例子可以说是巴西阿雷格里港付出的努力，该城市通过参与式预算重新分配城市资源，支持城市的弱势社会群体（索萨·桑托斯，1998；诺维和刘博尔特，2005）。不太突出，但同样显著的例子是蒙得维的亚左翼联盟为市政权力下放付出的努力（卡耐尔，2001）和玻利维亚政府介绍的政策，该政策试图促进在委内瑞拉首都加拉加斯贫民窟发展"参与性和主人公式民主"（伯恩特等，2007）。

实施，最终在选举政治中获胜。并不是所有拉丁美洲地方左翼政府履行承诺的经验均有据可查（查韦斯，2004；查韦斯和戈尔德弗兰克，2004），但是整个美洲最近一波又一波的改革带来的缺陷和失败无法改变这样一个事实：拉丁美洲"新"左翼为反对城市社会不公正斗争注入了新能量。这是一个不寻常的、解放的、改革的政治，正义之城工程从中受益匪浅。

结　论

本章挑战了阿姆斯特丹是一个"实践可能性"范例的观点，指导我们在美国和美国之外的地区为正义之城而战的斗争。我们认为，尽管过去有成功，阿姆斯特丹在当前政治经济气候下没有呈现出当下为实现更正义城市前途而贯穿全部的策略模型。再者，我们担心过分粉饰阿姆斯特丹的过去，极少关注其现在的问题，在信任尝试采用欧洲城市的概念和其真正感知的特征时，正义之城的规划就有风险，其目的与进步城市变化的思想背道而驰。

最后，我们的评论还指出了实现苏珊·费恩斯坦的正义之城模型和我们自己的看法之间更大和更基本的差异。尽管费恩斯坦对当今的发展模式和政策进行了畅所欲言的批判，但在发达资本主义世界当前政治经济气候中她仍然是务实的，她认为现有资本主义的政权积累，包括随之而来的全球不公平和可持续性生态问题，在很大程度上是确定的。虽然费恩斯坦寻求纠正全球性资本主义政治经济环境下城市层面持续存在的不公正，认为阿姆斯特丹案例可能会给我们指出一条路，但是我们怀疑这个假设：城市社会正义和资本主义秩序可以并行不悖。相反，我们认为正义之城之路在当前规划中没必要限制争取城市社会

寻找正义之城

正义的斗争，把非正统视角和另类可能性横扫在外。因此我们认为在地方层面挑战当前霸权秩序的另类假想和实践可以更好地促使我们为在美国和其他地区实现真正进步的城市变化而共同斗争。这种假想和实践——至少对于公共政策制定而言——在欧洲少之又少，但近年来在整个拉丁美洲蓬勃发展。在拉丁美洲，进步激进的地方治理实验涉及大量缺陷和隐患，这些不可能在此处讨论。但是这些实验值得更多关注，因为它们说明与新自由主义背道而驰的城市政策议程可以获胜——即便只是暂时——可以带来改善——但是谦虚点——改善城市居民的生活，尤其是穷人的生活。驱动许多这些实验的是一种假设：真正变革性的改变不是幻觉，不是乌托邦，是值得为之战斗的。这种乐观正是我们在当前城市规划中最怀念的。

参考文献

Andersen, H. T. and van Kempen, R. (eds) (2001) *Governing European Cities: Social Fragmentation, Social Exclusion and Urban Governance*, Aldershot: Ashgate.

Angotti, T. (2006) "Book Review: Cities in Latin American: More Inequality," *Latin Atnericall Perspectives*, 33.

Bagnasco, A. and LeGalés, P. (2000) "European cities: local societies and collective actors?" in Bagnasco, A. and Le Galés. P. (eds) *Cities in Contemporary Europe*, Cambridge: Cambridge University Press.

BAVO (2007) "Democracy and the Neoliberal City: The Dutch Case," in BAVO (ed.) *Urban Politics Now: Re-Imagining Democracy in the Neoliberal City*, Rotterdam: Nai Publishers.

Bernt, M., Daniljuk, M., and Holm, A. (2007) Informelle Urbanisierung, Selbstorganisation und Sozialismus des 21. Jahrhunderts. Partizipative Stadtentwicklung in den Barrios von Caracas. *Prokla*, 37(4).

Blok, H., Musterd. S., and Ostendorf, W. (2001) *The Spatial, Dimensions of Urban Social Exclusion and Integration: The Case of Amsterdam, the Netherlands*, URBEX Series: No. 9

Brenner, N. and Theodore, N. (2002) "Cities and the geographies of 'Actually Existing Neoliberalism,' " *Antipode*, 3.

Canel, E. (2001) "Municipal Decentralization and Participatory Democracy: Building a New Mode of Urban Politics in Montevideo City?" *European Review of Latin American and Caribbean Studies*, 71.

Castells, M. (1996) *The Rise of the Network Society*, Malden, MA: Blackwell.

Chavez, D. (2004) *Polis & Demos. The Left in Municipal Governan in Montevideo and Porto Alegre*, Amsterdam: TNI/Shaker Publishing.

Chavez, D. and Goldfrank, B. (2004) (eds) *The Left in the City: Participatory Local Governments in Latin America*, London: Latin American Bureau.

Davis, M. (2006) *Planet of Slums*, New York: Verso.

Deurloo, M. C. and Musterd, S. (2001) "Residential profiles of Surinamese and Moroccans in Amsterdam," *Urban Studies*, 38(3).

Eick, V. , Grell. B. , Mayer, M. , and Sambale, J. (2004) *Nonprofits und die Transformation lokaler Beschäftigungspolitik*, Münster: Westfälisches Dampfboot.

Fainstein, S. S. (1999) "Can We Make the Cities We Want?" in Beauregard, R. A. and Body – Gendrot, S. (eds.), *The Urban Moment: Cosmopolitan Essays on the Late – 20th – Century City*, Thousand Oaks, CA: Sage Publications.

——(2000) "New directions in planning theory," *Urban Affairs Review*, 35(4):451 – 478.

——(2001) "Competitiveness, cohesion, and governance: their implications for social justice," *International Journal of Urban and Regional Research*, 25(4).

——(2005) "The European Union and the European cities: three phases of the European Urban Policy," in Altrock, U. , Günter, S. , Huning, S. , and Peters, D. (eds) *Spatial Planning and Urban Development in the Ten New EU Member States*, Aldershot: Ashgate.

Frantz, M. de (2007) "The city without qualities: political theories of globalization in European cities," *EUI Working Paper SPS*, 2007(04) Badia Fiesolana: European University Institute, Department of Political and Social Sciences.

Fraser, N. (1995) "From redistribution to recognition: dilemmas of justice in a 'postsocialist' age," *New Left Review*, 212.

——(2000) "Rethinking recognition," *New Left Review*, 3.

Gilderbloom, J. (2008) Ideal City Conference; October 11 – 14, 2008, Call for Papers. Online. Available HTTP: http://www.urbanicity.org/ldealCityAlert.htm (accessed May 12, 2008).

Gough, J. and Eisenschitz, A. with McCulloch, A. (2006) *Spaces of Social Ex-*

dusion, London: Routledge.

Hall, T. and Hubbard, P. (1998) (eds) *The Entrepreneurial City: Geographies, Politics, Regime and Representation*, Chichester: John Wiley and Sons.

Hassenpflug, D. (2002) (ed.) *Die Europäische Stadt—Mythos und wirklichkeit*, Münster: LIT.

Häußermann, H. (2001) Die Europäishe Stadt. *Leviathan* 29(2).

——(2005) "The end of the European City?" *European Review*, 13(2).

Häußermann, H. and Haila, A. (2005) "The European City: a conceptual framework and normative project," in Kazepov, Y. (ed.) *Cities of Europe*, Oxford: Blackwell.

Hoffmann - Axthelm, D. (1993) *Die dritte Stadt: Bausteine eines neuen Gründungsvertrages*, Frankfurt am Main: Suhrkamp Verlag.

Kaelble, H. (2001) "Die Besonderheiten der europäischen Stadt im 20. Jahrhundert," *Leviathan* 29(2).

Kazepov, Y. (2005) "Cities of Europe: changing contexts, local arrangements, and the challenge to social cohesion," in Kazepov, Y. (ed.) *Cities of Europe*, Oxford: Blackwell.

Kennedy, M. and Tilly, C. (2008) "Making sense of Latin America's 'Third Left'". *New Politics*, 11(4).

Kloosterman, R. C. (1996) "Double Dutch: polarisation trends in Amsterdam and Rotterdam after 1980," *Regional Studies*, 30(5).

Lees, L. (ed.) (2004) *The Emancipatory City? Paradoxes and Possibilities*, London: Sage. LeGalès, P. (2002) *European Cities: Social Conflict and Governance*, Oxford: Oxford University Press.

Lehrer, U. (2000) "Zitadelle Innenstadt: Bilderproduktion und Potsdamer Platz," in Scharenberg, A. (ed.), *Berlin: Global City oder Konkursmasse? Eine Zwischenbilanz zehn Jahre nach dem Mauerfall*. Berlin: Karl Dietz Verlag.

Leitner, H. , Peck, J. , and Sheppard, E. S. (eds) (2006) *Contesting Neoliberalism*, New York: Guilford Press.

Marcuse, P. (2005) "'The city' as perverse metaphor," *Cities* 9(2).

Mayer, M. (1994) "Post - Fordist city politics," in Amin, A. (ed.) *Post - Fordism: A Reader*, Oxford: Basil Blackwell.

Mayer, M. (2006) "Combattre l'exclusion sociale par *l'empowerment*: le cas de l'Allemagne," *Geographie Economie Societé* 8(1).

——(2007) "Contesting the neoliberalization of urban governance," in Leitner, H. , Peck, J. , and Sheppard, E. (eds) *Contesting Neoliberalism—The Urban*

Frontier, New York: Guilford Press:90 - 115.

Mitchell, D. (2003) *The Right to the City: Social Justice and the Fight for Public Space*, New York: Guilford Press.

Musterd, S. and Deurloo, M. C. (2002) "Unstable immigrant concentrations in Amsterdam: spatial segregation and integration of newcomers. " *Housing Studies* 17(3).

Musterd, S. and Salet, W. (eds)(2003) *Amsterdam Human* Capital. Amsterdam: Amsterdam University Press.

Nijman, J. (1999) "Cultural globalization and the identity of place: the reconstruction of Amsterdam," *ECUMENE*, 6(2).

Novy, A. and Leubolt, B. (2005) "Participatory budgeting in Porto Alegre: social innovation and the dialectical relationship of state and civil society, " *Urban Studies* 42(11).

Oudenampsen, M. (2006) "Extreme makeover," *Mute* 2(4).

——(2007) "Amsterdam, the city as a business," in BAVO(ed.), *Urban Politics Now: Re - Imagining Democracy in the Neoliberal City*, Rotterdam: Nai Publishers.

——(2008) "Back to the future of the creative city. an archaeological approach to Amsterdam's creative redevelopment," *Variant*, 31.

Peck, J. and Tickell, A. (2002) "Neoliberalizing space," *Antipode*, 34.

Pinder, D. (2005) *Visions of the City*, London: Routledge.

Roy, A. (2005) "Urban informality: towards an epistemology of planning," *Journal of the American, Planning Association*, 71(2).

Rügemer, W. (2006) " Finanzinvestoren greifen nach Wohnungen. Vom öffentlichen Eigentum zum Renditeobjekt," *Forum Wissenschaft*, 4.

——(2008) *Privatisierung in Deutschland: Eine Bilanz*, Münster: Westfälisches Dampfboot.

Siebel, W. (ed.) (2004) *Die europäische* Stadt, Frankfurt am Main: Suhrkamp.

Sousa Santos, B. de(1998) "Participatory budgeting in Porto Alegre: toward a redistributive democracy," *Politic and Society*, 26(4).

Souza, M. L. De(2006) " Social movements as ' critical urban planning' agents," *City*, 10(3).

Uitermark, J. (2004) " Framing urban injustices: the case of the Amslerdam squatter movement," *Space and Polity*, 8(2).

——(2008) Personal email communication with the authors, June 2008.

Uitermark, J. , Rossi, U. , and van Houtum, H. (2005) "Reinventing multiculturalism: urban citizenship and the negotiation of ethnic diversity in Amsterdam," *International Journal of Urban and Regional Research*, 29(3).

Van Swaaningen, R. (2007) "A tale of two cities. The governance of crime and insecurity in Rotterdam and Amsterdam," in Sessar, K., Stangl, W., and van Swaaningen, R. (eds) *Großstadtängste—Anxious CitieS*, Untersuchungen zu Unsicherheitsgefühlen und Sicherheitspolitiken in europäischen Kommunen.

贝尔舍瓦的城市正义与认可：
肯定和敌意

奥伦·伊夫塔契尔（Oren Yiftachel）
拉维特·戈德哈伯（Ravit Goldhaber）
罗伊·牛丽尔（Roy Nuriel）

  我们对你的要求很简单：只是遵守法律；如果你这样做，每个人都将受益：你会拥有精心规划的、有公共服务系统的、获得认可的城镇，我们将维护过去的大片空地，在可能有危机的每一天，让世界各地犹太人居住，特别让那些暂时待在苏联的人居住。

（贝尔舍瓦住房部部长，热娃·包伊木，2006年6月14日）

  这句引语的语境是未解决的土地和规划纠纷，发生在贝尔舍瓦城市周围的贝都因阿拉伯人和以色列国家之间。部长直截了当地要求土著的贝都因人离开他们祖先的土地，后者居住在"不被认可"（在大多数以色列规划者眼里是"非法"）的村庄和城镇，被要求搬迁到现代化、合法的、公共服务系统好的地方。

  部长观念中除了对土著权利的殖民漠视之外，还无意中暴露了认可困境，被认为是对空间正义广泛讨论中的"积极"面。他的言论激发出一种认可，反对而不是赞成组织权利和社会正义。与此同时，他扩展特权认可给潜在的犹太移民。这个分化提供了一个令人困惑的方面，让我们思考规划理论很少关注的城市正义和组织权利。我们应该、我们能"打开"认可的潘多拉盒子吗？

本章探讨了认可和正义之间的关系。我们分析国家和城市当局对待各种移民和土著群体的态度，关注各种类型的认可如何指导城市政策。我们的中心论点是把主流观点的认可问题看作追求城市正义的一个必然的积极元素。但是，我们认为这是一个多方面的社会政治过程，介于积极肯定、边缘化冷漠、排他敌意之间，以及这些极端之间的多种可能性。我们认为"梯度"的认可与城市结构的重要变化连接。它们不仅清楚的与社会经济分层相关联，还与我们确定的新"城市殖民主义"、"缓慢的城市种族隔离"（creeping urban apartheid）、"灰色"（非正式）空间现象相关联。

我们因此寻求通过开放认可范畴推进空间正义讨论。我们主张更复杂的、批判性地理解这个概念是必要的，认可或缺乏认可可能会增强或损害社会和空间正义。认可应被视为一个连续体，理事机构应该意识到边缘化冷漠或排除敌意的破坏可能性以及肯定认可的积极可能性。

讨论理论后，一个概念性方案用于分析规划对贝尔舍瓦地区各种团体的影响。我们跟踪不同的政策制定：肯定的认可被扩展为"俄罗斯"移民（表示来自苏联讲俄罗斯语的人）；"边缘化冷漠"在米兹拉赫姆政策中很普遍（到达中东的犹太人和他们的后代）；在该地面对大部分阿拉伯人时很明显有敌对态度。巴勒斯坦难民的说法是他们完全没有规划话语，而潜在的犹太移民，如部长在声明中指出，为该地区的分配空间投出一个遥远但挥之不去的阴影。

本章旨在反思变化多端的认可条件下的社会公正。我们下面简要提出"城市的权利"（勒费布尔，1991、1996；米切尔，2003）作为可能的指导原则把认可和空间正义相结合，同时避免不同类型认可的殖民规划陷阱。这需要抽象概念的政治化和专业化,与讨论城市正义的主流自由主义文献进行批判性交战。

规划,正义,差异

故事规划者(story planners)往往把本行业描绘成从工业城市的扩增导致的绝望混乱中兴起的职业,为了给人们引入秩序、公共卫生、城市组织和宜居性。历史的英雄是有远见的,他们把新形式的城市生活与社会平等的议程、现代性、社区、新道德和职业热情相结合(切利,1988;霍尔,1988;弗里德曼,2002)。直到20世纪70年代,这个故事受到新政治经济规划分析的严重挑战,关注规划、经济结构和发展资本之间的结构联系。这导致了以弱势社会群体为代价的资本规划开发(卡斯泰尔,1978;黑格,1984)。一些研究关注规划作用作为不均衡表现资本主义国家的合法性机制(迪尔,1981)。其他人注意到规划城市的社会地理仍然被阶层搞得支离破碎,是长期不平等的根源(马库塞,1978;特洛伊,1981;巴德科克,1984)。因此,共同主题加之规划把国家与资本主义要求的特权便利化和对社会需求的有意忽视相连接,马库塞(1978)敏锐地称之为"仁慈国家的神话"。

在批判性分析的基础上,"城市"正义文学开始出现,试图重新思考空间、发展、权力、规划之间的联系。大卫·哈维(1973)的《社会正义与城市》和曼纽尔·卡斯泰尔(1978)的《城市问题》成为鼓舞人心的文字,激励新一代城市研究者寻求方法实现"公正分配,公正到达"(哈维,1973:97)。"正义文献"提出的观点引起规划学者和城市学者强烈的、常常是痛苦的辩论,特别是马克思主义和理性主义/自由思想家之间的辩论。然而两个阵营一

寻找正义之城

致认为,规划实际上是物质资源分配的过程。

然而,对正义规划特征的明显共识没能持续下去。在 80 年代和 90 年代,开始出现正义之城的新观点,这些观点挑战以前的说法,在新领域分析城市正义。以主要的三个相关的、部分重叠的视角揭示了这些挑战:身份、女权主义和后现代主义。新浪潮催生了开创性作品,如艾里斯·玛丽恩·杨的《正义与政治差异》(1991);蕾奥妮·桑德科克的《大都市》(1998);简·雅各布斯的《帝国的边缘》(1996)。这些著作表明,为了理解新兴城市秩序,重新表述城市和空间正义愿景有必要讲述差异和身份问题。

在这股浪潮中,规划理论在其他研究中摆脱了自由主义的西方观点,强调种族民族主义、宗教、国家、城市和地区构成之间的密切联系。他们探讨了城市政策的关键作用,不仅塑造阶层,而且塑造种族、文化和种族关系,空间是其中的一个关键轴(法拉赫,1989;耶夫塔克,1991;托马斯,1995;博伦,1999、2007)。在"种族参与"(ethnocratic)政权中尤其如此,加强主导族群的位置,积极边缘化少数民族和边缘少数民族阶层(ethno-classes)(基达,2003;伊夫塔契尔,2007)。其他研究表明种族对城市结构和隔离的中心地位,由此演变成矫正正义观念和集体共存的新术语(托马斯和克里希那然,1993;桑德科克,1995;梅西,2007)。

这场讨论主要引入了新类别和新词条来充实正义之城概念的词汇和想象力,最明显的是"认可""差异""多样性""多元文化主义"。城市与规划理论家无须走远便可寻找鼓舞人心的文字,泰勒(1992)、霍尔(1991)、胡克斯(1995)、基姆利奇卡(1995)提供了新的,用以重新思考正义的多元文化城市的哲学的政治基础。

122

认可和再分配

南希·弗雷泽的经典（1996）论文把正义和认可讨论提升到一个新高度。她重新概念化上面的大部分讨论，认为正义的观点可以组织到两个主轴上——分配和认可——不断相互作用，但不能彼此还原（reducible）。她补充道，在每个轴内，正义方法徘徊在"肯定"和"变形"措施之间。肯定措施表示相对表面的步骤，暂时影响非正义，非正义从长期看倾向于复制不平等的资本主义/民族主义和男性主导的格局。另一方面，转型措施影响更深远，挑战产生等级秩序的社会系统：阶层、性别、"种族"和民族群体。弗雷泽的干预和随之而来的辩论（杨，1997；弗雷泽，2003）进一步确立认可在追求社会和城市正义中是一个主要类别（桑德科克，2003）。

弗雷泽深刻批判主流自由主义和日益流行的社会正义程序方法（弗雷泽，1996）。她的工作还有另外一个作用——欢迎回到（改良的）结构主义，紧随着一个西方理论辩论由后现代主义和后结构主义主导的时期（索佳，1995；迪尔和弗拉斯蒂，1998、2002；赫胥黎和伊夫塔契尔，2000）。后现代主义也深刻地影响了规划，主要通过明显的"交际机会"引导领头学者（佛瑞斯特，1993；希利尔，1993；英尼斯，1995；希利，1997）从微观上了解规划者和他们工作环境的交际互动。侧重于追求哈贝马斯激励的"交际行动"，认为其是公正、有效"审议"规划的关键，同时放弃结构性、物质性或批判性方法（评论见赫胥黎和伊夫塔契尔，2000）。

费恩斯坦指出（2005），在那个阶段，城市规划理论的各种阵营，除了激进的马克思主义和自由主义的声音外，都同意多样性认可必须包含在正义之城的思考范围内。问题仍旧在于保持接近差异的正确方式，将其各方面归入规划流程，但几乎所有理论家们都同意，支持多样性是"好"的，从而为规划理论提供了一个"新正统"（费恩斯坦，2005：1）。

然而，这是我们的主要理论观点，好像不加批判地接受了认可。对于大多数西方学者，特别是那些提倡交际性或自由性/程序性的正义方法的学者，认可成为行为的一个万能短语，包括少数民族或弱势群体，允许制定政策过程中听到他们的"声音"。认可被认为是自由或民事"权"，可以被听到、被计算和被体现（to be heard, to be counted and represented）。除了一般意义的被计算和被体现，我们希望对这种方法提出三大批判体系。首先，认可作为"权利"是预设了一个良性国家和政治背景以及一种宪政民主运作，权利可以通过一个独立的司法系统获得保证。根据费恩斯坦的观察（2005），她利用努斯鲍姆（2002）的观点，权利本身是不够的，应该辅以"能力"推进正义之城。第二，对自由认可的强调和操作化主要是程序；也就是说，关注参与和包含，但很少关注规划认可的物质、经济和具体权力诸方面。这种"瘦"类型的认可已经有无数论述，通常忽略——视而不见——物质不平等和压迫（麦劳林，1992；马库塞，2000）。

第三个也是最重要的，自由多元文化认可往往忽略以下可能性，即标志不同群体也会庇护一系列消极后果，除了前面那点隐含的忽略之外。如各种少数民族研究所示，认可可能导致"其他性"（othering）过程，可能产生独特的不公正的物质和政治后果。换句话说，某一群体被制度和法律"标签"为独特，没有强大的公民宪法基础，会导致不同于自由主义学者寻求的包含和民主化后果（撒马达，2005）。这种负面潜在性通常在种族、民族、宗教和人种冲突情况下显露出来，主导群体热衷于加强弱势群体的差异性来延续去权化（disempowerment）。"深度差异"产生民族和种族精英，正式认可这些差异会形成持续的剥削和剥夺，现在这个过程表面上是通过"包容的过程"取得（豪伊特，1998；华生，2006）。

城市新殖民主义

需要重新定义认可这些差异背后的主要观点，逐渐证明兴起的城市新殖民主义，促进渗透我们称之为"缓慢的种族隔离"（creeping apartheid）的过程，并带动广泛展现"灰色"（非正式）的空间，这是今天都市风格的一部分。统治精英通过利用自己的身份、阶层和位置获得特权，城市殖民主义看到他们利用当代城市提出殖民关系的三大维度：（1）扩张（物质或权力地位）；（2）剥削（劳工和/或资源）；（3）隔离［构成等级和扼要（essentialized）差异］。

可以肯定的是，今天这些在地缘政治条件下运作的维度不同于古典欧洲殖民主义。最引人注目的是，欧洲在全球征服和定居的过程如今被逆转，被剥夺了公民权的人、常常无身份的人、移民和原住居民流动到世界各大城市。城市精英的经济力量以及移民的弱势和巨大差异（无论是从农村地区来的或海外来的）创建了种族阶层（ethno–class）隔离和经济差距模式，常常类似于传统的殖民城市（金，1990；al–Sayyad，1996）。城市秩序在自由化的、种族参与的州最普遍，结构上给特定身份赋予特权，同时通过身份和经济政权边缘化少数民族（郎·优恩和卡鲁，2001；罗伊，2007；兹法迪亚，2008）。

这些殖民类型的城市关系与我们称之为的"缓慢的种族隔离"条件关联，群体享受相同城市政权下截然不同的权利和功能包，利用他们的阶层、身份和居住地。秩序是"缓慢"，因为从来没有宣布，只部分制度化。深度歧视和不平等基于法律和实际机制，通常认定为"暂时的"。最引人注目的"暂时"现象之一是出现非正式的、经常非法的发展和人口组成的"灰色"空间（罗伊和al-Sayyad，2004）。最典型的是原住民和移民的少数民族，受到不同国家之间和身份监管机制的挤压，占领和开发了这些灰色空间，成了今天大都市的重要组成部分，从而增加了"缓慢隔离"的防御（伊夫塔契尔和雅克比，2004）。因此，尽管假定"暂时"，这种剥削和不均匀的城市秩序已经强化了几十年，被剥夺权利的城市居民和工人人口数量显著增长，经常多达数百万（罗伊，2005；戴维斯，2006）。在某些情况下，如在迪拜、拉各斯、利马，非正式的人口甚至成为城市多数（戴维斯，2006）。

近期非西方城市出版的著作记录了各种城市殖民关系，世界城市人口现在绝大多数居住在这些非西方城市（佩蕾娜，2002；罗宾逊，2006）。但这种城市秩序，不用说，并不局限于南半球，正逐渐追索到发达国家城市，主要聚焦在大规模移民和经济增长的时间节点，如巴黎和洛杉矶（马库塞，2000；萨森，2006）。大多数研究发现身份和阶级不平等经常相互联系，致使认可和分配在社会和空间正义辩论中交织在一起。然而，身份和类别也呈现不同的人类组织基础，可能在政治动员过程中破坏彼此。因此他们无法彼此归结，需要更复杂的策略分配空间资源，规划也是如此。如沃森（2006）、罗宾逊（2006）、赫胥黎（2007）、罗伊（2007）所示，空间的作用至关重要，因为身份和阶级通过持续的城市空间进行积极塑造和重塑（如高速发展、郊区、贫民窟现象、公共住房、移民限制）。

鉴于以上，我们认为红字印刷的"身份""多样性""差异"、全方位的"多元文化主义"往往太过模糊,有时在当前城市文献中显得混乱。我们提供一个概念化手段,用"三大理想类型"予以描述:肯定、冷漠和敌意。这有助于更系统地分析政策和身份之间的交互作用。

肯定认可牵涉到认可一个群体的身份,具有相关的文化和物质需求和愿望;公平分配权力和资源的份额。有两个主要的子类型:均衡认可和特权认可,反映了群体在政策领域的权力和重要性。肯定认可往往导向组建友好多元文化关系和城市跨群体整合,尽管它可能会造成一些与边缘化少数民族的矛盾,后者可能对抗特权集团的优势。

冷漠是指政策过程中不同群体的被动存在。它牵涉到不被认可群体的特定身份及其相关需求和要求:官方接受其作为城市社区的正式平等成员。冷漠导致隐性的和隐蔽的群体统治和歧视,这源于少数民族无法查明歧视,缺乏作为一个群体生存的明确类别,通常阻止他们设置合理的集体目标。子类型包括良性和边缘化冷漠,第一是典型的自由制度,个人机动性承诺调和团体不满;第二是典型的狭隘环境,由于没有强大的公民权利承诺组织化而被控制。结果取决于特定的地缘政治和经济条件,虽然在一般情况下冲突水平相对较低。城市政治的重点围绕阶层和空间,虽然身份政治被推向政策过程的边缘。

敌意认可(hostile recognition)意味着决策中承认群体身份,同时构架对好城市主要感知的一系列负面形象的需求。敌意认可认为被讨论群体受损害或威胁。次类型在隐式和显式敌意之间变化,进而根据被讨论群体的性质波动。敌意认可的后果也根据群体类型、大小、背景的不同而变化,但他们通常导致产生非正式发展的"灰色"空间,生成动态的对抗和极化。当对城市具有强烈历史观点的国家或宗教少数派臣属于这类政策时,冲突水平最高。

值得注意的是，上面的类别和论文后边使用的类别给出的分析网不能捕获政策认可关系的复杂性。这里我们建议一种概念地图，帮助认可和组织复杂领域，充分意识到所有类别是社会建构、不是永远稳定的或完整的。每种类型认可的应用取决于一系列历史和政治因素，在广泛的社会领域和斗争中协商并确定。还取决于群体身份的组合性质，随着背景和未来目标的不同而变化，介于分离、自主、集成和同化之间。

在这种情况下，重要的是需记住，空间政策并非仅仅是"外"来政治力量的反应者，而且本身还是一个重要参与者，决定了群体在公共场合被对待的方式。由于清楚地设置在一个活跃的政治领域中，城市政策可以帮助改变群体地位，从边缘化和敌意转向认可与平等，反之亦然，如图1所示。

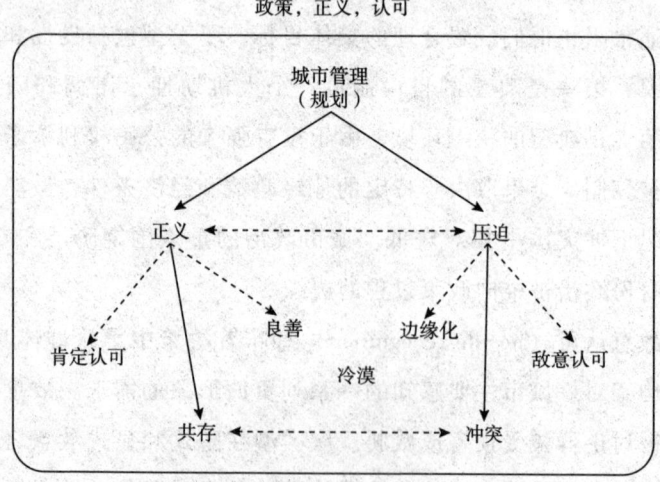

政策，正义，认可

```
              城市管理
              （规划）
             /        \
            /          \
          正义 ←------→ 压迫
         / |            | \
        /  |    良善    |  \
       /   ↓   边缘化   ↓   \
    肯定认可    冷漠      敌意认可
           ↘           ↙
            共存 ←---→ 冲突
```

图 1　政策、认可和正义

记住这个概念框架，让我们开始贝尔舍瓦地区的规划，关注这个框架在阐明规划、正义、城市之间联系时的作用。

贝尔舍瓦地区的规划和认可

贝尔舍瓦（贝尔谢巴和贝尔萨巴分别是"贝尔舍瓦"希伯来语和阿拉伯语的说法）是纳恰卜（Negev/Naqab）地区的主要城市中心，一个具有神话和宗教重要性的城市。早在《圣经》的记载中，它就是由神秘的犹太人和穆斯林的父亲亚伯拉罕在"希望之乡"建立的第一个小镇。今天贝尔舍瓦城市容纳186000人，大都市地区的人口约为560000（BSCC，2007年）。现代城市是由奥斯曼帝国围绕贝都因人部落重建，作为城市服务和控制中心，这个功能持续到英国授权期间，仍旧是一座主要的阿拉伯小镇（路斯，2008）。

和以色列/巴勒斯坦的其他地区类似，贝尔舍瓦卷入犹太复国主义者—巴勒斯坦居民的冲突。1947年联合国分割计划把它归属未来巴勒斯坦，但是城市被以色列占领，阿拉伯人被驱逐。1948~1949年战争期间，大约70%~80%纳恰卜地区的阿拉伯人被迫离开，主要是去加沙、埃及、约旦河西岸和约旦。那些留下来的11000人被授予以色列国籍，但集中在一个特殊的军事控制区域，称为"栅栏"（siyag）（阿拉伯语的"siyyaj"是"限制"或"栅栏"）。

接下来的几十年，第一波以色列人通过深入结合民族统治者的土地、发展、住房和规划策略，共同努力将之前的阿拉伯纳恰卜犹太化。以色列国有化了几乎所有的贝都因人土地（约15%的地区仍有法律纠纷），建立了8个新犹太人城镇，大约105个农村犹太人定居点（法拉赫，1983；基达，2003；迈尔，1983）。大量的犹太难民和移民——主要是"东方犹太人"（东方犹太人）逃离敌对的阿拉伯世界——住在大型公共住宅区，这些住宅区在

寻找正义之城

国家规划话语中被描绘成"国家边境"（郎-优恩和卡鲁，2001）。

然而，在短短几年内，包括贝尔舍瓦的边境被边缘化，被称为所谓的"边境边缘"（frontiphery）过程（耶可塔夫，2006）。随后，贝尔舍瓦被冠以社会和经济不发达地区，教育和医疗水平的质量属于中等偏下，以及源于其东部（Mizrahi）特性的污名（迈尔，2004；科恩，2006）。这在"小城镇发展"中最引人注目——以色列版的新城政策旨在使移民有所居，创造城市新社区。

在实现以色列最雄心勃勃的规划项目时贝尔舍瓦地区修建了8个这样的城镇。在50年代和60年代，城镇安置大量东方犹太社区的人，创造了格雷德斯和斯特恩（1980）所称的南部"地区都市"（regiopolis）。70年代和80年代小群体移民陆续到达，他们主要来自苏联、法国和南北美州，虽然他们并没有显著改变该地区的东方犹太人性格。

下一个戏剧性变化发生在90年代，讲俄语的移民大量涌入，主要来自苏联（以下简称"俄罗斯人"）和一些埃塞俄比亚人群体。贝尔舍瓦城和该地区其他地方一样欢迎新移民涌入，促进城市大量开发新住房的需求，并采用了新规划和"全球化城市"这一公共话语（格雷德斯，2008；马尔科维奇和乌列，2008）。这种需求使用了大量低价值的国有土地储备，放松规划控制，国家大范围鼓励大型房地产开发项目（奥特曼，1999；兹法迪亚和雅各比，2007；沙德，2008）。

最后一批移民构成了新民族的主体。2007年，城市人口由东方犹太人（41%）、俄罗斯人（31%），德系犹太人（8%）、埃塞俄比亚人（4%）、阿拉伯人（3%），以及其他六个群体组成。在更广泛的大都会地区，东方犹太人也构成了最大的群体（29%），而俄罗斯人（24%）和贝都因—阿拉伯人（27%）也占有大量比例。其他群体都不足4%（NCRD，2007）。

方法

关于这个项目，我们试图分析空间政策对贝尔舍瓦大都市地区主要文化团体的整体影响。为此，我们分析了影响城市和地区的计划，其中包括：1952年全国大纲计划（后来被称为TAMA 1）；1978年南区计划（计划4/1）；1991年全国计划（TAMA 31）；1996年贝尔舍瓦发展规划（非法定）；贝尔舍瓦地区1998年大都会计划（计划4-14）；2005年全国计划（TAMA 35）；2007年大都会计划（修正案计划4-14-23），支持贝尔舍瓦市议会的城市住房、土地和文化政策。

这些计划是由住房、内务、基础设施部、以色列土地局开发，他们都试图创造贝尔舍瓦的主要（犹太）区域中心。如格雷德斯所述（1993），上面的努力都只是部分成功。尽管（犹太）贝尔舍瓦地区已经成为国家和区域规划的辩论核心，促成了重要的新发展，但如果将其经济、政治和文化地位与以色列/巴勒斯坦空间并论，它还是边缘城市地区。

在针对该地区进行争论的这段时间内，以色列为本地区的贝都因阿拉伯人实施了城市化规划战略。包括试图集中贝都因人到7个现代城镇，但不是犹太贝尔舍瓦的某个地区。这一政策通过现代基础设施和现代化前景的诱惑，重新安置大约一半的南部阿拉伯人（2007年约85000人），主要是没有土地所有权的人。然而，尽管有一些发展，但城镇开始以边缘、失业、贫困、犯罪而闻名（伊夫塔契尔和雅克比，2002；abu-Saad，2003）。剩下的贝都因人，估计数量在80-90000，坚持待在有争议的土地，这些土地属于大约45个不被认可的（棚户区）城镇和村庄。这个

寻找正义之城|

"灰色"空间的长期土地争端已持续了几十年。

这些计划和政策的组合以及相应的话语、法规和开发计划是我们分析的主题。我们主要关注区域和地区计划，特别注意这些计划对该地区主要民族的影响：俄罗斯人、东方犹太人和阿拉伯人。我们通过对该地区的六个关键决策者进行一系列采访，深度访谈有争议社区的 11 个成员，从而获得进一步了解。

规划和肯定认可："俄罗斯"移民

由于慷慨分配和肯定认可，贝尔舍瓦为来自苏联的移民进行了规划，此规划一般被标志为态度温和，体现了俄罗斯人的长久愿望：即融入以色列犹太人的文化和社会。政策已经由该国政府和对移民感兴趣的城市当局共同积极提出。贝尔舍瓦直辖市积极吸引这些新移民对政策生成起到了核心作用，而以色列的一些重要城市中心如特拉维夫、Ra'anana，拉马丹和 Risbon Letzion 对此表现冷漠，并不时反抗他们进入该地区（兹法迪亚和雅克比，2007）。

关于俄罗斯人作为城市政策的主要推动力，在 31 号国家计划和各种贝尔舍瓦发展计划中有所反映，快速提供住房，先是临时的然后是永久的（奥特曼，2002；格雷德斯，2008）。与此并行，以色列住房和规划系统彻底重组，加快审批流程，放开之前保护的农耕地用作城市发展，慷慨补贴并激励移民和开发商。他们大规模来到这里，白手起家，到 2005 年仅用 10~15 年，65%的人获得了房屋所有权（兹法迪亚，2004）。

90 年代超过 40000 俄罗斯移民涌入贝尔舍瓦，与之相应的是一个经济快速增长时期，两者共同催生了大规模的新住宅和办公楼建筑。从 1989 年到 2006 年，城市人口增长 67%，住宅单位的数量上升了86%，办公空间（BSCC，2007）增加了51%。这引发了大规模住宅搬迁和值得注意的住房空缺链，因为许多老居民由于政府资助新项目的可用性升级了住房。一些空置住房先由新移民居住，尽管他们大多数考虑到政府补贴还是倾向于优先购买新公寓，因为补贴只针对现有住宅上的新建筑。

最初，大批到来的移民引起经济和社会问题，因为人口相对属于老龄，他们在很大程度上依赖城市的福利政策。然而，十年时间，城市经济效益超过了社会成本，社会效益和个人的才能共同推动大部分俄罗斯社区进入城市中产阶级（阿里阿斯和查贝斯提诺夫，2008；格雷德斯和 Meir – Glitzenstein，2008）。

城市规划修订创建了城市郊外的三大新社区：Ramot, Nahal´shan, 和 NeveZe' ev/Nahal Beka。后两个社区的特点是高比例的俄罗斯人和他们塑造当地景观和机构的主导性。市议会看到这事有利，如 Tal El – Al 在接受采访时指出，他是城市议员和规划委员会成员：

> 俄罗斯人祝福我们的城市；的确，他们带来一些贫困人口和社会问题，但总体而言，他们成为贝尔舍瓦城的主要资产：有文化、有能力、有教养……城市将继续尽其所能以最好的方式接纳他们。

关于文化，国家和市政当局以及市场合并起来对城市环境产生巨大影响，以适应俄罗斯移民。大部分贝尔舍瓦城市景观被"俄罗斯化"，标志、机构、企业都满足他们日益增长的对俄罗斯产品的需求（尤其是食物、饮料、性）。阿里阿斯和查贝斯提诺夫（2008）调查了贝尔舍瓦的俄罗斯文化场地，发现有11个书店、9个图书馆、活跃的剧院、社区大厅以及下午的俄罗斯语培训。在贝尔舍瓦当局的支持、资助、规划下，俄罗斯文化飞地已

寻找正义之城

经创建。

这也反映在俄罗斯的政治组织上，形成了几个地方党——经常与俄罗斯州党联盟。在市政厅创建了引人注目的集体式俄罗斯政治代表，他们在25个市政议会席位中常常占据3~6个席位。同时，越来越多的俄罗斯人被市议会任命获得专业职位，这种任命在2006年达到高潮，这一年诞生了一位俄罗斯城市工程师和一位俄罗斯规划服务主席。

架构俄罗斯飞地很重要——将良性和积极认可扩展到社区——尤其是在以色列/巴勒斯坦更大的区域内。大部分以色列人仍期待和俄罗斯人融为一体，最终将后者吸收到主流犹太社区。以色列没有采用开放的多元文化方法，拒绝独立提供俄语教育的权利，以及独立立法和自主治理机构的权利。部分俄罗斯自主权是由社区、市场、当地政府"自下"创建，这种文化自治由于人口的总体发展而蓬勃繁荣，按照犹太复国主义国家及其犹太化的项目。即使社区大片区域不属于犹太宗教（以色列犹太人圈子里关心的一个问题），也将被期望融入以色列希伯来文化，其过程被称为"犹太复国主义的种族化"（拉斯提克，1999；伊夫塔契尔，2006：第五章）。

然而，说到规划，我们可以概念化俄罗斯移民的待遇为"规划的光亮面"（a light side of planning），显示城市政策能够有效地结合物质分布和良性文化认可，将正义为本的政策扩大至低收入人口。对于这一点，当地俄罗斯—以色列诗人维多利亚·奥尔蒂表达得绘声绘色：

> 我们带着恐惧和希望而来。新国家充满神秘，但需跨越千山万水。15年后，山似乎矮了，河水似乎浅了，我们在这里——艰难但也繁荣的俄罗斯社区——有我们的身份、地位和

住处。我们非常乐意扎根于我们自己的国家。我们就留在这里。

规划和（边缘化）冷漠：东方犹太人

贝尔舍瓦人口的支柱由东方犹太人组成，他们在20世纪50年代和60年代集体抵达该地区。城市当局对这些移民的待遇可以称为"边缘化冷漠"。

从一开始，这个东方犹太人就是犹太复国主义的"继子女"（朔哈特，2001），在40年代可怕的纳粹大屠杀后被动员参加了犹太复国运动。随着犹太复国主义者—巴勒斯坦居民间紧张局势升级，阿拉伯国家和伊斯兰社会越来越敌视中东犹太人，造成后者在40年代末和50年代初大批撤离（比哈尔，2007）。这些犹太人多数抵达以色列，首先被国家安置在临时营地，后来主要是周边城市中心。贝尔舍瓦是安置东方犹太人移民的最大中心之一，城市人口在1950年到1970年之间上升了6倍。

但扩展到东方犹太人的认可类型开始变得屈尊和边缘化。融入犹太复国主义项目是基于他们的犹太主义，同时他们也否认自己东方犹太人和阿拉伯的文化属性。国家试图重建犹太身份，这是欧洲世俗精英的愿景。为此，50年代中期，东方犹太人占以色列犹太人多数，他们中的大批不得不西方化、世俗化、去阿拉伯化（史渥斯基，1989；申哈夫，2006）。

如上所述，在贝尔舍瓦，东方犹太人很快占了决定性多数，超过人口的70%。然而，城市领导权仍然主要在德国移民手中（西方犹太人），以"创始"和长期担任贝尔舍瓦市长的大卫·土维雅胡为首。西方犹太人—东方犹太人的矛盾是前30年地方政治舞台的标志，但东方犹太人没有真正获得领导权。

寻找正义之城

多年来，以色列的国家领导人一直在极力避免贝尔舍瓦严重的民族骚乱，像早些时候震动海法和耶路撒冷的民族骚乱。因此工党任命一位东方犹太人市长伊利亚胡·诺威，在70年代领导城市政府约10年。然而，如上文迈尔（2004）和科恩（2006）所述，诺威被选中，是因为他是一个"软"东方犹太人，能安抚主要东方犹太人城市的群众，不会威胁国家的德系犹太人统治外围。诺威之后，随着俄罗斯移民的涌入，东方犹太人的"威胁"得到缓解。随后，伊斯雷尔·兰格和雅科夫·特纳（现任）长期担任市长，二人来自传统德系精英，阻止东方犹太人城市社区接受开放的公众认可。

东方犹太人移民城市规划项目，涉及密集的现代公共住房发展，分布在全城十几个集中规划的"花园城市"式社区。在过去的二十年里，一些新的低密度社区和三个郊区"卫星"城镇吸引了大多数贝尔舍瓦的（小量）德系犹太人和进入中产阶级的东方犹太人。一定程度的良性种族混合在这些地方开始，就像在城市范围内的中产阶级社区。大批东方犹太人仍然受到蔑视并住在内城社区。他们的就业主要集中在劳动密集型产业，低中级公共部门，以及从事本地小买卖。这形成了一个明显的重叠现象，东方犹太人种族就是从事劳作，就是处于更低的中产阶级地位（尤娜和撒颇塔，2003）。

东方犹太人地方政治常常反映国家倾向，一开始他们与早期的犹太复国主义联合用建设国家的方式支持工党，后来支持右翼和民族主义利库德集团，最近又支持东正教—东方犹太人沙斯党运动（迈尔，2004；兹法迪亚，2004）。东方犹太人政党组织的认可问题，一直受到质疑，被国家和城领导层削弱，并被说成是"分裂"且有害于以色列政府的项目（贝利，2001；格林贝格等，2005）。这反映在市长们的身份认定和活动中，正如上面所提

(科恩，2006；Meir‐Glitzenstein，2008）。东方犹太人政治组织的缺失与其他少数民族党派形成鲜明的对比，比如俄罗斯人和正统的犹太人，以及后来的阿拉伯人，他们被以色列精英和公众接受为合法。在20世纪60年代、70年代和80年代，多数东方犹太人的确几次试图政治抱团，但不断被协同一致的行动所阻挠，该行动的目的是非法化东方犹太人的"分裂"活动（迈尔，2004；科恩，2006）。

缺乏政治认同反映在文化领域。在以色列早期的几十年，东方犹太人文化在以色列受到蔑视，在贝尔舍瓦略显含蓄。东方犹太人身份的诸方面——家庭、服饰、语言、音乐、住所、甚至宗教——在公共话语、教育系统、电影院和流行文化中受到压制或嘲笑（朔哈特，2001）。"黎凡特"（Levantine）成了"原始"的近义词，使得像贝尔舍瓦这样强有力的东方犹太人地区陷入严重的身份危机。在贝尔舍瓦，由于都是东方犹太人居民，公共文化不可避免地具有许多东方犹太人特性，但如科恩（2006：5）所总结：

> 贝尔舍瓦的深度耻辱直接来自其开放的黎凡特性格。否认黎凡特文化是以色列欧洲话语的中心，该话语以欧洲犹太人为犹太复国主义计划的中心……大多数以色列人自画像为"西方人"，蔑视贝尔舍瓦，负面强调其过去的阿拉伯史和现在的东方犹太人身份。

但关键的自省仍在公开辩论的外围展开，总之精英的边缘化冷漠一直持续到80年代末。在过去二十年里，看到一些改变，称为早期的"草根多元文化主义"（multiculturalism from below）。近年来更加自由的态度产生了一定程度的文化认可，围绕东方犹太人的假期、音乐、饮食、文化活动，尽管通常分配给次群体

(sub-groups)(如"摩洛哥人"或"也门人")的比分配经一般东方犹太人身份的多。这一自由化进一步突出在城市公共领域缺乏政治组织和东方犹太人话语权。城市领导层继续掩盖犹太种族之间的差异,如城市规划者奥弗·伊兰指出:

……城市东方犹太人问题从未完全出现在规划和政策中。我们有其他类别,如"新移民""低收入""宗教"和"极端正统派"。这些都在我们的规划和发展战略中提到。但东方犹太人呢?我看不到相关性。我也是东方犹太人,与城市规划没什么关系,该明白东方犹太人已经融入以色列社会,包括贝尔舍瓦。当然,他们有困难,但不是作为东方犹太人。

规划和敌对认可:贝都因阿拉伯人

贝尔舍瓦大都会地区空间政策的核心问题一直是敌意认可,扩展到本地区的阿拉伯贝都因社区。激烈的土地冲突随着国家发展而升级,不断否认贝都因人的原居住土地权利,结果宣称他们"入侵"了历史上就有所属权的地方。为了迫使他们搬迁,政府拒绝承认他们的土地所有权,阻止大多数的供应服务,包括道路、电力、诊所、规划。定期推出房屋拆迁活动(迈尔,2005;伊夫塔契尔,2006)。

贫困水平、儿童死亡率和犯罪率在以色列/巴勒斯坦最严重,并创建一个荒凉的大都会种族阶层地区与相邻的服务完善的犹太人地区做对比。贝尔舍瓦大都市逐渐像许多第三世界城市组成发达的现代化城市核心一样,外围地区遭受着严重的贫困和匮乏。在这里,城市殖民主义程序和上面所提到的"缓慢的种族隔离"最为明显。

因此，城市殖民主义这种说法在贝尔舍瓦地区很普遍，但不如国际知名的希伯伦和耶路撒冷案例那么富有挑衅。阿拉伯国家反对被剥夺权利的斗争强调平等和身份，关注合理物质条件权利以及文化保护（迈尔，2005 年）。近年来，在阿拉伯城市活动中宗教越来越发挥作用，尤其是围绕着教育和宗教场所。

在城市和区域规划事务中，贝都因阿拉伯人的代表性可以忽略不计或不存在。尽管是该地区的土著居民，占当前人口的近三分之一，但贝都因人在规划机构的力量微薄到可有可无。例如，在过去的十年中，只有两个贝都因人参与区规划委员会（而每 13 位犹太人中就有一个），甚至没有一个贝都因人代表参与贝尔舍瓦市议会。其他规划机构，如以色列土地局和住房、福利和教育部，有时会包括一名阿拉伯成员，但总是明显的少数派身份。

土地、文化和物质剥夺以及缺少发言权，引起贝都因阿拉伯人对国家的敌对态度，鞭策他们建立自己的机构。非认可村庄区域委员会（RCUV）成立于 1997 年，它结合贝尔舍瓦周围各个地区，基于完全承认土著权利与平等提出另一种规划方法。这种"叛乱计划"（insurgent planning）（迈尔，2005）聚集一批著名的非政府组织支持新（非认可）委员会，引起公共话语变化。贝都因人不再可能因为是"入侵者"或大都会地区的"局外人"而受到忽视，在媒体和行政以及专业的圈子不断听到他们的诉求。

当局也被迫承认 45 个非认可村庄的 9 个，尽管没有基础设施分配到这些地方，比如自来水、道路、永久学校。叛乱计划自主规划实践和普遍的"敌对认可"态度近年来发生冲突，导致贝都因人与政府之间的螺旋式对立，几乎看不到解决冲突的进展（伊夫塔契尔，2006）。其中一个问题围绕著名的贝尔舍瓦清真寺，这个清真寺由奥斯曼帝国为该地区居民所建。尽管阿拉伯人持续要求，但城

寻找正义之城

市当局拒绝开放让穆斯林做礼拜，强大的执政联盟委员以利·博克声称"该地域有许多清真寺位于贝都因地区和城镇，贝尔舍瓦现在是犹太城市，具有保护这个城市特色的权利"。[1]

因此，清真寺几十年来一直闲置着，现在建筑体逐渐恶化。最近几个非政府组织上诉后，以色列最高法院做出裁定，同意为"阿拉伯文化用途"而开放清真寺。尽管有最新裁决，但是城市当局坚决拒绝，现在该建筑已经不适应人类使用，成了危房。反对开放清真寺的是民族主义利库德集团成员（主要是俄罗斯人）、以色列家园党、Mizrahi宗教党派。贝尔舍瓦沙斯党领导人，雅科夫·马基声称：

> 高等法院的决定可能是贝尔舍瓦棺材上的最后一颗钉子。我们日益被贝都因人从四面八方包围，他们现在试图通过开放清真寺穿透城市心脏。让我们永远不要忘记：贝尔舍瓦就是亚伯拉罕的井，4000年后仍然存在。我们应该继续饮用我们托拉的智慧，就像这井水。这些智慧之一是永远，但永远不要让亚玛力人（敌对民族）昂起他们的头！

马基的话提醒我们强大的话语可以构建城市殖民主义，以及导致否认、恐惧、敌意认可的政治。在被称为"缓慢的种族隔离"的过程中，犹太人遥远神秘的过去和模糊的未来（可能移民）完全得到认可，而当前穆斯林居民的需求都被断然否认。

影响和反映

上文表明，事实上不同群体以非常不同的方式在城市决策过

---

[1] 《舍瓦》（当地报纸），2005年5月9日，博克在 *Kolbi*（另一种当地报纸）上也做了类似的声明，1998年5月8日。

程中得到认可。由此引发了一个明显的问题：这种不公平的认可会造成什么样的长期影响，尽管其系统性检视还有待时日。

不过，不难直观地将消极类型的认可与社会经济边缘化和政治软弱结合。粗略地观察贝尔舍瓦地区城市社区的社会经济立场便可找到实证。例如，我们可以采取由以色列统计局提供的地区"生活质量"指数，基于社会经济特征组合（CBS，2006）。在2005年的调查中，典型的俄罗斯 Neve Ze'ev 社区得到12分（1~20分的范围），而十年前该社区只得到8分。另一个俄罗斯人集中地 Nahal shan 得到了9分，相对于十年前的6分。

这样的变化并非东方犹太人社区的典型情况，如 Schuna Gimmel 在2006年得到8分，1995年得到9分，Schuna Tet 是东方犹太人集中的中产阶级社区，两个年度都得13分。贝尔舍瓦外围阿拉伯贝都因人社区，Tel 舍瓦和 Laqiyya 分别在2005年和二三十年前得到3分和4分。这些分数表明俄罗斯人认同的地方改善显著，而东方犹太人和阿拉伯大多数人认同的地方停滞不前。他们还突出每一个文化群体的显著差异，表明其他势力参与了分层过程。不用说，认可和发展之间的联系需要更深入的调查。然而，粗略的观察证实考虑特定类型认可的重要性，它是理论化正义和压迫的关键元素。

我们对空间正义的理解近年来确实有点复杂，引进"认可"作为正义观点的主要哲学轴，动员政治身份（mobilization of politics of identity）。认可观点与对物质和政治资源的公平分配、决策过程公平的完善要求（well-established call）相互作用且方式复杂。这种互动的本质被我们本文的主要论点进一步复杂化，即对于认可需批判性地研究，可能有益或无益于讨论的群体。

显然，本文提出的问题主要挑战了关于正义的文献，需要从理论和经验上进一步探索。这次调查的必要性在迅速变化的城市

寻找正义之城｜

世界得到强化，多样性、等级结构和身份政治在全球化经济中和在不平等国籍的新政权中被改写。我们计划继续当前的探索，比较研究各种类型的民族分裂城市，在理论上参与变化的城市和政治环境引发的空间正义新争论。

如果是见习期（if understudied），充满希望的前进道路可能会在进一步发展勒费布尔"城市的权利"概念的过程中出现。费恩斯坦（2005）正确地指出，勒费布尔的工作高度抽象，缺乏具体细节的确切性质和权利适用性。但也许正是因为抽象，勒费布尔框架中的支柱，使用和盗用城市主要中心特点和差异的权利，现在可以注入新意义，反映出需要进一步温和地认可居住在城市的所有群体。在这样的环境中，城市殖民主义和"缓慢的种族隔离"可能会转化成新形式的基于平等、自治和再分配的城市联邦制。对未来正义之城专业的学生而言，理想主义愿景转化为城市政策似乎是一个合适的挑战。

参考文献

abu – Saad, I. (2003) Bedouin Towns in the Beginning of the 21 Century: Negev Bedouin Following the Failure of Urbanization Policy. *Sikkuy Report*, 2002 – 2003. Jerusalem and Tamra: Sikkuy(Hebrew and Arabic).

Alias, N. and N. Chaburstianov(2008)"Not on Bread Alone: the Cultural Life of the Beer Sheva Russian Street,"in Y. Gradus and E. Meir – Glitzenstein (eds) Beer Sheva: *Metropolis in the Making*, Beer Sheva: Negev Center for Regional Development, Ben – Gurion University Press(Hebrew).

al – Sayyad, N. (1996)"Culture, Identity and Urbanism in a Changing World: a Historical Perspective on Colonialism, Nationalism and Globalization,"in M. Cohen, B. Ruble, J. Tulchin and A. Garland(eds.) *Preparing for the Urban Future: Global Pressttres and Local Forces*, Baltimore: Woodrow Wilson Center Press.

Alterman, R. (1999) *Farm Land Between Privatisation and Continued National Ownership*, Jerusalem: Floresheimer Institute(Hebrew).

——(2002) *Planning in the Face of Crisis: Land, Housing and Immigration in Israel*. London: Routledge.

Badcock, B. (1984) *Unfairly Structured Cities*, Oxford: Blackwell.

Behar, M. (2007) "Palestine, Arabized Jews and the Elusive Consequences of Jewish and Arab National Formations," *Nationalism and Ethnic Politics*, 13(4).

Bollen, S. (1999) *Urban Peace - Building in Divided Societies*, Boulder: Westview Press.

——(2007) *Cities. Nationalism, and Democratization*, Oxford and New York: Routledge.

BSCC(Beer Sheva City Council) (2007) *Annual Report*, Beer Sheva: City Council.

CBS(Central Bureau of Statistics, Israel) (2006) *Quality of Life Index 2005*, Jerusalem: CBS.

Castells, M. (1978) *The Urban Question*, London: Edward Amold.

Cherry, G. (1988) *Cities and Plans*, London: Edward Arnold.

Cohen, E. (2006) *Beer Sheva—the Fourth City*, Jerusalem: Carmel.

Davis. M. (2006) *Planet of Shums*, London, Verso.

Dear, M. (1981) "Towards a Theory of the Local State," *Political Studies from a Spatial Perspective*, A. Burnett and P. Taylor. New York: Wiley and Sons.

Dear, M. and S. Flusty(1998) "Postmodern Urbanism," *Annals of the Association of American Geographers*, 88(1).

——and——(eds) (2002) *The Spaces of Postmodernity Readings in Human Geography*, Londow: Blackwell.

Fainstein S. (2005) "Cities and Diversity: Should We Want It? Can We Plan for It?" *Urban Affairs Review*, 41.

Falah, G. (1983) "The Development of Planned Bedouin Resettlement in Israel, 1964 - 82: Evaluation and Characteristics," *Geoformn*, 14.

——(1989) "Israelisation of Palestine Human Geography," *Progress in Human Geography*, 13.

Forester, J. (1993) *Critical Theory, Public Policy and Planning Practice: Toward a Critical Pragmatism*, Albany: State University of New York Press.

Fraser, N. (1996) "Recognition or Redistribution? A Critical Reading of Iris Young's Justice and the Politics of Difference." *Journal of Political Philosophy*, 3 June.

——(2003) *Redistribution or Recognition: A political - philosophical exchange*, New York: Verso.

Friedmann, J. (2002) *The Prospects for Cities*, New York: University of Minnesota Press.

Gradus. Y. (1993) "Beer – Sheva—Capital of the Negev Desert," in Y. Golani. S. Eldor and M. Garon(eds.) *Planning and Housing in Israel in the Wake of Rapid Changes*. Jerusalem. The Ministry of the Interior.

——(2008) "The Beer Sheva Metropolis: Polarized Multicultural Urban Space in the Era of Globalization," in Gradus, Y. and E. Meir – Glitzenstein(eds) *Beel Sheva: Metropolis in the Making*. Beer Sheva, Negev Center for Regional Development, Ben – Gurion University Press(Hebrew).

Gradus, Y. and E. Meir – Glitzenstein(eds) (2008) *Beer Sheva: Metropolis in the Making*. Beer Sheva: Negev Center for Regional Development, Ben – Gurion University Press(Hebrew).

Gradus, Y. and Stern, E. (1980) "Changing Strategies of Development: Toward a Regiopolis in the Negev Desert," *Journal of the American Planning Association*, 46.

Grinberg, L., Abutbul, G. and Mutzafi – Hellar, P. (2005) *Mizrahi Voices: Towards a New Mizrahi Discourse on Israeli Society*, Tel – Aviv: Massad(Hebrew).

Hague, C. (1984) *The Development Planning Thought*, London: Hutchinson.

Hall, P. (1988) *Cities of Tomorrow*, Berkeley: Basil Blackwell.

Hall, S. (1991) "Old and New Identities, Old and New Ethnicities," in King, A. (ed.) *Culture, Globalization and the World System*, London: MacMillan.

Harvey, D. (1973) *Social Justice and the City*, London: Edward Arnold.

Healey, P. (1997) *Collaborative Plamming: Shaping Places in Fragmented Societies*, London, Macmillan.

Hillier, J. (1993) "To boldly go where no planners have ever..." *Environment and Planning D*, 11(1).

Hooks, b. (1995) *Killing Rage: ending racism*, New York: Macmillan.

Howitt, R. (1998) "Recognition, Respect and Reconciliation: Steps towards Decolonisation?" *Australian Aboriginal Studies*, 16(2).

Huxley. M. (2007) "Geographies of governmentality," in J. Crampton and S. Elden(eds) *Space, Knowledge, Power: Foucault and Geography*, London: Ashgate; 87 – 109.

Huxley. M. and O. Yiftachel(2000) "New Paradigm Of Old Myopia? Unsettling theCommunicative Turn in Planning Theory," *Journal of Planning Education and Research*, 19(4).

Innes, J. (1995) "Planning Theory's Emlerging Paradigm: Communicative Action and Interactive Practice," *Journal of Planning Education and Research*, 14(3).

——(1995) "Planning Theory's Emlerging Paradigm: Communicative Action and Interactive Practice,"*Journal of Planning Education and Research*,14(3).

Jacobs,J. (1996) *Edge of Empire*,London:Routledge.

Kedar,S. (2003) "On the Legal Geography of Ethnocratic Settler States: Notes Towards a Research Agenda,"in J. Holder and C. Harrison(eds.) *Law and Geography Current Legal Issues*. Oxford:Oxford University Press.

King. A. (1990) *Urbanism, Colonialism and the World Economy*, London: Routledge.

Kymlicka, W. (1995) *Multicultural Citizenship: a Liberal Theory of Minority Rights*, Oxford: Clarendon Press.

Law - Yone,H. and Kalus,R. (2001)"The Dynamics of Ethnic Spatial Segregation in Israel,"in O. Yiftachel(ed.) *The Power of Planning: Spaces of Control and Transformations*,The Hague:Kluwer Academic.

Lefebvre,H. (1996)"Philosophy of the City and Planning Ideology,"*Writings on Cities*,London:Blackwell;97 - 101.

——(1991) *The Production of Space*, Oxford:Blackwell.

Lustick,I. (1999)"Israel as a Non - Arab State:the Political Implications of Mass Immigration of Non - Jews,"*Middle East Journal*,53(3).

Luz. N. (2008)"The Making of Modern Beer Sheva—an Imperial Othoman Project,"in Y. Gradus and E. Meir - Giitzenstein(eds) *Beer Sheva: Metropolis in the Making*,Beer Sheva:Negev Center for Regional Development, Ben - Gurion University Press(Hebrew).

Marcuse,P. (1978)"Housing Policy and the Myth of the Benevolent State,"*Social Policy*, (January/February).

——(2000)"Identity,Territoriality and Power,"*Hagar: International Social, Science Review* 1(1).

Markovitz,F. and N. Urieli(2008)"Consumerism and Global/Local Identity in the Negev:the 'BIG' Center and Beer Sheva's Old City,"in Y. Gradus and E. Meir - Glitzenstein(eds) *Beer Sheva: Metropolis in the Making*, Beer Sheva: Negev Center for Regional Development(Hebrew).

Massey,D. (2007) *For Space*,London:Sage.

McLoughlin,J. B. (1992) *Shaping Melbourne's Future?: Town Planning, the State and Civil Society*. Cambridge:Cambridge University Press.

Meir,A. (2005)"Bedouins,the Israeli state and insurgent planning:Globalization,localization or glocalization?"*Cities*. 22(3).

——(2008)"Negev Bedouins, Globalization and Planning and Metropolitan Beer Sheva,"in Y. Gradus and E. Meir - Glitzenstein(eds.) *Beer Sheva: Metropolis in the Making*, Beer Sheva: Negev Center for Regional Development, Ben - Gurion University Press(Hebrew).

Meir, E. (2004) "Zionist and Arab - Jewish Identity in the Collective Memory Of Iraqi Jews in Israel. "*Alpayim*, 27(Hebrew).

Meir - Glitzenstein, E. (2008) "The Ethnic Struggle in Beer Sheva During the 1950s and 1960s,"in Y. Gradus and E. Meir - Glitzenstein(eds) *Beer Sheva: Metropolis in the Making*, Beer Sheva: Negev Center for Regional Development(Hebrew).

Mitchell, D. (2003) *The Right for the City: Social Justice and the Fight for Public Space*, New York: Guilford.

NCRD(Negev Center for Regional Development) (2007) *Negev, Statistical Year Book*. Beer Sheva, Negev Center(Hebrew).

Nussbaum, M. C. (2002) *Beyond the Social Contract: Capabilities and Global Justice*, New Delhi: Oxford University Press.

Peled, Y. (ed.) (2002) *Shas. the Challenge of Israeliness*, Tel - Aviv: Yediot Ahronot(Hebrew).

Perera, N. (2002) "Indiginising the Colonial City: Late 19th - century Colombo and its Landscape," *Urban Studies*, 39(9): 1703 - 1721.

Robinson, J. (2006) *Ordinary Cities: between Globalization and Modernity*, London: Routledge.

Roy, A. (2005) "Urban Informality: Toward an Epistemology of Planning," *Journal of the American Planning Association*, 71(2).

——(2007) "The 21st Century Metropolis: New Geographies of Theory," *Regional Studies* 41.

Roy, A. , al Sayyad, N. (eds) (2004) *Urban Informality in the Era of Globalization: A Transnational Perspective*, Boulder: Lexington.

Samaddar, R. (2005) *The Politics of Autonomy: Indian Experiences*, New Delhi: Sage.

Sandercock, L. (1995) "Voices from the Borderlands: a Mediation of a Metaphor," *Journal of Planning Education and Research* 14.

——(1998) *Toward Cosmopolis: Planning for Multicultural Cities and Regions*, London: Wiley and Sons.

——(2003) *Mongrel Cities of the 21st Century*, New York: Continuum Press.

Sassen, S. (2006) *Territory, Authority, Rights: From Medieval to Global Assemblages*, Princeton: Princeton University Press.

Shadar, H. (2008) "Ideologies in the Planning of Beer Sheva,"in Y. Gradus and E. Meir - Glitzenstein(eds) *Beer Sheva: Metropolis in the Making*, Beer Sheva: Negev Center for Regional Development, Ben - Gurion University Press (Hebrew).

Shenhav, Y. (2006) *The Arab Jew: a Postcolonial Reading of Nationalism, Religion, and Ethnicity*, Stanford: Stanford University Press.

Sohat, E. (2001) *Forbidden Reminiscences*, Tel - Aviv: Kedem Publishing.

Soja, E. (1995) "Heterotopologies: A Rememberance of Other Spaces in the Citadel - LA, " S. Watson and K. Gibson (eds) *Postmodern Cities and Spaces*. Oxford: Basil Blackwell.

Swirski, S. (1989) *Israel: the Oriental Majority*, London: Zed.

Taylor, C. (1992) "The Politics of Recognition, " in A. Gutman(ed.) *Multiculturalism: Examining the Politics of Recognition Princeton*, New Jersey: Princeton University Press.

Thomas, H. (1995) "Race, Public Policy and Planning in Britain, " *Planning Perspectives*, 10.

Thomas, H. and Krishnarayan, V. (1993) "Race Equality and Planning, " *The Planner*, 79(3).

Troy, P. (ed.) (1981) *Equity, in the City*, Sydney: George Allen and Unwin.

Tzfadia, E. (2004) " ' Trapped ' Sense of Peripheral Place in Frontier Space, " in H. Yacobi(ed.) *Constructing a Sense of Place—Architecture and the Zionist Discourse*, Burlington: Ashgate.

——(2008) "New Settlements in Metropolitan Beer Sheva: the Involvement of Settlement NGO's, " in Y. Gradus and E. Meir - Glitzenstein (eds) *Beer Sheva: Metropolis in the Making*. Beer Sheva: Negev Center for Regional Development, Ben - Gurion University Press.

Tzfadia, E. and Yacobi, H. (2007) "Identity, Migration, and the City: Russian Immigrants in Contested Urban Space in Israel, " *Urban Geography*, 28(5).

Watson, V. (2006) "Deep Difference: Diversity, Planning and Ethnics, " *Planning Theory*, 5(1).

Yiftachel, O. (1991) "State Policies, Land Control and an Ethnic Minority: the Arabs in the Galilee, Israel, " *Society and Space*, 9.

——(2002) "Territory as the Kernel of the Nation: Space, Time and Nationalism in Israel/Palestine, " *Geopolitics*, 7(3).

——(2006) *Ethnocracy: Land and Identity Politics in Israel/Palestine*, Philadelphia: Pennpress, University of Pennsylvania.

——(2007) "Re - Engaging Planning Theory, " *Planning Theory*, 5(3).

Yiftachel, O. and H. Yacobi, (2002) "Planning a Bi - National Capital: Should Jerusalem Remain United?," *Geoforwn*, 33.

——and——(2004) "Control, Resistance and Informality: Jews and Bedouin - Arabs in the Beer - Sheva Region," in N. Al - Sayyad and A. Roy(eds) *Urban Informality in the Era of Globalization: A Transnational Perspective*, Boulder: Lexington Books; 118 - 136.

Yonah, Y. and Y. Saporta (2003) "Land and Housing Policy in Israei: the Discourse of Citizenship and Its Limits," in Shenhav, Y. (ed.) *Space, Land, Home*, Jerusalem: Van Leer.

Young, I. M. (1990) *Justice and the Politics of Difference*, Princeton, New Jersey: Princeton University Press.

——(1997) *Intersecting Voices: Dilemmas of Gender, Political Philosophy and Polity*, Princeton New Jersey: Princeton University Press.

论城市的全球化、竞争和经济正义

詹姆斯·德菲利皮斯（James DeFilippis）

引 言

在本章，我讨论城市经济正义问题，讨论的方式是试图把注意力从经济全球化转移到根深蒂固的就业形式上来。为集中讨论目前美国城市存在的严重剥削和极端不公平的就业，本章记录了形成超级剥削的方式，以及什么人是受雇者。这里我强调绝大多数岗位分布在把产品、市场和竞争本地化的领域里。因此，城市的经济不公正更多是城市内部基于阶级竞争的结果，而不是基于本地之外的竞争。不幸的是，通过强调错误形式的竞争，城市学术讨论不仅仅使国家和资本削弱了为社会再分配付出的努力，而且规定了工作中的社会关系，因而促进了美国城市经济不公平的增长。幸运的是，为经济正义付出的努力已经并正在被组织成更加正义的城市斗争，把城市的就业关系当作工作重点。我在本章对这些努力做一总结。

全球比喻

在过去的 20 年，城市之间的关系、竞争、全球经济、社会和经济正义受到了极大关注。在研究这些关系的大量文献中,通常假定问题是人与人之间的竞争,通常是在那些争取资本投资和理论上会带来经济发展的地区的精英之间的竞争。① 这种对全球竞争中现存城市的理解,威尔逊(2007)称之为"全球比喻"(THE GLOBAL TROPE),是当代政治经济的主要咒语之一。

城市竞争的比喻通常是城市经济发展问题如何形成,规划师和其他城市学家如何理解——往往在经济效率和经济平等或正义之间"切换"镜头。在影响非常大的情况下,学界内外的问题框架一目了然:地方不能参与限制资本积累,因为如果参与,资本就会"用脚投票"(vote with its feet)(泰尔波特,1956;彼得森,1981)并逃离此地。因此努力适度再分配,呼吁实现社会或经济正义,都被认为注定要失败,因为所需资本不假思索地落足别地。随便可以拎出若干引语说明对经济学和空间的理解,但托马斯·弗里德曼——也许是美国最著名最具公开影响力的"别无选择"学派——的一句话应该就够了,他直言不讳地指出:"如果你不和芸芸众生一起跑,不遵守其规则,不接受这样一个事实:你将很难获得资本,很难得到技术,那么最终你有的只是比别人标准低的生活。"(弗里德曼,1999:168)

这种理解有局限——不仅在哲学层面而且在经验层面、务实层面和政治层面。弗朗西斯·福克斯·佩文很好地表述了缺乏远见理解的无奈,他认为:

历史时刻的关键事实应该是国家(或者我想补充是地

---

① 要清楚一点,这不是城市之间的竞争,本质上严格地说,因为城市不是竞争的参与者(马库塞,2005)。

方)经济的全球化……我不认为这个解释完全错误,但展开得如此彻底会误导人。对或错,解释本身已成为一个政治力量,帮助创建传说中描述的制度现实。

(佩文,1995:107)

大卫·哈维也持有同样的观点,他说:

近来有一种强烈的偏爱,认为城市化的未来已被全球化力量和市场竞争确定。为了城市化进程中的排名,城市可能性被局限于纯粹个体城市的竞争博弈,以推出任何一种激进的能够建立驱动系统转换的特殊理论……意识形态散漫转变的影响在地方、城市,甚至国家的政治行动中已经非常消极。

(哈维,1996:420)

费恩斯坦正确地指出(见本文集第1章),命名的行动有力量。所以我们必须清楚,我们如何理解经济不公在城市空间延续的过程。哈维和佩文认为,不公平程序的框架以某种方式与地方之间的经济竞争问题相关联时大大限制我们的政治想象力。这也将焦点远离了长期植根于资本主义城市化过程的城市经济不公,而且我认为也曲解了全球经济下城市的自然属性。如果正确理解,城市经济不公往往更加涉及一系列本地化关系和议题。总之,我们不仅让持续不公隐身于"全球竞争"而使其泛滥,而且我们标靶瞄错、诠释走样使追求正义变得难上加难。

全球化和本土化就业

全球北部城市引人注目的事情之一,包括——或者也许尤其

寻找正义之城

是——最代表全球的城市如纽约,是全球化使得城市更加本土化,而不是简单地使城市经济越来越全球化。这是因为虽然城市已经成为跨国关系的焦点,但是同时也使其产品、输入和市场本地化的经济体大规模地增长。

以纽约为例,考虑城市就业的组成,数字是惊人的。1950年制造业雇用了100万人——大部分用于出口竞争——2005年只雇用了115000人(伯恩哈特,2006)。资本流动的相关过程中,经济转型和全球化早已迫使大部分制造业就业面临城外的全球竞争(虽然城市制造业基地下降也确实导致了生产土地用于其他用途,但地方限制工业化不能简单地归咎于全球竞争;菲奇,1993;普拉特社区和环境发展中心,2001)。虽然金融、保险、房地产(FIRE)部门通常被认为取代了制造业,但2005年金融从业岗位总数量是450000——这和1970年持平(伯恩哈特,2006)。FIRE部门在纽约长期设点,规模没有增加,实际上比美国其他地方发展得慢(城市未来中心,2003;参见阿德勒2002年讨论城市经济的劳动力变化需求),明显具有本土成分(为城市零售业服务的银行业、保险业和汽车业,等等)。因此,城市的就业增长很大程度上来自于卫生保健、个人服务和其他服务业,而不是高端生产性服务领域。压倒性的本地化服务行业受到地方束缚,1960年至2000年间,其城市就业机会已经从19%上升至超过46%(城市未来中心,2003)。当把这些数据放在一起看,我们正面临的形势是全球化使得城市就业更为本土化,更不受全球竞争的影响。

我不想以此做太多文章,因为城市经济显然是以无数种方式全球化,超越了就业的范畴。但如果就业在人们生活中扮演中心角色,人们受压迫过程中的剥削很重要(按马克思主义的字面意义)——即使我们承认压迫是一个多面社会结构构造的（杨，1990）——每次讨论经济正义与非正义都无法避开就业分析的中心。带着这种想法，我现在转而讨论纽约市无序工作的增长，以及围绕这些工作产生的剥削和经济不公。

无序工作和经济不公

美国城市工人状态最具标志性的符号之一是日计酬困境的加重。日计酬困境本身并不新鲜（见莱昂内尔·昂罗可辛1956年的电影《在波威里街上》），只是近20年来其数量、规模发生了很大变化，而且也变得不可小觑（西奥多，2003；巴伦苏埃拉等，2006）。但日计酬困境只是人们看到的冰山一角，因为美国城市更多工人的工作被冠以"不稳定就业"，"有条件就业"或"无序就业"（伯恩哈特等，2007）。

我认为这些工作明显地标志了美国城市存在的经济不公正现象。因此我们需要迫切了解无序工作增长背后的岗位、行业、工人和因果律。经过几年的定性研究，我们（包括我自己，纽约大学法学院布伦南正义中心的研究人员）做了近400次采访讨论无序工作，采访对象包括工人、雇主、工会、政府机构、社区组织、法律服务提供者和商业/贸易协会。我们发现在14个不同行业中存在各种形式的过度剥削，包括家政（保姆、管家）、工业用干洗店和洗衣店、小规模的住宅建设、餐厅（见表1）。伤害工人的情况因行业而异，但包括：甚至不支付员工最低工资（更不用说生活工资）；不支付员工加班费，根本不支付员工任何费用；窃用员工小费；致命的工作环境经常是缺乏安全措施，不提供工伤病补偿费，解雇参与任何形式集体行动的员工（还有许多其他伤害工人的形式）。

147

表1 在纽约市工作场所违规的行业和职业

行 业	有违规的行业部门	最受影响的职业
杂货店和超市	绿色食品杂货店、熟食店、酒店、美食店、健康食品商店、非连锁超市	收银员、仓库管理员、熟食柜台工作人员、准备食物的工人、送货工人、门卫、装袋工人、生产监督员和插花工人
零售(除了食物)	优惠和便利店、族群零售、非连锁药品店和非连锁零售店	收银员、仓库管理员、保安、快递工人、零售商自由仓库中的工人
饭店	所有细分行业,尤其是高端"白桌布"餐厅和独立的家庭风格和民族餐厅	洗碗工、交货人、食品准备员、流水线厨师、搬运工、碗碟收拾工、跑腿者、浴室服务员、吧台助理、收银员、柜台人员和外衣核查员(以及一些餐馆的男女服务生和业主)
建筑维修和安全	向小型住宅和商业客户提供服务的非连锁承包商,直接雇佣工人的小型住宅和商业建筑	保安、搬运工、杂工和门卫
家政业	私人家庭和外交使节	保姆、清洁工、老年看护
儿童护理业	公共资助的家庭儿童护理	"合法豁免"和"已注册家庭"的保育员
家庭医疗护理	违规行为在"灰色市场"中普遍存在,工人直接被客户雇用,家庭医疗护理部门雇用的工人也有一些违规行为	家庭护工
工程	中小型私人住宅建设项目;中小型公共工程建设和改造项目	苦力工、木匠和其他建筑行业工人
制造业	非连锁食品与服装制造业	缝纫操作员、机器操作员、擦地板的工人、架衣工、包装工、切割工、搬运工和协助人员
洗衣和干洗业	非连锁工业洗衣店、干洗设备厂、零售干洗店、投币洗衣店	折叠员、分拣员、按压工、司机、客服工人、清洁工、裁缝和标记工

续表

行　业	有违规的行业部门	最受影响的职业
出租业	黄色出租车、专车、美元现金运货车	司机
私人服务业	违规在指甲店常见，但在美发店、低价雇用无证的按摩师的水疗院和一些美容院也有报道	美甲技师、美发师和按摩治疗师，以及美容院的其他工作人员如服务员、门卫和清洁员

如对一般城市就业所做讨论得到的预想一样，在我们研究的14个行业中，只有一个行业即服装制造业受到来自纽约外部竞争的影响。这个行业在过去20年迅速下滑，规模还会继续缩小（财政政策研究所，2003）。其他行业是本地化服务，自产自销。这些工作坚守本地。可以肯定的是，这其中有许多行业是因为需求大才得以形成并发展，而有没有需求是全球经济核心组织生产性服务业中有经验的专业人士说了算。萨斯基亚·萨森有个著名观点（萨森，1991：第三部分）：全球城市有资金没时间阶层促成对服务的需求——大多是再生产服务，此类服务之前由家庭提供（通常由女性提供）——这个观点在我们发现的剥削最严重的行业得到回应。因此，家政产业、食物准备和递送等可以透过全球化镜头正确诠释，但我认为只能是间接地外围地诠释（如果拒绝参加社会再生产服务，有钱没工夫的实体行业阶层投资于行业家庭或地区或地方市场，而非全球性市场，这样有问题吗？）。

这只解释了所讨论行业的一小部分。一些行业经历了自身产业结构重组，大部分重组到位——要么实实在在经历原位（situ）经济重组，要么经历地方重组。例如，出租车行业是20世纪70年代末以来被重组的行业，将所有的负担和风险转移到工人（即司机）身上，同时通过车库和挂牌承租人或经纪人进行控制和保持利润（见马修 2005 年对纽约出租车行业进行行业重组的精彩讨论）。为了每周平均能拿回家 400～500 美元，司机们经常会花 12 小时轮班，每周工作七天。超市行业同样已被重组。连锁超市一度主宰了这个行业，但正在输给大批非连锁竞争者——包括美食店、保健食品店、杂货店、大卖场、药店，它们扩大销售。其结果是工资和福利缓慢且持续恶化。在这两个行业中，与产业结构变化同时下降的连锁直接损害了工作条件，导致超剥削的出现。

地方化经济重组导致经济不公正的另一种现象是外包服务。某些情况下，这可以是大行业的职业（比如超市的清洁工夜间经常被锁在商店，他们不为超市工作，而是受雇于独立清洗公司）。通常外包服务可以重塑整个行业。例如，在过去 20 年工业洗衣房大幅增加，因为医院和酒店以前自己洗床单，现在越来越多把这些服务外包给布朗克斯南部或布鲁克林中部洗衣店。这些岗位的工人们严重地面临各种健康和安全问题。清洗液（全氯乙烯）是致癌物，但比"全氯乙烯"更糟糕的也许是工业洗衣房工作的物理危害。工人描述蛆虫爬出洗衣袋，如果是医院的床单会发现血迹、针头、身体部件、手指碎片等。

在无序工作司空见惯的两个行业，公共政策推动产业增长直接导致了解除管制。自 1996 年通过福利改革法案，幼托补贴急剧增加，这迫使许多单身母亲成为有偿劳动力。大部分的幼托服务由政府称之为"法律豁免"的服务人员提供。这些人被政府定义为独立承包商，豁免于美国最基本的劳动法律，在自己家里照顾两个孩子。政府每周支付他们 105 美元全职照顾一个孩子，每周 40 个小时或更长时间刚收入 210 美元。关于家庭健康护理，公共部门的策划略显间接，但同样重要。虽然老人的长期护理仍然是在养老院和其他机构，但是家庭护理迅速增长。

论城市的全球化、竞争和经济正义

老年人的医疗保健、社会医疗保险对住院时间的支付越来越短，从而更多的护理由机构外的家庭提供。医疗补助是低收入人群的社会医疗保险，支付长期家庭健康护理费用。但医疗补助费一次一次被外包给私人机构支付护理人员（即工人），因此工人工资很差（SEIU 1199，2003）。这是当国家同步削减服务，而外包到私人（营利或非营利的）部门时，"实实在在现存的新自由主义"（布伦纳和西奥多，2002）。

这里没有充分解释所有14个行业的工作流程，但有几点需要明确。首先，在剥削最严重和最不公平的岗位上，剥削和经济不公正与纽约人和其他城市人之间的竞争几乎没有什么关系，都是简单的地方性的雇佣关系或劳资关系。这是资本家的操作，没有受到国家、工会或其他组织的约束，或没有受到干预要限制剥削劳动力的资本能力。其次，尽管这里讨论的是纽约，芝加哥和洛杉矶正在进行的类似研究发现非常相似的结果（见德菲利皮斯等，芝加哥和纽约的未来讨论）。特定行业的组成略有不同，洛杉矶和芝加哥的制造业规模一直都比纽约大（芝加哥有更多的仓储，而洛杉矶的港口短途运输更发达），但三个城市的大部分无序工作都是地方化、个人化的服务。简单地说，这不是纽约的问题，这是美国城市的问题。

最后还应该注意，解决或（至少）减轻这些剥削现象似乎不会太大影响本市部门与外部机构的竞争。哥伦比亚广播公司不会根据夜晚中国食物外卖的成本制定区域性决策；华尔街高管们不会因为他们花230万美元在上东区买了公寓，还要再花50000美元修复，就把公司迁移到别处。这个断言是雇主们自己说的。在全面调查经济部门的大批雇主后，布隆伯格（Bloomberg）政府表示，雇主们最关心的是空间和土地成本。事实上，布隆伯格政府就此问题的白皮书直言不讳地说明："工资成本是企业的最大成

寻找正义之城

本，但雇主们认为本地劳动力是有价值的资产，并没有关注工资成本。"（纽约城市，2005：13）

这些经济部门更大的竞争问题不是迁移，而是与为自身（再次）提供这些服务的家庭之间的关系。艾斯平·安德森的观点很有用：

> 人们经常认为，由于服务业在很大程度上免于国际竞争，可以为就业提供一个安全避风港——比如说，服务业工人不和马来西亚人竞争……的确，在大多数经济体中，最大的份额免受全球竞争。然而，他们面对一个更加激烈的竞争对手，即家庭自我维护。
>
> （1999：115）

我发现他的论点令人信服，如果这种服务的价格增加，那么购买服务者和提供服务者的工资差异将缩小。因此，收入不平等（他称之为"差价"）将会降低，从而缓和或显著减少增加这类服务的推动力（见米尔克曼等精彩讨论美国收入不平等和家政之间的关系，1998年）。工作岗位将因此消失，家庭将再次（通常）内化女性提供的服务，扩大家庭"第二次转移"。但在何种意义上结果会更公正？目标为什么是人们为薪资做全职工作，然后又全职工作不为薪水（尤其是第二次转变中性别劳动分工一直明显不衰）？为什么非常重要的劳动力会下岗呢？因此，解决方案似乎是要么直接通过公共部门提供这样的服务，从而（潜在地）增加这些服务提供者的工资，要么在家庭层面补贴服务以增加工资而保持岗位。

整个讨论的目的是需要重新对竞争、地点、城市经济正义之间的整个关系构建理解框架。需要重塑竞争以及竞争与经济正义的关系使之表现为地区或城市人们之间的竞争——控制生产方式和生产形成的财富的竞争。

城市的经济功能不会由于经济全球化而变得不重要。城市经济体的核心作用被重新阐述和转化,而未在当代政治经济中削弱。城市经济政治重要性的核心是组织工作和劳动力市场——不亚于资本主义历史的任何时期。派克反复认为(派克,2007;派克和西奥多,1996),劳动力市场是由地方组织、生产和监管——因此劳动力市场需要被理解为本土化过程。

卡斯特(1977、1983)等的工作、语言和"集体消费"框架的最根本问题是其——明确且有意识地——消除城市现有劳资关系。我们在"真正"工作时,好像零售店都是自助式的,我们的住宅建筑自己建造维护,我们的老年人长期自己护理,我们的孩子自己看护。这有点油嘴滑舌,但关键问题是,确定实现城市经济正义的社会运动潜力是重要的,无论在思想上还是在政治上。思想上,卡斯特等混淆了生产结果和生产关系。工人是基于阶级地位的资本主义工人,无视工作的物质材料内容。正如马克思(1963,第一卷1:154)认为(针对亚当·斯密生产性和非生产性劳动之间的伪二歧式命题):

> 劳动的特定物质形式和其产品形式与生产性和非生产性劳动的区别无关。例如,公共酒店的厨师和服务员是生产性劳动者,他们的劳动转化为酒店老板的资本。

只要我们消除构成服务行业的阶级关系,我们就可以说城市不是经济范畴的生产规模。通过识别各种方法,我们可以开始挑战定义城市经济的不公平,这些方法使服务行业受到地方束缚,经常具有职场剥削关系的特点。

为美国城市经济正义而努力

幸运的是,把城市理解成地方化就业基地产生了近十年来最

寻找正义之城|

令人兴奋又动态的城市社会运动。简要讨论其中的四点来结束本章。

第一，自从1994年巴尔的摩第一个最低生活工资条例成为城市重要的社会运动以来，出现了最低生活工资运动。美国现有120多种最低生活工资条例，大多数用在市级城市（卢斯，2007）。这些条例通常适用于市政府工人，其中一些条例适用于提供合同性政府服务的工人，还有更少一部分条例适用于市政当局所有工人。

第二，在过去20年，北美城市移民工人中心的数量涨幅惊人。这些中心是社区组织领域的重要创新，关注工作场所之外的劳动力问题。戈登（2005：280）描述这些中心是在寻求"……建立大多数移民成员的集体力量，提高工资和改善其所处的最底层工作条件"。据估计，全美大约有140个这种类型的中心（法恩，2006），主要在移民社区，最接近底层劳动力市场。他们基本上充当三个密切相关的角色：为他们的成员提供服务（通常是法律服务；例如试图追回拖欠的工资）；为成员做分析和指导（尤其针对地方反移民条例）；组织成员获得更多政治能力。

第三，特定行业组织的努力。有时是正规化的且无工会的特定行业工人组织，有时是更短暂的组织形式。纽约有几个特定行业的组织实体在努力改善行业工作条件。这些实体包括（1）纽约餐馆创业中心（或ROC-NY）：一群在世界贸易中心顶部的世界之窗刚刚被聘的工人，组织行业工人改善行业范围内的工作条件。(2)家政工人联合会：菲律宾工人在1999年形成的一个组织，但现已成为一个多民族、多种族组织，取得值得称道的政治胜利并不断进取的组织（例如，有一个纽约全州"家政工人权利法案"），同时也提供服务。（3）20世纪90年代后期的出租车工人联盟（TWA）：这个行业曾经有一个腐败且正式的联盟，早已放弃了对员工的责任。随后几年内，出租车工人联盟发动了一系列成功的罢工和运动，包括票价上涨（司机持有上涨的更大份额）；补偿司机"9·11"后损失的薪资；反对以城市和车库更多控制司机的生活。

第四，工人联合组织已经宣称，他们不仅能够使工人更大程度地掌控自己的工作（通过他们对公司的所有权），而且能够改善工人的工作条件，尤其是在条件通常最为恶劣的服务行业。诸如布朗克斯联合住房关怀组织（Cooperative Home Care Associates）和长岛亨普斯特德房屋打扫者团体这样的合作性机构宣称了在各自行业赋予工人公司所有权的可能。

总之，上述四个例子或许是我们所能看到的，行业组织对经济正义最有成效的呼吁。这些组织了解到，城市不仅仅是一个消费空间，而是一个混合了生产性和再生产性的劳动，以及生产和消费的空间。

结 论

最后，我将通过回到开始的讨论来结束本章。在城市政治经济学中，这些争取经济正义的运动与国家之间存在有趣的关联，对了解后者也颇有助益。在这些运动中，国家并非被视为资源再分配的工具，相反，国家被视作支配我们生活的规章制度，再分配努力由资本转移到劳工。国家推动了这一转移，但并非提供者（正如其通过官方援助项目和其他机制所做的那样）。

显然，这里会使人想到20世纪70年代和80年代早期的许多国家理论，这些理论强调国家是如何缓和其他部门（即在资本和劳动力之间）产生的冲突，以及由于这种对冲突的缓和，国家开始成为阶级冲突的舞台。然而，通过缓和并置换那种冲突，将政

寻找正义之城

治注意力转移到其本不该出现的领域，国家使得不公正的资本主义政治经济学的再生产成为可能。（关于这些争论的简要概括，参见巴罗 1993 年的著作；关于这一论点的较佳例证，参见赫希 1978 年的著作；关于资本主义制度下对福利国家运用的一系列密切相关的论证，参见皮文和克洛尔德 1971 年的著作）。换句话说，将争论转向城市范畴，城市凯恩斯主义以一种重要的方式改造了城市及其政治事务。正如哈维（1985：37-38）指出：

> 凯恩斯主义者的城市被形塑为一个消费的人造品，其社会、经济和政治生活均围绕着国家支持，通过债务融资进行消费的主题组织起来。城市政治事务的中心由面对阶级议题的阶级联盟转向围绕着消费、分配，空间生产和控制等主题的分散式的利益集团。

但凯恩斯主义者的城市作为一个社会过程已经落后了。国家现在已基本脱离社会再分配，引发了巨大问题，但也打开了社会运动空间，集中注意力和努力于资本建设。阶级已经再次出现在城市社会正义运动的前沿。但国家脱离再分配角色也反映了其逃避监管作用。因此所有努力已经出现，或者正在这样一个背景下崛起：限制资本剥削劳动力的制度已经不能或不愿意完成这个任务——最明显的不仅是国家也有工会。因此，斗争重建地方的监管力，保护美国城市工人争取经济正义。对经济正义感兴趣的规划者的最初目标之一应该是找到支持、促进、实现运动的办法。

经济正义的道路由这些人铺就：

(a) 理解城市经济的属性；

(b) 正在使用这个理解挑战经济领域的不公正；

(c) 正在推动地方的政治和经济发展，并经常取得胜利成果。

我们作为城市规划者,必须在这些努力中找到我们的声音,我们的角色。

参考文献

Adler, M. (2002) "Why Did New York Workers Lose Ground in the 1990s?" *Regional Labor Review*, Fall.

Barrow, C. (1993) *Critical Theories of the State: Marxis, Neo - Marxist, Post - Marxis*, Madison: University of Wisconsin Press.

Bernhardt, A. (2006) Presentation to the Re - Defining Economic Development in New York coalition, April 25, New York.

Bernhardt, A., McGrath, S. and DeFilippis, J. (2007) *Unregulated Work in the Global City: Employment and Labor Law Violations in New York City*, New York: Brennan Center for Justice at New York University Law School.

Brenner, N. and Theodore, N. (eds) (2002) *Spaces of Neoliberalism: Urban Restructuring in North America and Western Europe*, Oxford: Blackwell.

Castells, M. (1977) *The Urban Question*, Cambridge, MA: MIT Press.

——(1983) *The City and the Grassroots*, Berkeley: University of California Press.

Center for an Urban Future (2003) *Engine Failure*, New York: Center for an Urban Future.

City of New York (2005) *New York City Industrial Policy: Protecting and Growing New York City's Industrial Job Base*. New York: City of New York.

DeFilippis, J., Martin, N., Bernhardt, A., and McGrath, S. (forthcoming) "On the Characteristics and Organization of Unregulated Work in American Cities." *Urban Geography*.

Esping - Anderson, G. (1999) *Social foundations of Postindustrial Economies*, Oxford: Oxford University Press.

Fine, J. (2006) *Workes Centers: Organizing Cotmmunities at the Edge of the Dream*, Ithaca: Cornell University Press.

Fiscal Policy Institute (2003) *NYC's Garment Industry: A New Look?*, New York: Fiscal Policy Institute.

Fitch, R. (1993) *The Assassination of New York*: Verso.

Friedman, T. (1999) *The Lexus and the Olive Tree*, New York: Farmer, Strauss and Giroux.

Gordon, J. (2005) *Suburban Sweatshops: The Fight for Immigrant Rights*, Cambridge, MA: Harvard University Press.

Harvey, D. (1985) *The Urban Experience*, Baltimore: Johns Hopkins University Press.

—— (1996) *Justice, Nature, and the Geography of Difference*, Oxford: Blackwell.

Hirsch, J. (1978) "The State Apparatus and Social Reproduction: Elements of a Theory of the Bourgeois State," in Holloway, J. and Picciotto, S. (eds) *State and Capital: A Marxist Debate*, Austin: University of Texas Press.

Luce, S. (2007) "The U. S. Living Wage Movement: Building Coalitions from the Local Level in the Global Economy," in Turner, L. and Cornfield, D. (eds) *Labor in the New Urban Battlegrounds: Local Solidarity in a Global Economy*, Ithaca: Cornell University Press.

Marcuse, P. (2005) " 'The City' as Perverse Metaphor," *Cities*, 9(2).

Marx, K. (1963 and 1863) *Theories of Surplus Value*, Burns(trans.), vols. 1 – 3, E., Moscow: Foreign Languages Publishing House.

Mathew, B. (2005) *Taxi! Cabs and Capitalism in New York City*, New York: The New Press.

Milkman, R., Reese E., and Roth. B. (1998) "The Macrosociology of Paid Domestic Labor," *Work and Occupations*, 25(4).

Peck, J. (1996) *Work Place: The Social Regulation of Labor Markets*, New York: Guilford Press.

Peck, J. and Theodore, N. (2007) "Flexible Recession: The Temporary Staffing Industry and Mediated Work in the United States," *Cambridge Journal of Economics*, 31(2).

Peterson, P. (1981) *City Limits*, Chicago: University of Chicago Press.

Piven, F. (1995) "Is it Global Economics or Neo – Laissez – Faire?" *New Left Review*, 213.

Piven, F. and Cloward, R. (1971) *Regulating the Poor*, New York: Pantheon Books.

Pratt Center for Community and Environmental Development (2001) *Making It in New York: The Manufacturing Zoning and Land Use Initiative*, New York: Munivipal Arts Society.

Sassen, S. (1991) *The Global City: New York, London, Tokyo*, Princeton, New Jersey: Princeton University Press.

SEIU Local 1199 (2003) *The Plight of New York's Home Health Aides*, New York: SEIU Local 1199.

Theodore, N. (2003) "Political Economies of Day Labour: Regulation and Restructuring of Chicago's Contingent Labor Markets," *Urban Studies*, 40.

Tiebout, C. (1956) "A Pure Theory of Local Expenditures," *The Journal of Political Economy*, 64(5).

Valenzuela, A., Theodore, N. Meléndez, E., and Gonzalez, A. L. (2006) "On the Corner: Day Labor in the United States," January, available at: http://www.uic.edu/cuppa/uicued/Publications/ECENT/onthecorner.pdf (accessed August 15, 2008).

Wilson, D. (2007) *Cities and Race: America's New Black Ghetto*, New York: Routledge.

Young, I. (1990) *Justice and the Politics of Difference*, Princeton: Princeton University Press.

第三部分
如何实现正义城市?
从辩论到行动

保持规划中反公共性的生命力[*]

劳拉·沃尔夫-鲍尔斯（Laura Wolf-Powers）

引言：正义和公共部门

本文集编辑们认为，正义之城——苏珊·费恩斯坦在第一章讨论过的"普遍和具体之间的路"——只能在实践中开发（见引言）。正义的实践目标超越任何意识形态的立场或统一的理论范畴，定义了我这里称作城市规划专业的激进或渐进派。国家机构除了对强势群体及其充足资源有反应外还对贫穷弱势群体采取措施，这样就可能在城市空间实现公平分配机会和乐趣，[①]感受到这种潜在可能性就会吸引理想主义年轻人规划今天的美国，就像在20世纪60年代和70年代的进步时代和动荡时代一样。一定比例的规划学校毕业生——也许不是多数，但有一些——会在进入职业生涯时把正义目标放在心里。

许多学术规划者定义、探索理论上的正义，但规划职业吸引

---
[*] 贾斯廷·斯泰尔审查和编辑这篇文章，作者对他有价值的贡献表示感谢。
[①] 本文集的其他作者精确定义了他们眼中的"正义之城"，尽管肯定易受攻击，但这是我自己的定义。

寻找正义之城

学生的部分原因是寻找现存社会替代物过程的务实性和实体性。规划的主要相关因素（传统的、更为激进的形式）是某个地方以及居住在这些地方的人怎么了；它涉及日常公共领域。街上小五金店为什么停业了？我们怎样做到能骑自行车上下班？一旦重新制定计划，社区的空间质量会怎样，究竟谁享受重建地方的品质？正义问题隐藏在所有这些观念中，但提出的问题也很实用。约翰·弗里德曼（1987）承认实践和理论定义正义的关系，他认为规划是试图"把科学技术知识与公共领域行动相连接"，他强调"如何使规划技术知识有效渗入公众行动的问题"。[①]

弗里德曼的观点很清楚，规划者实现正义的努力——他还称之为"社会理性"战胜"市场理性"——需要国家。他注意到这点，当公共行动以社会利益为名违背市场原则时，冲突就随之发生在通常支持市场参与者的政府领域。但在更广泛的政治动员背景下，他认为，规划者，包括政府规划者，可以在公共领域内以实现创造更正义空间为目标的方式采取行动。这个概念也是"平等规划"和"进步城市"文献的核心，凸显了公共部门领导人的成就，在权力受限领域内努力分配资源和进行决策，好像穷人和工人阶级的利益和权利至关重要（克拉维尔，1986；克拉姆赫尔兹和佛瑞斯特，1990；克拉维尔和维维尔，1991；克拉姆赫尔兹和克拉维尔，1994）。

自从20年前弗里德曼出版《公共领域规划》以来，政府代表广义的社会利益的有限活动范围（收入再分配、环境保护、住房权利）进一步缩小，尤其是在美国。地理学、社会学和政治科学文献哀叹指导公共政策和国家行动的新自由主义的兴起和霸权

---

① 如果这个问题不解决，弗里德曼（1987）认为，"规划者们最终只会自说自话，最后牛头不对马嘴"（36页）。

意识形态。平等规划者和进步的市长们的成就在资本积累的全球性导向面前,[①] 在更多拥有绕过规划者和不走公共流程的权力的地方机构面前——比如开发机关——黯然失色。然而,每年仍有骨干学生入学、取得硕士学位,他们认为城市规划是减少城市不公和痛苦的路线。其中一些为"运动"组织上班,后者存在的目的是从外部塑造公共政策,但大多数在政府机构或非营利组织找活干,依赖政府生存。因此,进步规划的核心问题是如何以正义利益规划国家领域(从里到外)。

费恩斯坦在本文集第一章所阐明的布朗克斯集散市场案例的细节暗示出这个任务的艰巨性和复杂性。在布朗克斯,市政府人员以公共服务重建的名义否决了一群集散商人和他们的400名员工的生计以及土地使用决策中合法利益相关者的认可。这类例子使费恩斯坦和弗里德曼持同样观点,认为社会动员起到关键作用,以正义为本的规划者有能力影响国家:"走向规范城市的运动需要发展对抗机制(counter-institutions),能够重构宽泛议题,动员组织机构和金融资源为自己的目标而斗争。"

如费恩斯坦所认为,占主导地位的公共领域内的问题设计(issue-framing)能力是有限的,例如分配给边缘群体的资源。布朗克斯区集散市场商人无法在法庭上获胜,无法说服城市规划委员会或市议会重视他们,因为他们缺乏影响力,也因为他们都无法对抗"新购物中心代表基本现代化的逻辑"。然而在援引60年代的社会运动和当代生活工资运动时,费恩斯坦表示相信城市社会运动可能仍然有能力影响公共政策,这意味着需要进步规划者制定战略动员资源给这些群体,以及在公共话语中重塑城市

---

① 例如,自从克拉姆赫尔兹1990年出版《平等规划工作》一书,他的家乡克利夫兰,经历了毁灭性的就业损失,增加了贫困和不平等。

问题。

这里，重塑城市问题的话题吸引了我。本章的其余部分致力于探索"边际公众"或"反公众（counter-publics）"，用交际理论的说法，如何在占支配地位的公共领域和政府层面用文字（rhetorical）开展有利于边缘化群体利益的工作。我认为，城市规划者对反公共话语的形成和支持起了作用，在与政府对话的过程中以及从政府内部影响关于城市及其居民的公共和社会政策。

定义反公共

对使用"公共"和"反公共"术语，学者有不同的看法。这一概念最初源于哈贝马斯（1989）叙述"资产阶级公共领域"如何与现代宪政在18和19世纪的欧洲和北美一起产生，是人们讨论政府行为的一个语境（milieu）（阿森和布劳沃，2001；斯夸尔斯，2002）。[①] 替换公共领域的概念很快由理论家提出，批评哈贝马斯的建构过于理想化，排除了妇女、大多数有色人种和工人阶级（弗雷泽，1992）。逐渐多元的和相互竞争的公共领域概念出现了。中心点是占主导地位的公共领域思想表达了主导阶层社会利益的社会政治霸权统治，与下属或"部下"公共领域互相渗透，边缘群体在其中巩固反对身份并传播关于世界的替代解释（正面和规范）。反公共领域不是社会运动的摇篮，是对话、绩效和辩论空间，而不是采取协调一致的行动。但是在许多学术讨论中，反公共提供至关重要的词汇和设计方案，社会运动参与者将其带入世界，把他们的利益和需求传播给主导公众和政府。

---

① 哈贝马斯认为，资产阶级公共领域随后在工业化和现代福利国家的矛盾中衰落。

保持规划中反公共性的生命力

关于反公共话语，交际学者德沃拉·海特纳在她的黑种人公共事务电视作品中做过记录，该作品上过《贝德福德－司徒维桑特》(Inside Bedford Stuyvesant) 节目，这档节目1968年到1971年在纽约播出（海特纳，2007）。该节目是从历史角度检视非洲裔美国人社区（目前有400000人口，包括穷人、工薪阶层和中产阶级家庭）的新闻杂志，由当地电视台WNEW与新成立的社区发展集团贝德福德－司徒维桑特复原公司（BSRC）合作而成。①《贝德福德－司徒维桑特内幕》诞生的政治环境深受丹尼尔·帕特里克·莫伊尼汉的黑人家庭报告影响：国家行动案和1968年肯纳委员会的报告。当代政府针对城市非裔美国人的话语围绕着他们的异常状态和他们生活的"贫民窟"社区。由BSRC副主任詹姆斯·洛瑞和电视名人罗茜·罗克主持，节目反对重复的公共主题，记录贝德福德－司徒维桑特自身（剧集在社区拍摄，经常在户外），而是放大相关者的声音，他们是住在社区又关心邻居的有着不同哲学理念、优先权和活跃的非裔美国人。节目评论和争论地方和国家政治文化，持不同意见的人物如哈里·贝拉方特、桑尼·卡森、阿米里·巴拉卡以及当地"专家"参与讨论，他们发表见解仅仅因为他们住在社区，是社区未来的持股人。

海特纳认为，《贝德福德－司徒维桑特内幕》描绘社区居民为

---

① 或许值得注意的是，贝德福德－司徒维桑特复原集团赞助了这个节目，在一定程度上是1964年社区规划努力的结果，目的是评价富尔顿公园城市更新区域的城市赞助建议。规划工作的赞助商，布鲁克林中央协调委员会引起了福特基金会和参议员罗伯特·肯尼迪的关注，最终于1967年建立了BSRC——第一个由联邦政府资助的社区发展公司。团队的成立和历史由约翰逊（2004）和瑞安（2004）记录。参见普拉特社区发展中心CDC口述历史项目（http://www.prattcenter.net/cdc-bsrc.php）。海特纳指出："BSRC的使命在贝德福德－司徒维桑特恢复住房和刺激经济发展中并没有阻止《贝德福德－司徒维桑特内幕》接纳批评重建效果和方法的客人"(p.86)。

"政治思想随时讨论为他们改造空间和社区的公民",与占主导地位公共领域呈现的冷漠的贫民区形象形成对比。该项目绝不隶属于某个特定社会运动或政治立场;事实上,它刻意提出各种各样的观点,有意识地让自己迎合大众,选择具有"中产阶级的语言风格和外观"的"大使"主持。然而,为节目做出贡献的人、看节目的人、满意其议程的人都参与了社会运动(例如黑人艺术运动、福利权利运动、社区发展运动),帮助重塑主流态度和影响城市非裔美国人社区的政策。他们的营养和灵感来自于对自己社区的另类描写,Bed-Stuy 社区的积极分子和其他地区的同行们发现这个节目能帮助提高他们的政策目标在公众舞台上的接受度。[1] 在这个时期,社区发展积极分子(包括员工和贝德福德复原公司的董事会成员)帮助转变纽约市住房实践,把一个宣布被废弃的街区和被拆除的"贫民窟"社区建筑转变成支持当地非营利组织恢复住房和发展空置财产。也在这段时间里,积极分子成功地参与重划布鲁克林选区的边界,此举促使选举了美国首位黑人女议员雪莉·奇泽姆,她代表纽约贝德福德-司徒维桑特社区。

规划反公共

另一个反公共话语,也来自那个时期的布鲁克林,但与城市规划专业本身的关系更直接,可以在《街头》(*STREET*)杂志上找到。《街头》在纽约的发行量是 5000 册,但主要是在布鲁克林,由普拉特研究所社区和环境发展中心从 1971 年到 1975 年大

---

[1] 虽然电视节目的效果通常需要推断,在这种情况下,贝德福德-司徒维桑特修复公司的档案里有一批珍贵的观众来信,信件由海特纳审阅过(2007),证明了节目对各种观众的影响:社区成员,其他地方的有色观众和白人。

约每季度出版,针对的读者是职业规划师和活动家(沃尔夫－鲍尔斯,2008)。① 这一杂志创建和构思于许多规划师对抗主流实践,利用另类社会愿景带动民权运动和经济正义的时期。他们受到批评界有学识人士的鼓舞,记录城市对穷人的不断影响(甘斯,1959;马里斯,1962),也受到内城贫困启示文学的鼓舞,这些作品影响了肯尼迪政府(莱曼,1991;哈尔彭,1995),他们信奉的规划愿景包含整个社会,而不仅仅是物质城市(派诺斯等,1980、2002;哈特曼,2002;克拉维尔,1986;霍夫曼,1989)。在这个新职业系统中,像许多所谓"社会进步分子"成名于20世纪早期的城市规划运动(彼得森,2003),他们把规划者看作运动团体,成员可能追求根除贫困和挑战不公平的社会安排,即使他们在现有的法律制度背景下工作(大卫·杜夫克拉维尔,1986;克拉姆赫尔兹和克拉维尔,1994)。例如,在国家环保运动蓬勃发展的背景下,《街头》杂志出版报告和公告阐述国家立法和总结污染研究成果,但与当代环境话语的不同在于它提出环境是城市问题,和种族、阶级、社区环境质量相关。它还强调社区和家庭是社会价值的表达场所,报道本国努力鼓励回收、采取替代的交通工具、发展城市农业和消费本地食品。

同时,在纽约工薪阶层和低收入阶层社区严重亏本遭受痛苦期间,《街头》杂志针对官方叙事功能的下降提供了一个乐观又大胆的对应点,记录正式社区性规划的努力和非正式市民自发的活动。特别描述了布鲁克林居民去教堂、参加街区聚会、构建温馨平等住房、经营小买卖、照顾家庭和前院,这些特点把《街头》与消费更

---

① 普拉特社区和环境发展研究中心的工作人员每一期印刷5000册《街头》。2000册邮寄社区性规划者、社区组织工作人员和参加了该组织的研讨会、培训和会议的领导人。员工把剩下的3000册投递当地扶贫机构的办公室、社区组织和社区公共机构如图书馆。

寻找正义之城

广泛的《贝德福德-司徒维桑特内幕》连接到一起成为一种反代表（counter-representation）力量。批评联邦住房管理局政策和纽约社区发展整体补助款基金分配，表扬反歧视立法的政府代表，这些特点使《街头》成为严肃讨论公共政策的论坛。

因为《街头》与技术援助规划组织有联系，提供和记录倡导性工作比《贝德福德-司徒维桑特内幕》更直接。例如，《街头》第 6 期和第 14 期的文章报道了一起诉讼案，一群街头协会的人提交了案卷寻求判决，反对美国住房和城市发展部（HUD），要求研究"了空"（delivered vacant）政策对环境的潜在有害影响。这个政策要求拖欠联邦担保抵押贷款的建筑业主腾出住房并被剥夺其价值，以便放贷者收集起来发行政府保险。当事人认为，"了空"政策不仅驱逐贫困租户，而且密封不当的空置建筑对仍然住在社区的家庭会造成破坏和不安定。这和其他法律行动最终成功地迫使 HUD 改变其协议（克雷默，1974）。《街头》的反公共立场一直质疑联邦住房政策的逻辑和道德，在这种情况下培养当地居民努力面对住房和城市发展部，激励律师代表他们行动。

《街头》体现城市规划中出现的"activist turn"，也在观众中提供规划者自己的形象和世界的照片，帮助巩固他们作为对抗型演员的身份。因为《街头》的公众包括纽约市社区环境和住房运动的许多重要参与者，所以该杂志帮助重塑社区发展问题的方法对公共政策产生了影响。例如，在 70 年代，主流城市政府机构逐渐接受社区组织在发展和管理中低收入住房中的作用，使疾控中心和国会预算办公室几乎坚定地相信社会住房生产系统（戈茨，1996；罗森和丁斯特夫里，1999）。① 因此杂志为城市重建中

---

① 普拉特员工 1975 年停止出版《街头》，但与三个社区住房运动团体合作，从 1976 年开始独立出版《城市界限》。在接下来的 30 年，《城市界限》记录并告知纽约社区住房和社区发展运动。

反公共话语领域尽了小小的一分力。但该杂志更有效的"反公共性"并非与城市发展的支配意图相关,而是与城市规划目标的支配意图相关。这个时期,连同其他职业改革派人士,《街头》的创造者反驳对以下问题的当代理解,是什么构成适当的针对中心城市社区蚀本的职业性回应,什么样的规划者可以而且应该发挥专业技能,谁能够合理计划。

向前看

我们不再处于那个时代。在《贝德福德－司徒维桑特内幕》和《街头》所处时代,进步力量传播的城市规划替代的遗留理念还存在,有些规划者持续参与环境正义、实体社区发展和进步的地方主义;但相对于60年代和70年代,激进主义的规划显得苍白无力。正义激发的规划者缺乏联邦资金资助的基础设施、城市社区发展的认可和四十年前支持过他们项目的反贫困行动。① 在许多城市(但肯定不是全部),住房和规划的政治经济环境也发生了变化,贝德福德－司徒维桑特仍在与贫困斗争,但这是针对市场利率再投资和掠夺性贷款,而不是针对放弃财产和复兴对脆弱的居民构成最大搬迁威胁的城市推土机。最后,以社区为基础的规划者,也许不得已,如今和当地政府建立了不同的关系。在70年代早期,联邦政府资金比较充足,地方政府和金融资本似乎已经放弃了中心城市,那时,激进主义规划者在脱离当地官僚机构相对自治的地位十分普遍,形成背叛组织来建立和管理住房、构建公共空间、动员社区居民参与地方政治。社区发展如今已经

---

① 贝德福德－司徒维桑特修复公司帮助出品《贝德福德－司徒维桑特内幕》,是由美国劳动和商业部资助。《街头》杂志由美国卫生、教育和福利部的环境教育办公室资助。

寻找正义之城

被更充分地吸收到国家层面，那些创建和消费街头杂志的个人拥有的工具更难发挥作用（Stoecker，2003、2004；兰德，2005；德菲利皮斯等，2006；马维尔，2007）。

曾经支持资助了《贝德福德—司徒维桑特内幕》和《街头》的反公共声音（经常资助他们通知的活动家）的联邦政府如今不再支持当前城市的政治经济。然而，城市规划传统强调地方性、具体性和当下性，这是激进分子试图维护传统城市发展的"市场理性"背景下弱势群体需求的力量源泉。相比过去，当普拉特中心的员工手工粘贴《街头》杂志，当《贝德福德–司徒维桑特内幕》的制片人扛着巨大的摄像机时，媒体的多样性和可访问性促进反公共话语问题设计的叙事。当代纽约市的一个例子是缤纷的网站和博客——如诺曼·奥得河的大西洋区域报告——人们辩论重建项目对生活质量和财富分配的影响。[1]

规划的另一个强项可以追溯到弗里德曼的观点，实际上，在现有社会的政治经济中，正义需要国家。规划中的反公共策略被定义为相反于形成城市发展和政策特点的思想模式和思维习惯。因为我们参与行动导向的知识创造和传播（弗里德曼，1987；佛瑞斯特，1988；霍克，1987；思罗格莫顿，1996），我们接近公共领域，城市规划者能够"整顿"，通过为社会运动参与者提供专业知识，通过把城市的替代性愿景引入主流公共话语。

规划者熟悉在地方政府背景中分析政治权力，也认识到现有的社会关系中什么是可能的和可以实现的。社会批评让公共部门面对忠诚于"市场理性"而激起的重要质疑和抗议。但是，批评是不够的。最近有个尖锐但根本上具有破坏性的批评是沃尔特·

---

[1] 这个不应被夸大；如大量的网站和博客所显示，媒体访问仍然倾向于富人，几乎只关注发展带来的美和拥堵之间的相关性（对于穷人的影响）。这一趋势的一个明显的例外是纽约好工作组织网站。

萨比特（2003）的一本引人注目的书《关于纽约东部如何成为贫民窟》，该书讲述20世纪70年代和60年代他作为规划师在布鲁克林东部的经历。在这段时间里，虽然萨比特痛苦见证灾难降临在社区及其居民头上，但他提供给读者的线索很少，后者想了解在公共部门，不同的行为、选择或制度安排如何可能导致不同的结果。这本书只是严厉斥责政府的冷漠和唯利是图，为市场原教旨主义者的论点提供支持，他们认为政府失灵是城市衰落的唯一解释。

公共部门内外的进步规划者必须考虑在城市这个混乱的现实中，规划者如何可以推动、促使或拖动政府机构创建政策机制，以便城市居民可以更公平地分享资源和机会。80年代末"平等规划"的文献应该更新了，也许今天的重点不是以前开明领导者曾经的成就，但在当前情况下要考虑未来战略。由政策链接（PolicyLink）集团从事的公平发展工作在全国范围内提供了一条前进的道路，许多城市和大都会也有"行动研究"机构或"智囊团"（think and do tanks），旨在促进特定地方政治经济的正义规划和发展，洛杉矶正义经济战略行动项目和费城失业项目仅仅是两个例子。

在本篇文章讨论的反公共话语在城市规划中立足之前，索尔·斯坦伯格画了幅卡通画，画中一个人骑着长翅膀的马，而这匹马又骑在缓慢移动的乌龟背上。乔治·雷蒙德教授将其转载在普拉特规划论文第1卷第4期，他是普拉特研究所城市与区域规划系的第一任主席（普拉特研究所城市与区域规划系，1963）。①雷蒙德添加了嘲弄的标题："我们继续调查规划职业的性质"。其

---

① 从1963年到1967年普拉特规划论文由普拉特规划系出版，和《街头》杂志没有直接联系。

中对我们作为规划教育者的一种解释是，我们把学生固定在乌龟背上。我宁愿希望我们能帮助他们把务实乌龟的大脑和腿，与马的智商、想象力和飞行意志相结合。

参考文献

Asen, R. and Brouwer, D. C. (2001) "Introduction: Reconfigurations of the Public Sphere," in R. Asen and D. C. Brouwer (eds) *Counterpublics and the State*, Albany: State University of New York Press.

Clavel, P. (1986) *The Progressive City: Planning and Participation. 1969 – 1984*, New Brunswick, NJ: Rutgers University Press.

Clavel, P. and Wiewel, W. (eds.) (1991) *Harold Washington and the neighborhoods: Progressive city government in Chicago*, 1983 – 1987, New Brunswick, NJ: Rutgers University Press.

Davidoff, P. (1965) "Advocacy and pluralism in planning," *Journal of the American Institute of Planners*, 31(4).

DeFilippis, J., Fisher, R., and Shragge, E. (2006) "Neither romance nor regulation: Re-evaluating community," *International Journal of Urban and Regional Research*, 30(3).

Forester, J. (1988) *Planning in the Face of Power*, Berkeley: University of California Press.

Fraser, N. (1992) "Rethinking the public sphere: A contribution to the critique of actually existing democracy," in C. Calhoun (ed.) *Habermas and the Public Sphere*, Cambridge, MA: Massachusetts Institute of Technology Press.

Friedmann, J. (1987) *Planning in the Public Domain*, Princeton, NJ: Princeton University Press.

Gans, H. J. (1959) "The human implications of current redevelopment and relocation planning," *Journal of the American Institute of Planners*, 25(1).

Goetz, E. (1996) "The neighborhood housing movement." in W. Dennis Keating, Norman Krumholz, and Philip Star (eds) *Revitalizing Urban Neighborhoods*, Lawrence. KS: University Press of Kansas.

Habermas, J. (1989) *The Structural Transformation of the Public Sphere: An inquiry into a category of bourgeois society*, trans. Thomas Burger and Frederick Lawrence, Cambridge, MA: Massachusetts Institute of Technology Press.

Halpern, R. (1995) *Rebuilding the Inner - City: A history of neighborhood initiatives to address poverty in the United States*, New York: Columbia University Press.

Hartman, C. (2002) *City for Sale: The transformation of San Francisco*, Berkeley, CA: University of California Press.

Heitner, D. (2007) "Black power TV: A cultural history of black public affairs television 1968 - 1980," unpublished dissertation manuscript, Northwestern University.

Hoch, C. (1994) *What Planners Do: Power, Politics and Persuasion*, Chicago: Planners Press.

Hoffman, L. (1989) *The Politics of Knowledge: Activist movements in medicine and planning*, New York: State University of New York Press.

Johnson, K. (2004) "Community development organizations, participation and accountability: The Harlem Urban Development Corporation and the Bedford Stuyvesant Restoration Corporation," *Annals: Journal of the American Academy of Political and Social Science, Race and Community Development Issue*, 594(1).

Kramer, D. J. (1974) "Protecting the urban environment from the federal government," *Urban Affairs Quarterly*, 9(3).

Krumholz, N. and Clavel, P. (1994) *Reinventing Cities: Equity Planners Tell Their Stories*, Philadelphia: Temple University Press.

Krumholz, N. and Forester, J. (1990) *Making Equity Planning Work: Leadership in the public sector*, Philadelphia: Temple University Press.

Lander, B. (2005) "Community Development: Progressive and/or Pragmatic?" paper presented at City Legacies: A Symposium on Early Pratt Planning Papers and *STREET* magazine in New York, NY, Pratt Institute Manhattan Campus, October 14. See http://www.pratt.edu/newsite/xfer/citylegacies/index.php#schedule.

Lemann, N. (1991) *The Promised Land: The great black migration and how it changed America*, New York: A. A. Knopf.

Marris, P. (1962) "The social implications of urban redevelopment," *Journal of the American Institute of Planners*, 28(3).

Marwell, N. (2007) *Bargaining. for Brooklyn: Community Organizations in the Entrepreneurial City*, Chicago: University of Chicago Press.

Peterson, J. A. (2003) *The Birth of City Planning in the United States, 1840 - 1917*. Baltimore, MD: Johns Hopkins University Press.

Pratt Institute, Department of City and Regional Planning (1963) *Pratt Planning Papers* 1(4). Brooklyn, NY: available at: http://www.pratt.edu/newsite/xfer/

citylegacies/PPP_volumes/VOL_1_NO_4. pdf(accessed July 12,2008).

Pratt Institute Center for Community and Environmental Development(1971 - 75) *STREET* magazine, 1 - 15, Brooklyn, NY: available at: http://www. pratt. edu/newsite/xfer/citylegacies/downloads. php(accessed July 12,2008).

Pynoos,J. ,Schafer,R. ,and Hartman,C. (1980,revised) *Housing Urban America*,Chicago: Aldine Publishing Co.

Rosen,K. and Dienstfrey, T. (1999) "Housing services in low - income neighborhoods,"in Ronald F. Ferguson and William T. Dickens(eds) *Urban Problems and Community Development*,Washington,D. C. : Brookings Institution.

Ryan,W. P. (2004) "Bedford Stuyvesant and the prototype community development corporation," in M. Sviridoff(ed.) *Inventing Community Renewal: The Trials and Errors that Shaped the Modern Community Development Corporation*. New York: Community Development Research Center, New School for Social Research.

Squires,C. R. (2002) "Rethinking the black public sphere: an alternative vocabulary for multiple public spheres,"*Communication Theory*,12(4).

Stoecker,R. (2003) "Understanding the development organizing dialectic,"*Journal of Urban Affairs*,25(4).

——(2004) "The mystery of the missing social capital and the ghost of social structure: why community development can't win,"in Robert M. Silverman(ed.) *Community - Based Organizations: The Intersection of Social Capital and Local Context in Contemporary Urban Society*,Detroit: Wayne State University Press.

Thabit,W. (2003) *How East New York became a Ghetto*, New York: New York University Press.

Throgmorton,J. (1996) *Planning as Persuasive Storytelling the Rhetorical Construction of Chicago's Electric Future*,Chicago: University of Chicago Press.

Wolf - Powers,L. (2008) "Expanding planning's public sphere: *STREET* magazine,Activist Planning and Community Development in Brooklyn,NY 1971 -75,"*Journal of Planning Education and Research*,28(2).

正义之城可以从基层开始建设吗？
南布朗克斯的棕色地带、规划和权力

贾斯廷·斯泰尔（Justin Steil）

詹姆斯·康诺利（James Connolly）*

关于正义之城的文献为重新定义规划重点提出了理论和哲学层面的正义化观点，但尚未深入研究制度结构问题。美国治理棕色地带再开发提供了一个示例，其有效的机构实验在某些情况下已经形成正义的明显连接。本章通过一个案例研究审视这样的努力：大约十年内，纽约南布朗克斯基层环境的正义组织联盟一直致力于重新配置社区组织关系。虽然这里不能完全展开分析布朗克斯团体的经验，但本章着重研究环境正义组织在现有的房地产开发组织领域努力建立生产功能变态分层（多边）治理结构的基础型反制度机构。他们的经验表明，审视城市开发过程中为实现正义成果而付出的努力离不开对制度结构的分析。

社区组织和规划权力分配

关于城市发展过程的权力分配在城市规划领域内有矛盾，一方面是努力实现经济资源的更平等分配，另一方面是决策权力的

---

* 本章同样是合著。名字顺序在连续出版物中有变动。

寻找正义之城

更平等分配。① 交际理性主义者接二连三的规划理论一般强调把同等参与决策作为正义经济再分配的先决条件（佛瑞斯特，1989；希利，1992），而政治经济理论家一般强调在民主参与可以真正有效之前需要重组经济结构（哈维，1996）。苏珊·费恩斯坦的正义之城表述（见本文集她撰写的章节）阐明了哲学和实践层面上作为衡量城市发展的正义优先地位，侧重于玛莎·努斯鲍姆（2000）的"能力方法"，在理论上调节这两个重点。虽然所有这些观点已经注意到制度形式问题（希利，1999；麦克劳德和古德温，1999），但组织层面的特别关注②普遍受到冷落，尤其是在关于正义之城更多的哲学讨论中。

自从20世纪60年代社区发展的兴起，组织层面的经济资源和决策权力分配一直是地方社区团体非常突出的问题。美国当代社区发展组织可以溯源到60年代诸如黑人权力运动的激进思想，呼吁地方控制和自我决定。（图雷和汉密尔顿，1967；芳娜，2002；德菲利皮斯，2004）。然而，自那时以来，新自由主义政府主动强调创业精神，放松监管，低级别政府有效地适应地方控制目标，将其转化为下放责任，从联邦政府下放到州政府，再下放到地方政府再到公民社会组织，一直到社区开发人员。尽管要求增加地方民主和个人自由，但由于主要为减少政府每个层面的再分配作用，新自由主义权力下放最终减少了地方控制（哈维，2005）。由于新自由主义的政治经济理论固定不变，主流社会发展领域、主要组织

---

① 例如见弗雷泽（1995）关于再分配和识别的相关问题，波雷加德（1998）和桑德科克（2003）分析城市规划理论与实践的张力。
② 对组织水平重要性的敏锐分析，对城市社会公平问题的分析，见马维尔（2007：1-32）。马维尔（2007：7）认为："当社区性组织致力于提高贫困地区的条件时，它们实质上试图重塑经济和政治领域。"

形式和社区发展公司（CDC）越来越企业化、专业化，而且与最初的基层组织和对抗性倡导相分离（维达尔，1992；斯托克尔，1997；维达尔和基廷，2004）。

这个历史轨迹意味着，以社区为基础的群体，在政府责任缩水的情况下寻求更多正义城市环境时，不仅挑战实现以地方为基础参与城市治理的民主形式，也找到以过程中的反叛议程（insurgent agenda）为名义利用国家剩余再分配的权力进行融资的办法。至少在某种程度上，这些反叛议程不投资和减少投资社区的组织，资本投资者几乎对该区域没有任何兴趣。[例如，见蒙多夫和斯克拉详细阐述的达德利街社区计划经验（1994）]。在这种资源缺乏的情况下，当地坚持下来的组织相对自由地决定发展方向。这些团体成功地改善他们的社区和市场条件，然而开发商和发展联盟逐渐再次投资这个区域并威胁到地方团体的自主地位（唐斯，1981：75；布卢斯通和哈里森，1982：87）。约翰·莫伦科夫（1981：331）总结了资本和社区之间矛盾的相互依存。他写道，"最明显的是生长和冲突周期，积累过程导致了社区的增长，（资本）最终发现积累阻碍了进一步的扩张"。

正如关注的案例所示，形成于减资时期，允许相对自决的社区发展议程往往需要新策略有效挑战再投资时期的私人市场。研究过程中一名被采访的活动家说，这些策略"改变了城市规划我们社区土地和项目的方法……在谈判中我们有了发言权"。这位活动家认为，改变的真正意义是利用社区组织反对现有政府权力来影响私人发展。虽然这种手段一直是社区团体的策略，但自从前面提到的CDCs早期兴起以来，学术研究、房地产开发商网络和社区战略才得以融入。社区策略得到了演化，要求不断重新审视再投资跨组织机制。

寻找正义之城

新自由主义权力下放，投资策略改变，城市环境恶化，都需要更复杂的机构①管理棕色地带再开发过程，如案例所示，这样的复杂性为创新城市发展政策创造机会（多克和 Karadimitriou 2007：210）。然而，为了促使创新服务于反叛社区（insurgent community）的利益，需要确立机制改变现有网络动力学，尤其确立机制指导高度连接的组织行动。城市发展网络佐证了佩罗（1991：726）"组织内部以及组织之间的分层是阶级系统的中心决定因素"的观点。交织的种族和阶级不平等在组织关系分层网络中显而易见，如何接受制度变化策略的反叛利益挑战，是否能接受挑战，是寻求棕色地带再开发推进社区发展议程和寻求创建正义之城的中心问题。

案例：棕色地带机会区（BOA）立法和布朗克斯河

许多低收入社区，如纽约南布朗克斯的污染和废弃土地，是最具体展现的其中一种城市不公平。随着19世纪和20世纪城市化和工业资本主义的发展，这个地区的环境首当其冲发生了退化，结果到处都是无法补救的危害环境的空地。毋庸置疑，在正义的城市中，土地至少应该被清理、保护免于再遭污染。问题是不清楚谁有权力决定土地恢复后的发展内涵和规模。

纽约尤其如此，多年的立法僵局使之成为美国最后一批通过综合法律立法清理和重建被污染工厂的州。1994年当立法僵局可能会无限延长时，纽约州环境保护署（DEC）创建了"自愿治理

---

① 这里采用组织范围概念，是马维尔（2007：3）的定义："一套组织联系在一起，成为社会空间竞争者和合作者，致力于特定类型的行动。"这个概念区别于组织网络，网络只包括合作者。更多关于组织领域的制度主义视角分析，见迪马乔和鲍威尔（1991）。

项目",如业主同意清理土地就可得到不被未来修复部门(the department for future remediation)起诉的承诺(胡,2003:B1)。可是,法律并没有阐明污染的安全底线。DEC颁布条例声称土地应该恢复到"原始状态"(pristine state),但很少规定每种化学物的目标和更具体的指导方针。结果,州政府官员和每个污染者以案例协商具体处理措施(麦金利,2002:B1)。这使主要污染者摆脱困境,迫使社区组织参与这场长期又耗资的战斗,确保治理有毒土地的安全性。

一个恰当的例子是星光公园,位于布朗克斯河岸边。2000年,星光公园发现受到严重污染,污染物是煤炭气化工厂的排弃物,该厂从19世纪80年代到20世纪20年代一直在前任康·爱迪生电力公司的土地上运营。和平与正义青年部(YMPJ)是地方社区组织,该组织用接下来的六年时间动员居民确保DEC和纽约城市公园部门(当前的土地拥有者)要求康·爱迪生公司接受最低标准的修复。治理工作终于在2006年秋季开始,包括康·爱迪生公司支付公园部门建设公园的赔款,社区群体在本案例中能够罕见取胜是因为不断斗争,取胜是偶然,不是必然。自愿治理项目基本上让污染者花最少成本避免了责任,结果是补救不彻底,没有机构承诺居民未来发展中不会重复同样的破坏性周期。进行综合治理全靠地方组织的警示和宣传,引起公众关注,促成政治权力给土地拥有者和污染者施加压力。

类似于星光公园的战斗一个接一个,屡败屡战,于是环境正义组织在全州范围内开始合作设计一种更有效的方法。1998年,由洛克菲勒兄弟基金会赞助,纽约环境正义组织和一些大型污染工业的代表、城市和州政府官员以及其他利益相关者联合起来组成一个棕色地带联盟,起草并提倡更全面理性的州立法。其中一项工作是环境正义组织主张一项法案,该法案将为

寻找正义之城

社区团体或市政当局提供公共资金和支持，执行区域性棕色地带调查，参与社区程序，制定居民重建当地的优先权。2003年，由于地方和州际组织的游说宣传，州参议院大会通过了棕色地带机会区域（BOA）（Brownfield Opportunity Areas）立法，基于该团体的棕色地带治理计划（BCP）（Brownfield Cleanup Program）法案起草的模型，该法案给开发商提供棕色地带再开发的税收抵免。①、②

早期得到BOA准许的组织之一是基于三个布朗克斯组织的联盟，由当地居民组成，并由社区的有色妇女领导。这些团体属于和平与正义青年部（YMPJ），该部是会员制社区团体，组织年轻人争取布朗克斯河和湾景社区的环境正义；南布朗克斯可持续组织（SSB）是一个非营利性的环境正义解决方案公司，发展社区需求的可持续经济项目；波因特是一个非营利的社区发展公司，关注青年发展和亨茨·波因特社区的文化经济振兴，特别关注艺术。这三个社区组织与两个技术援助提供者形成联盟：它们是普拉特中心和布朗克斯整体经济发展公司（BOEDC）。

南布朗克斯河滨水区（SBRW BOA）目前给出棕色地带的调查结论，并与当地社区成员进行试验。尽管必然不是所有结论都完整，但他们的经验提示出该途径的可行性和局限性。实验者改革城市发展机构模式，基于环境正义运动确立的正义概念。跟踪

---

① 更多关于立法的冲突和妥协参见贝克（2003）；布里杰（2003）；西斯卡（2004）；斯特恩豪尔（2005）。
② BOA程序授权国务院和环境保护部提供金融和技术援助地方政府或社区组织，综合评估棕色地区。BOA程序为社区团体或直辖市设置了三阶段过程，进行棕色地区研究：预提名分析、提名研究、实施策略。机构或直辖市可以与国家合作，将棕色地区市场化使其获得再利用，这符合由社区组准备的计划。更多信息见：http：//www.nyswaterfronts.com/grantopps_boa.asp。

分析中，我们在 2007 年两个月内进行了 12 次半结构式访谈，和 YMPJ 完成两年的参与性观察，由其中一个作者执笔。我们采访了所有社区的组织领导者，参与 SBRW BOA 的技术援助团体，以及由社区组织领导人或与 SBRW BOA 行动相关联的职位确认的城市官员。每次采访持续一至两个小时，关注 BOA 成立后每个组织与城市、州、个人发展和社区组织的互动类型和属性。我们也讨论该组织的目标、BOA 面临的最大挑战、棕色地带发展的创新制度结构、个人受访者提出的额外问题。采访中的常见主题在随后对参与者观察分析所获得的知识中语境化。

环境正义，自我决定，再分配

SBRW BOA 行动深深植根于美国环境正义（EJ）运动发展起来的社会正义模型。与自由保护组织的主流大型环保运动相比，环境正义人士首先承认环境污染和造成破坏的即时人类后果的最直接受害者是居住在环境公害和污染物集中的社区的有色穷人（美国 GAO，1983；种族平等委员会，1987）。例如，1982 年准备要在北卡罗莱纳州非裔美国人聚居区沃伦县建造垃圾站填埋 PCB 污染土壤，结果引发了大规模的抗议，抗议者提出环境种族主义概念——废物处理和污染严重的工业活动瞄准有色社区（布拉德，1990）。此后不久，1991 年开创性的国民有色环境领导峰会整合了分散的 EJ 斗争，重新强调早些时候的民族自决和基层组织，实现城市发展成果再分配（更多关于一个国家环境正义运动的发展内容尤见布拉德 1993 年、亚当森 2002 年，以及布拉德等 2004 年的著作）。

EJ 运动的创建原则要求"政治、经济、文化的基本权利和各民族的环境自决"以及"要求有权作为平等伙伴参与每一个层面

寻找正义之城|

的决策,包括需求判断、规划、实施、执行和评估。"① 环境正义原则类似于正义之城规划,都要回归哲学和道德的基础,为了促进支持空间意识的社会变革形成正义共识。这两种方法的区别在于,正义之城利用西方哲学,EJ运动强调地球的神圣,植根于我们不同心灵中关于正义的集体信奉。EJ的原则抵制商品化,无论是开发之前通过社区福利支付,还是事后货币赔偿,目的是寻求转变我们彼此的关系以及和地球的关系。在EJ模式中这些关系的转换必须从基层开始,从具体日常生活的特定环境开始。EJ组织者的正义无法抽象地定义,必须通过地方边缘化社区的自我决定才能定义。

美国有色边缘化社区居民的经历一再聚焦交织的各种压迫。因此,EJ运动把关注环境和关注社会正义相结合,知晓环境包括生活的全部条件,有空气、水、开放空间和娱乐权利,以及工作条件、工资和住房质量、教育、医疗保健和交通。为了创造更平等和健康的城市,同时又保持地方控制,EJ组织开发出一种以社区为基础的小规模组织结构,调动当地的积极会员形成不时与城市和国家机构对话的网络化联盟。这种地方性网络化方法可被视为努力促进新自由主义对抗自身的权力下放,利用地方政府权力实现更公正的资源再分配。按一个工作人员的话说,

---

① 见"环境正义原则"完整版:http://www.ejnet.org/ej/principles.html accessed 6/05/08。峰会上采取的其他相关原则声明环境正义:
1)确定地球母亲的神圣性、生态整体性和所有物种的相互依存性,免于生态破坏的权利。
2)要求公共政策基于所有人民的相互尊重和平等,不受任何形式的歧视或偏见。
3)授权伦理权利,为了人类和其他生物拥有可持续发展的地球,平衡使用土地和可再生资源……
5)确定所有人民政治、经济、文化和环境自决的基本权利……
7)要求作为平等合作伙伴参与每一级决策的权利,包括需求判断、规划、实施、执行和评价……

正义之城可以从基层开始建设吗？南布朗克斯的棕色地带、规划和权力

BOA"是要长期改变决策者（城市发展中的）和社区成员之间关系的性质"。这里研究布朗克斯 EJ 组织成功的同时也有意于促成更大范围的参与式民主，通过地方组织易使用的基础设施，通过与公共部门机构和指定的个人市场参与者法规的相互关联，得到改善的环境卫生和经济再分配。这样的战略承认在实践中，正义之城要求一起解决经济资源再分配和决策权力。

南布朗克斯由于最近的再开发（如一些大型项目像布朗克斯河园林路、布朗克斯终点市场、洋基体育场）和初期的中产阶级化（如更名为"SoBro"），一直是环境正义组织的关键区域。尽管近期房地产开发突然上升，但该地区失业率全国最高，还是美国最穷的国会选区。拥有成百上千被污染的棕色地带，种族、阶层和高污染相互关联便不是偶然。工业化和限制工业化、资本投资和收回投资资本，周而复始跳不出利润最大化和政治私利的逻辑，说明污染应该集中在房地产价值最低、工资最少、政治阻力最小的地区（斯夸尔斯，1994；哈维，1997）。

因此，揭示棕色地带不是"可持续性"这样的自由议题，而是某些团体获利而其他团体受害的社会过程产品。经过十多年的奋斗，布朗克斯 EJ 组织在土地分配和创建布朗克斯河绿色通道的融资方面赢得了巨大的胜利，成为一个公共公园网，为布朗克斯河沿线社区提供水、休闲和经济发展机会，这些社区空间目前仍然开放不足，还有严重的环境健康危害。然而，正当庆祝开创绿色通道的时候，一个城市委托咨询报告被泄漏，把布朗克斯河区域定为高端住宅用地重新规划现有产业和棕色地带区域（加文报告，2006）。随着土地价格增加，南布朗克斯棕色地带正成为冲突的核心，一方面是长期社区组织的利益，谋求维持他们关于社区成长来之不易的自决，另一方面是私人开发商和业主的利益，寻求后工业土地提供的内城利

寻找正义之城

润最大化。

在这种背景下，BOA组织的一位主任总结说，她把环境正义理解为一种认知，如果你不想重演毁灭了南布朗克斯的负投资和环境破坏：

> 你必须先解决问题的根源不平等现象，没错，这是不同的环境负担，但更多的是社区没有知识和权力确保这种环境污染不会开始。对于一些人来说，进来后给我一个公园或一条干净的河或移走一个公路就够了，消除了负担或给我带来好处。但来找我的人告诉我，环境正义的精神一直是权力、知识和自决……对我来说，BOA的非凡在于确保了人们在社区的发言权。

重新定义社区为反（COUNTER）机构

SBRW BOA试图创建权力系统，社区成员需要确保污染不再发生，通过先行改变社区制度定义确保再开发有助于改善不平等。BOA团体通过扩大被正式承认的地方社区组织身份，寻求参与土地使用决策过程。一个BOA成员问道："我们如何定义谁是社区（who is community）？谁来决定？这是BOA的一个主要议题。"

纽约市现有的社区代表网点起源于20世纪50年代和60年代，倡导参与土地使用决策，促成创建社区董事会。董事会代表着土地统一使用审查程序（ULURP）中的社区分区制变化、分区控制修订的特别许可、资本项目选址、城市更新计划、城市拥有财产的转让或收购。社区董事会成员均由具有议员选举权的市镇领导任命，主要为他们服务。因此，拒绝提议不多见，董事会承担了主导系统——土地使用过程的肯定作用。①

SBRW BOA 社区组织经常与社区董事会共事，但他们和这些任命团体有区别。布朗克斯河/湾景社区董事会涵盖了 SBRW BOA 活动的大部分地区，很大程度上由超过社区中等水平的高收入和高教育水平家庭和企业主组成，经常和区长或当地市政议员有联系。BOA 集团基层组织成员更多代表大多数社区居民、低收入租房者、最近的移民、被排除在正式选举程序之外的年轻人。

土地使用过程中与不太正规代表性的人口群体之间的紧密联系常常激发与发展相关的念头挑战现有权力职位，这又为基层组织提供了明显不同于社区董事会的支持基础——他们的合法性历来是基于反对立场，而不与决策有关。BOA 集团协同成员和其他社区居民，一直不认同社区需要市场利率住房和大卖场零售。取而代之，它们强调地方经济发展需要支持现有小型企业和为当地居民创造健康和有体面收入的工作和住房，并保证他们的永久支付能力。例如，加文报告讲到，BOA 集团不提倡大规模驱逐布朗克斯河沿岸的汽车维修店和其他小型企业，而致力于研究这些小型企业如何可以更加可持续地为员工和社区运作，也许通过得到州和联邦资助成为提供新燃料运输的领导者。

这些集团在与大多数社区居民的关联中产生的反对立场（counter-positions）排除了正规决策过程，这也定义了南布朗克

---

① 创建社区董事会促进地方性参与和控制土地使用，但越来越因缺乏独立性受到批评，例如因为政治动机净化布鲁克林社区第六委员会成员，因为他们反对最近的大西洋院落（Atlantic Yards）开发计划，净化布朗克斯社区第四委员会成员，因为他们反对把公共公园建成新洋基体育场。纽约的一些社区董事会，比如东哈莱姆，被称为参与主体，确实保证了居民在当地发展的富有意义的话语权，其他民主与效能水平不太确定。

斯海滨 EJ 组织的身份。BOA 与环境正义原则有一致的地方,他们具有行使正义权力的特征,推动让最受害和最边缘化群体能够参与的决策机制。此方法明确确认生活以及自决权的相互依存性,并与杨(2000 年)的理论化的条件相一致,即尽管存在结构性不平等和文化差异,也可创建广泛的民主沟通。杨称这种方法为"针对不公正条件的民主理论",建立了"为促进一个社会成员的自我发展和自我决定的制度条件"(杨,2000:33)。① 正如一位受访者所说:

> BOA 希望追求自己议题和项目的不仅仅是一个团体,而是具有不同视野和意识形态,但在各自的议题中共同关注投机商所带来伤害的团体联盟。它们要妥善解决关键地点并促使城市对棕色地带采取更多行动。希望在于这些机构可以接触到其他利益相关者——接触到附近其他普通人、当地企业、教堂和租户协会——拥有统一的由国家资助的观点,这一观点已经开始获得城市和负责规划土地使用的国家机关的认可。

在城市发展背景下这一权力的公正实施,需要那些深受城市发展影响的群体拥有自由为本社群实施计划,以及使这些计划实实在在指导实际发展的机制。BOA 旨在创造规划和实施机制,采用现有组织范围的棕色地带土地使用决策权。BOA 机构与城市和中介组织一起正在游说纽约州立法机关修改棕色地带清理法,这样开发商可利用州政府棕色地带税款抵免比例收据,该收据是获得项目批准的凭据。只有本区域再发展策略所提出的地方 BOA 项

---

① 杨的论点声称协商民主以及政治兼容和政治平等增加了"民主决策过程将促进正义"的可能性(杨,2000:6)。

目才能得到批准。① 这个"联动"(linkage)要求会是一种金融回报，鼓励土地所有者和开发商与 BOA 机构合作，开发一些州经济资本从而在组织领域范围内论争和谈判。用一个被采访者的话说："我们希望联动将有助于建立与土地所有者和开发商有意义的联系，鼓励他们与 BOA 机构合作，鼓励他们为自己的目标买进程序并能够部分地得到州政府资助。"

实质上，联动要求努力为 BOA 机构代表的另类定义(alternatively defined)的社区提供机构权力。这种机构权力不仅仅由州级政府机构的经济资本所提供。BOA 机构正在寻求城市支持州政府的额外资金，坚持抑制城市发展审批，除非私有棕色地带开发商事先和 BOA 机构咨询过他们的申报项目。② BOA 机构人员指出，"BOA 范围内几乎所有主要发展地区都需要实现分区改变(zoning change)，以达到潜力最大化。"

> 即使最冷酷的新自由主义也会承认政府有必要参与棕色地带再开发，因为有污染和基础设施问题、有风险和成本问题……棕色地带城市各地的人都会以此为切入点说"要花公款，就要有同等的公益。"规划程序就是要保证公益。

BOA 机构这场有点唱反调的运动针对机构权力挑战现行机构，体现出有时被称为"反机构"(counter-institutional)的立场。(见本文集费恩斯坦、马库塞撰写的文章)反机构在雅克·

---

① 写完本章到出版完成之间，纽约州立法机关通过 s. 8717/A. 11768 议案，为符合 BOA 计划的项目提供了一个百分之二的棕色地带税收抵免红利。这使得未来分析"联动"程序影响与跨组织间的动态尤为相关，因为其影响联动红利。
② 纽约市市长办公室在 2008 年 6 月 9 日宣布将创建一个新的环境整治办公室。办公室提出一个目标，"提升棕色地带机会计划，提供社区所需的规划资源"。这可能为社会团体在项目审批方面获得所需城市支持开了个头。

德里达的著作中被描述为"支持与反对"(with – against)运动,既是现有秩序的一部分,同时也是秩序的变革种子(沃瑟姆,2006:1-24)。除了简单的改革努力,反机构补充现有的制度背景,通过"更充分地完成目标,即集体致力于某种共识基础上的目标。同时,反机构公开从前妨碍机构完成目标的因素"(米勒,2007:284)。使用如"反公共对话"等工具(见本文集沃尔夫·鲍尔斯的章节),反机构为现行运作的制度形式保持可选择愿景,揭示制度缺陷,该愿景"必须对无限要求正义做出回应……"(米勒,2007:292)。

在这个意义上,BOA机构建立的反机构是乌托邦现实主义——其乌托邦在于它支撑与土地使用决策相关机构的可选择愿景,现实在于可选择愿景基于现有组织结构。这种方法与亨利·勒费布尔的手段有很大的共鸣,他努力实现自己"城市权利的"概念。勒费布尔认为,规划师(和别人)都应该在心里对城市空间有一个乌托邦式愿景,但其行为要基于城市空间本身(勒费布尔,1996)。因此,BOA机构的任务是为了实现正义愿景,重建组织关系秩序,掌控州政府再分配权力,目的是为努力纠正基础性不平等的机构赋予力量,使它们表明体制发展和跨组织机制作为实现"城市权利",构建更公正的城市环境至关重要。

授权差异化结构治理(heterarchic governance):劳拉地区的教训

以城市发展过程中综合性政策制定为前提构建反机构,要求社区性组织改进土地使用政策制定过程中的社区定义,区别于被指定社区董事会,达到立法规范其反叛议程的目的。同时要求社区性组织把议程和更大范围的政策制定相关联。为此,必须把反机构立场融入可行的差异化结构治理模式。差异化结构治理最著名的描述是"既不是市场也不是等级"（鲍威尔，1990）。这种模式的基础离不开组织和个人之间的对话努力，获取多边政策制定程序，低估等级权力和个人行为。这个概念用来研究区域经济、工业产区、国家政权转型、城市规划程序，等等。（鲍威尔，1990；斯塔克，1996；杰索普，1998；斯通，2006）

对研究案例重要的是，差异化结构治理特别适合于已有的制度安排正在经历改变的情况（斯塔克，1996；杰索普，1997）。在城市发展过程中，差异化结构治理具有这样的特征：私人市场参与者放弃决策的一些自主性，国家行政人员放弃一些自上而下的权力。为了实现这一点，杰索普（1998：36）认为"合伙人的'附加值'"必须对所有参与者说明，与资源相结合，而不与单独工作相结合。由此，产生了大于任何个体成员的跨组织能量。不过，杰索普强调了不加批判地高呼差异化结构组织治理形式的危险性，因为市场原则并未改变（1998：39）。相反，如果更复杂和更广泛地看，仅仅是一个新领域，表现出为了资本竞争而产生的对立。SBRW BOA早期做过一个叫作劳拉地区的大棕色地带实验，很好地证明了这一点。

劳拉地区是一个废弃的工业滨水生产设施区，位于布朗克斯河和东河交汇处附近，冷战期间劳拉公司曾生产空军电子元件。该地区相邻于几个中低收入的米切尔—拉玛（Mitchell-Lama）补贴的住房发展项目，生活于此的主要是长期居民。该地区绝大部分归私人拥有，2006年的销售启示引发了一场争议性辩论，几个受访者称之为未来之辩，他们提供了下列细节。

房地产开发住户很早得到销售消息，与南布朗克斯（SSB）、和平与正义青年部取得联系（YMPJ）。SSB发现纽约开发商彼得·法恩是购买和开发的主要竞争者。研究法恩的业务记录，普

寻找正义之城

拉特中心发现其劳力实践水平弱、承受能力低、施工质量差的证据。虽然 BOA 组织尚未开始棕色地带机会区社区规划程序，构建上面提到的"联动"立法没有通过，但 BOA 机构起草了一封信，寄给该地区拥有者、潜在购买者和当地选举的官员。他们断言 BOA 的规划功能，认定劳拉地区是他们地区的一个重要组成部分，强调新的开发必须和社区关注的问题相呼应。之后不久，和彼得·法恩的交易告吹了。法恩退出的确切原因我们的受访者不知道，但似乎 SBRW BOA 至少起了一些作用。

劳拉地区的潜在购买者受到社区群体的普遍认同。全谱（Full Spectrum）集团的卡尔顿·布朗是一个非洲裔美国开发商，具有很具说服力的环境卫生和环境正义的证书，为几个 BOA 组织的领导人所熟知。尽管他没有和所有的 BOA 机构合作过，一些机构仍持怀疑态度，但是布朗早期认定了 BOA 的方法，持续地让 BOA 机构参与开发阶段。全谱集团的职员安排了几次与利益相关者的见面会，针对可承受性和持久性、开放空间和河流的公共途径、进入河流雨水的减缓以及其他绿色设计元素，及时回答了成员提出的问题。但是，棕色地带的交易很快告吹了，因为附近州的金融家阿波罗资本（Apollo Capital）资助了米切尔—拉玛房屋项目，鼓励租户协会不要放弃所持有的关于劳拉地区未来发展展望的签约。

租户协会极力反对更多的住房建设和讨论，所以与 BOA 机构的讨论未能让他们相信布朗的建议是最好的选择。这妨碍了布朗有效展示他沿河建立可承受住房和公共开放空间的能力。事实上，阿波罗资本在鼓励他们坚持时可能有自己的想法，因为传言他们是潜在购买者背后的资金团队。

这个案例既表明 SBRW BOA 寻求的棕色地带发展的可选择的机构愿景，也表明正义城市发展成果的不可分割性，可以具化反机构立场的功能性差异化结构治理模式。BOA 机构必须与更大的政策制定圈取得联系，保持与州政府政治资本和私人开发商的经济资本之间的牢固联系。① 组织网络的前提严重影响了这些群体实现正义后果的能力。劳拉地区的结果未受影响，因为 BOA 机构组织地位不利，功能性差异化治理结构缺失，而正是这些才使 BOA 机构咨询的附加值得到认可。这种认可部分在于联动中的价值机制创造，以及对批准要求的探寻，也在于信任剩余价值，认可这些机制融于棕色地带发展参与者重新组成的改革网络的作用。

虽然这里未能得出完整的网络分析，但 SBRW BOA 运作的组织领域特点概述展示出在劳拉地区周围采取行动而突显的差异化结构治理尚未满足需求。南布朗克斯棕色地带重建的机构圈由社区团体、政治机构、城市和州政府机构、私人开发商组成。这些机构之间建立连接，正式开会发展项目，共同雇佣彼此队伍中的员工，保持非正式开放交流整理并优化目标。②

我们分析网络发现五种组织类型中的三种，具体是城市、州和中介组织，都以某种方式连接到网络中的所有其他类型组织，城市机构具有最强的连接，因此位居所有其他组织的中央。仅有的两个不能与其他组织连接的是社会团体和私人利益集团。我们的采访表明，这两种组织类型在南布朗克斯的棕色地带发展过程中彼此尚未有实质性的连接。阿波罗资本和劳拉地区新购买者漠视 BOA 机构，这显示社会团体和私人开发商之间存在结构漏洞，或失联环节。虽然全谱集团和 BOA 集团试图在 SBRW BOA 集团正努力影响的组织范围内争论时横跨这两方，但是他们最终失败

---

① 地方官僚和私人发展利益之间的联系一直被归类为城市政治学。例如，见亨特（1953）；洛根和摩洛克（1988）；斯通（1989）；达尔（1961）。
② 来自访谈资料。

了，因为建立的信任①还没有充分推广到仍持怀疑态度的租户。这种努力是民营机构之间为获得公共资金的斗争，很大程度上既是政治斗争也是经济斗争，因为这些资金是在南布朗克斯建立项目所需要的。同时，市政府没有发挥积极作用把它们团结在一起，如调节利益相关者或公开承认 BOA 集团以加强其合法性和谈判力量。

中介组织通过与社区团体紧密结盟而建立机制，甚至走出去和州政府、城市、私人市场组织建立联系，构建横跨组织范围内的结构桥梁。按一个被访者的话说，SBRW BOA 的主要中介社区振兴新合作伙伴（NPCR）能够"见谁说谁的话"。被访者指的是，NPCR 员工拥有工程技术、规划和法律背景，花工夫推行州资本新政策，与当地社区团队建立长久关系，允许他们在网络中与所有组织自由交流。他们是"政治缓冲器"，能独立讨论某个问题，而任何特定社区团体不会有受牵连的风险②。NPCR 通过体现城市在组织内发挥的结构作用航行于这个政治敏感地区，然而，在网络中城市机构与私人开发利益集团的连通性更强的地方，NPCR 则致力加强社区组织地位的连通性。（见图 1）

理想情况下，这种与 BOA 集团持续外联的努力会为 BOA 集团带来更加平衡的机构状态。这个状态将为它们提供更大的优势，从而引导像销售劳拉地区这样的行为，因为它们会被连接到积极组织，接触到圈内人都知道的资源基地。如图 1 所示，这种平衡要通过加强经由结构洞形成的连接，从而对抗政府权力来实现。这个结果基于社区组织参与土地使用决策的"附加值"，网络中所有行为者都可看得到。这对建立 BOA 反机构所寻求的替代

---

① 更多关于组织治理网络的信任作用，见鲍威尔（1996）；见格兰诺维特（1985）；玲（1997）。
② 来自访谈资料。

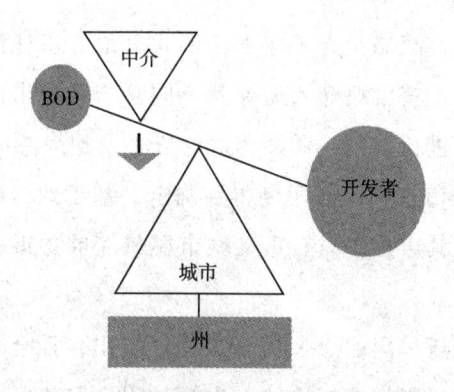

正义之城可以从基层开始建设吗？南布朗克斯的棕色地带、规划和权力

图1 五个组织类型之间的关系，努力影响政府权力使社区群体达到更平衡的位置

制度形式很关键，也是功能性差异化结构治理模式的必备条件。

结　论

如劳拉案例所示，尽管在20世纪70年代和80年代投资不足的漫长岁月，土地拥有者们的确不愿承认个人对南布朗克斯有责任，但追求最高利润时的个体发展权思想一直被开发商认为是支撑正义的普遍价值。由于布朗克斯河正在进行开创性的绿色工程，地方租房者和土地所有者的市场压力越来越大，手头现金紧缺的社区团体怎么可以为委托人维持其自主权呢？如果功能性等级治理结构培植的有力量的反位置（counterposition）没有得到发展，重点强调个体业主的财产权利将是指导南布朗克斯发展的唯一价值。换句话说，现行房地产开发网络结构强化的现存规范将继续保持。

BOA集团比目前在当地社区委员会看到的组织更能代表社区的不同阶层，他们正在形成反传统的规划议程，寻求其过程中的制度权力。作为规划者，BOA集团通过理想对话寻求真理，不按照哈贝马斯概念的调停手段行事，但作为葛兰西组织者在制度范围内定位自己，战略上介入建立新形式的地方责任制以及更多的成果再分配。这些策略介入需要就不同参与者提出的价值定义分歧产生的冲突进行谈判，质疑普遍价值必须是静态的假设。EJ集团追求的"城市权利"正不断得到确定，基于地方条件，基于什么是城市，但其声称，只有正义城市愿景能够告诉我们城市会是什么。

正如艾里斯·玛丽恩·杨（1990）提出，社会学的正义城市规划需要通过机制把多样性纳入决策过程，但苏珊·费恩斯坦提醒我们，还需要一个图景，正义城市发展究竟是什么样。像EJ集团这样的个体性集体（collectives of individuals）只能与其他城市参与者讨论分歧，尽管如此，这也是在组织网络中定义主要权力阶层的结构洞根据种族和阶层桥接的情况下。没有这种联系，他们的对话没有出路，正如劳拉地区附近的租户协会所示，他们的利益可能会被迫成为短期又狭隘的利益。实现正义城市需要公正的结果愿景，从而鼓舞和激励桥梁的形成。以组织权力再分配为基础的平衡组织圈可以作为这样一个目标，因为它允许纳入反体制观点，例如环境正义观点。因此，这样一种制度形式既强调过程和产品，也可作为构建正义城市模型的一个重要方面。

参考文献

Adamson, J. (2002) *the Environmental Justice Reader*, Phoenix: University of Arizona Press.

Baker, A. (2003) "Senate approves plan to clean polluted sites, ending 10 - year impasse," *New York Times*, September 17: B6.

Beauregard, R. (1998) "Writing the planner," *Journal of Planning. Education and Research*, 18.

Bluestone, B. and Harrison, B. (1982) *The Deindustrialization of America: Plant Closings. Community Abandonment. and the Dismantling of Basic Industry*. New York:

Basic Books.

Bridger, C. (2003) "ECIDA opposes brownfield measure," *Buffalo News*, September 11.

Bullard, R. (1990) *Dumping in Dixie: Race, Class, and Environmental Quality*, Boulder, CO: Westview.

—— (1993) *Confronting Environmental Racism: Voices from the Grassroots*, Boston: South End Press.

Bullard, R., Johnson, G., and Torres, A. (2004) *Highway Robbery: Transportation Racism and New Routes to Equity*, Boston: South End Press.

Commission for Racial Justice (1987) *Toxic Wastes and Race in the United States*, New York: United Church of Christ.

Dahi, R. A. (1961) *Who Governs? Democracy and Power in an American City*, New Haven, CT: Yale University Press.

DeFilippis, J. (2004) *Unmaking Goliath: Community Control in the Face of Glohal Capital*, London: Routledge.

DiMaggio, P. J. and Powell, W. (1991) *The New Institutionalism in Organizational Analysis*, Chicago and London: University of Chicago Press.

Doak, J. and Karadamitriou, N. (2007) "(Re) development, complexity, and networks: a framework for research," *Urban Studies*, 44(2).

Downs, A. (1981) *Neighborhoods and Urban Development*, Washington, D. C.: The Brookings Institution.

Foner, P. (ed.) (2002) *The Black Panthers Speak*, Cambridge, MA: Da Capo Press.

Forester, J. (1989) *Planning in the Face of Power*, Berkeley: University of California Press.

Fraser, N. (1995) "From redistribution to recognition? Dilemmas of iustice in a 'post socialist' age," *New Left Review*, 212.

Garvin Report (2006) *Visions for New York City: Housing and the Public Realm*, prepared by Alex Garvin and Associates for the New York City Economic Development Corporation, available at: http://www.streetsblog.org/wp-content/uploads/2006/08/Garvin_Report_Full.pdf (accessed on June 25, 2008).

Granovetter, M. (1985) "Economic action and social structure: the problem of embeddedness." *American Journal of Sociology*, 91(3).

Guy, S. and Harris, R. (1997) "Property in a global risk society: towards marketing research in the office sector," *Urban Studies*, 34(1).

Harvey, D. (1996) "On planning the ideology of planning," in Fainstein, S.

and Campbell, S. (eds) *Readings in Planning Theory*, Oxford: Blackwell.

——(1997) *Justice, Nature and the Geography of Difference*, Oxford: Blackwell.

——(2005) *A Brief History of Neoliberalism*, Oxford: Oxford University Press.

Healey, P. (1992a) "Planning through debate: the communicative turn in planning theory," *Environment and Planning B: Planning and Design*, 23.

——(1992b) "An institutional model of the development process," *Journal of Property Research*, 9.

——(1994) "Urban policy and property development: the institutional relations of real estate in an old industrial region," *Environment and Planning A*, 26.

——(1999) "Institutional analysis, community planning, and shaping places," *Journal of Planning Education and Research*. 19.

Hu, W. (2003) "A sure deal on brownfields? Don't forget this is Albany," *New York Times*. June 24: B1.

Hunter, F. (1953) *Community Power Structure: A study of decision makers*, Chapel Hill. NC: University Of North Carolina Press.

Jessop, B. (1997) "The governance of complexity and the complexity of governance: preliminary remarks in some problems and limits of economic guidance," in Amin, A. and Hausber, J. (eds) *Beyond Market and Hierarchy Interactive Goverrtance and Social Hierarchy*, Lyme, UK: Edward Elgar.

——. (1998) "The rise of governance and the risk of failure: the case of economic development," *International Social Science Journal*, 50(155).

Lefebvre, Henri (1996) "The right to the city," trans. in Koffman, E. and Lebas, E. (eds) *Writings on Cities*, Oxford: Blackwell Publishing.

Logan, J. and Molotch, H. (1988) *Urban Fortunes: The Political Economy of Place*, Berkeley: University Of California Press.

MacLeod, G. and Goodwin, M. (1999) "Reconstructing an urban and regional polit ical economy: on the state, politics, scale and explanation," *Political Geography*, 18(6).

Marwell, N. (2007) *Bargaining for Brooklyn: Community Organizations in the Entrepreneurial City*, Chicago and London: University of Chicago Press.

McKinley, J. (2002) "Impasse in Albany stalls financing for superfund." *New York Times*, July 3: B1.

Medoff, P. and Sklar, H. (1994) *Streets of Hope: The Fall and Rise of an Urban Neighborhood*, Boston: South End Press.

Miller, J. H. (2007) "'Don't count me in': Derrida's refraining," *Textual Practice*, 21(2): 279-294.

Mollenkopf, J. (1981) "Community and Accumulation," in Dear, M. and Scott, A. J. (eds) *Urbanization and Urban Planning in Capitalist Society*, New York: Methuen.

Nussbaum, M. (2000) *Women and Human Development: The Capabilities Approach*. Cambridge: Cambridge University Press.

Perrow (1991) "A society of organizations," *Theory and Society*, 20(6).

Powell, W. (1990) "Neither market nor hierarchy: network forms of organization," *Research in Organizational Behavior*, 12.

——(1996) "Trust-based forms of governance," in Kramer, R. and Tyler, T. (eds) *Trust in Organizations: Frontiers of Theory and Research*, and Research, Thousand Oaks, CA: Sage Publications.

Ring, P. (1997) "Process facilitating reliance on trust in inter-organizational networks," in Ebers, M. (ed.) *The Formation of Inter-Organizational Networks*, Oxford: Oxford University Press.

Sandercock, L. (2003) *Cosmopolis II : Mongrel Cities of the 21st Century*, London: Continuum.

Siska, D. (2004) "The brownfields breakthrough," *Foundation News*, May/June, 45.

Squires, G. (1994) *Capital and Communities in Black and White: the intersections of race, class, and uneven development*, Albany, NY: State University Of New York Press.

Stark, D. (1996) "Recombinant Property in East European Capitalism," *American Journal of Sociology*, 101(4).

Steinhauer, J. (2005) "A cleanup that's easier legislated than done," *New York Times*, December 4: A47.

Stoecker, R. (1997) "The CDC model of urban development: a critique and an alternative," *Journal of Urban Affairs*, 1.

Stone, C. N. (1989) *Regime Politics*, Lawrence, KA: University Press of Kansas.

——(2006) "Power, reform and urban regime analysis," *City and Community*, 5:1.

Ture, K. and Hamilton, C. V. (1967) *Black Power: The Politics of Liberation*, New York: Vintage Books.

U. S. Government Accounting Office (US GAO) (1983) *Siting of hazardous waste landfills and their correlations with racial and economic status of surrounding communities*, Washington D. C. : U. S. Government Printing Office.

Vidal, A. (1992) *Rebuilding Community: A National Study of Urban Community Development*, New York: Community Development Research Center.

Vidal, A. and D. Keating(2004) "Community development: current issues and emerging challenges," *Journal of Urban Affairs*, 26, 2.

Wortham, S. M. (2006) *Counter Institutions: Jacques Derrida and the Question of the University*, New York: Fordham University Press.

Young, I. M. (1990) *Justice and the Politics of Difference*, Princeton, NJ: Princeton University Press.

——(2000) *Inclusion and Democracy*, Oxford: Oxford University Press.

资本主义边缘城市的正义城市之战[*]

作者　厄美尼亚·马里卡托（Erminia Maricato）

翻译　布鲁诺·G. 洛博（Bruno G. Lobo）

　　　卡丽娜·莱唐（Karina Leitão）

引　言

鉴于20世纪末社会主义乌托邦失败了（暂时的？），那么21世纪初可能会获取更多的城市正义吗？[①]

鉴于所谓的全球化时代资本的领土流动性，谴责寻找区位优势过程中由于失业率迫使城市遭到放弃和毁灭的现象，那么扭转这些局面的机会是什么呢？

鉴于新自由主义思想指导资本主义生产方式的重组，实施公共服务、放松管制和私有化、削弱福利，那么公共机构如何满足付不起市场价格，无法享受住房、医疗、卫生、教育资源的人群呢？

如果新自由主义全球化的特征本质上具有城市性或明显影响城市环境：失业或不稳定的劳动关系、领土分裂、都市间的竞

---

[*] 感谢卡兹·波特精心编辑和审阅本章。
[①] 见佩里·安德森的悲观思想（2000，2007）。

寻找正义之城

争、城市景观恶化、[1]"城邦"崛起、"城市公司"和"商品城",那么本文集提出并讨论正义之城的过程中考虑这些特性仍然有意义吗(奥兰特等,2000)?

如果我们还认为这些变化已经出现在未能有普遍社会权利保障(如社会安全权、健康权和教育权)的社会中,大部分的经济活动人口仍在非正式活动,社会在维护前现代关系的同时,将一个政治附属关系与后现代条件相连,那么抗争这样社会中城市日益不平等的可能性是什么?

全球化像之前的泰勒主义和福特主义一样在创建新人类、新社会,转变国家、市场、劳动过程、美学、商品、习惯、价值观、文化、社会和个人主体性,空间生产和环境的关系。[2] 尽管这些转变影响到每个社会或城市——无论赢家、输家或局外人[3]——本章将集中讨论资本主义边缘环境,特别是巴西。案例研究针对一项社会运动,该运动在地方和国家层面都取得了胜利,逆水行舟争取城市正义。胜利首先在军事独裁末期取得,当时左翼市长们通过直接选举获胜(在20世纪80年代),和卢拉总统的第二任期(2007年开始)同步一起持续到现在,在此期间恢复了住房、卫生投资,而此时新自由主义的结构调整政策削减公共支出已长达25年。期间获得进步的最显著例子是:(1)2001年通过城市

---

[1] 参考盖·德波"景观社会"的概念(德波,1992),我们可以说,"景观城市"受图像、外观主导。城市成为独角戏,逆来顺受的真正异化的工厂。

[2] 关于福特主义对人和社会的影响,见葛兰西(1949)。关于全球化或mondialization的概念和影响,见安德森(2000,2007),哈维(1989),斯蒂格利茨(2002),切斯奈斯(1994),阿瑞基(2007),鲍曼(2003),伊比利亚-美国网络研究人员关于全球化和领土所做的国际研讨会的史册(http://www.uaemex.mx/pwww/rii/home.html)。

[3] 这个观点是由彼得·马库塞在1998年5月圣保罗大学建筑学院研究生计划谈话中给出的。事实上,正如我们所见,生产结构调整也会影响到资本主义关系尚未达到的空间。

法，联邦法律限制不履行社会功能的物产权；(2) 2003 年创建城市部，实施充分的公众参与政策，定义城市部项目对抗城市不公。

然而，除了承认到目前为止取得的进展，本研究也讨论巴西最近做出努力的局限性。这种局限性源于两点：（1）巴西在"新帝国主义"背景下扮演持续的顺从性政治和经济的角色①（尽管扮演的是国际关系中的新兴国家角色）；（2）不变的、陈腐的、财产性的遗产在全球势力压倒性影响下重建。本章旨在说明这样一个事实：与这一过程相伴的是强烈的社会参与动态，组成部分是社会运动、政党、非政府组织、专业协会、联盟，通常要求自身争取更好的生活条件而忘记社会变革乌托邦，这将是真正能够确保城市更公正的途径。②

边缘国家全球化的海啸

哈维（1989）认为，1973 年发起的资本主义生产方式重组通过剥夺和产业转移严重影响国与国之间的不对称关系。解释了这些变化中掠夺性控制金融资本的角色和美国霸权，哈维（2003）继而通过剥夺观点提出积累概念，补充并完善原始积累的理论概念。原始积累尤其包括土地商业化和私有化、农民被暴力驱逐、奴隶贸易、挪用资产、国家财政赤字增加、农业综合企业的发展。虽然剥夺性积累维护了这些流程——也许有更激进的形

---

① 这句话来自哈维（2003）。
② 阿瑞基（1997）提出的外围和半外围国家的分类。在这篇文章中，没有划分资本主义的外围和半外围。其他类可以在"主流"文献中看到（例如，低收入和中等收入国家；欠发达地区和最不发达国家；新兴国家和贫穷国家）。不能忽视同时在全球范围内，全球化推动了相互依存、分化和同质化。然而，核心边缘途径不变，为我们提供有效的方法资源，特别是当考虑到城市时。

式——但还包括新内容，包括私有化、生物剽窃（bio‑piracy）、遗传资源盗窃、自然资源破坏、为转基因材料申请专利。剥夺性积累一直伴随着古典式分工的瓦解。生产商将整个行业置于边缘，寻找廉价劳动力和灵活的环境法律。这些边缘国家之后成为耐用商品出口商。（哈维，2003）

关于本主题的所有论述，唯一重要的是突出一个核心要素：通过成功的"能力构建（capacity building）"战略而兴起的新自由主义霸权。在拉丁美洲，政策菜单由华盛顿共识（Washington Consensus）决定，① 并受到重视，因为这种"能力建设"过程依赖多边机构的支持（世界银行和跨美洲开发银行是最重要的两个）。这些机构要求将实现它们菜单作为发放贷款的条件。新自由主义霸权崛起中的其他基本代理人有高薪公共知识分子和学者，特别是经济学专家。外国著名大学和知识分子的魅力难以抗拒。通过核心资本主义国家的学术和专业传统，与日俱增地控制边缘国家的机构，新自由主义政策在世界各地创造了大批追随者，包括政府机构和中央银行。

华盛顿共识也有助于征服信徒的心灵和思想，通过边缘国家传统复制核心国家策略，同时认为土著血统来源于国内的现实和经历不值一提。意识形态的传统分离（符号、文化、价值观、形式）来自于生产基地，产生了罗伯托·施瓦兹（2001）所描述的"不靠谱思想"（ideas out of place）。意识形态（灵感来自核心国家资本主义）和城市现实（边缘资本主义）的分离在边缘国家城市规划中

---

① 华盛顿共识政策建议在《拉丁美洲调整报告：发生了多少？》中有所描述由约翰·威廉姆森（1991，华盛顿国际经济研究所）1989年在华盛顿的一次会议上发表。数年后，华盛顿共识报告由一名追随者补充，从而引领了大批追随者。见约翰·威廉姆森（1994）"政策改革的政治经济"，华盛顿国际经济研究所。

尤为重要。规划建议和城市法律仅适用于城市局部，而其余均超出国家控制范围而不遵循法律规定。正如我们将看到的，在法律城市中运行的资本主义私有市场把大多数人口排除在外。

毋庸置疑，私人市场无法满足住房和城市服务需求，尤其是在资本主义边缘城市。然而，严格遵守基于华盛顿共识削减社会政策开支的建议，是80年代以来创造城市条件的决定性因素之一。抛去国家间的差异，二十多年来，住房、交通、卫生投资受到抑制，市场效率和政府精简（state-downsizing）的想法得到支持。然而，与新自由主义话语让我们所相信的相反，国家并没有变得更小，而是调整满足市场增长和金融资本积累的需求。如库尔兹所述，市场扩张不可避免地导致国家权力增长。[1] 即使在核心国家，相对于GDP的社会投资支出也增加了，这一点曾由世界银行表明（1991），证明了新自由主义意识形态和相互矛盾的本质，试图掩盖其真实意图：私有化和分化，不惜任何代价腾出空间为跨国企业集团提供发展。[2]

尽管主流文化反复重申正规部门的就业率增长，特别包括人口大国中国和印度，表明全球化具有社会包容性，但不可能隐藏全球化对世界各地城市的真正影响，尤其在后期城市化环境中。针对边缘城市实施新自由主义导致的悲剧，迈克·戴维斯（2006）在《贫民窟星球》中做过很好描述。[3] 本章进一步阐释这种影响，用巴西住房和城市发展部的现实数据说明，这是下面案例的研究基础。

---

[1] "通过涵盖整个社会生产系统以及成为普遍的生活方式，市场经济结构越增加，国家需要的活动就越多。因此，我们面对着明确的互惠关系"（库尔兹，1997：96）。

[2] 一些跨国公司的侵略性和道德忽视可以在纪录片电影《公司》中核实（2004年，导演 J. 雅培、M. 阿克巴、J. 巴甘），还有电影 Le monde selon Monsanto，导演为此写了一个著作版本（罗宾，2008）。

[3] 迈克·戴维斯使用的定量数据本该更严格。然而，不能不同意文章评论的总体定位。这个评论在迈克·戴维斯葡萄牙语版著作的后记中有详细描述。

寻找正义之城│

本文提供的数据，适当地做一下解释，也可以作为一般性的边缘资本主义指标。边缘世界城市之间存在着巨大的差异，甚至拉丁美洲城市之间也不例外。巴西是世界第十大经济体［巴西地理统计研究所（IBGE）］，但也是拉丁美洲和加勒比地区最不平等的国家，世界上最不平等的国家之一（世界银行，2006）。显然，巴西的城市反映了这一事实。然而，有关国际分工的结构相似性和决定性允许使用关于边缘世界的概论。在拉丁美洲，相似之处也由于共同的伊比利亚殖民根源，稍后我们会看到。

在巴西，新自由主义财政调整产生的影响始于1980年，很快涉及经济增长和失业率。1940年到1970年之间，该国经济每年增长7%。在80年代和90年代，年增长率分别下降1.3%和2.1%。这样的增长速度不足以将年轻人带入劳动力市场。自80年代初以来的26年，失业率居高不下。根据IBGE的统计，2006年三分之二的工人失业或半失业。失业对城市的影响令人吃惊。缺乏工作，尤其是男性，加上缺乏周边社区和贫民窟流动性，造成城市暴力爆炸性增长。虽然70年代末之前暴力不是巴西城市的核心问题，但它变得如此重要，IBGE声称它在90年代开始影响男性平均寿命。一年一度的凶杀率（每100000名居民的谋杀案数量）从1980年的11.7%增加到2004年的27.0%（IBGE）。

虽然巴西总人口在1980年至1991年之间以每年1.9%的速度增长，但居住在贫民窟的人口增长了7.6%。在接下来的10年（1991年至2000年），总人口增长了1.6%，居住在贫民窟的人口增长了4.2%。贫民窟不仅膨胀，而且更重要的是，人口密度加大。[1] 公共交通的现状揭示了城市外围人口做出的牺牲，尤其

---

[1] 乔丹和Simioni（2003）指出，拉丁美洲和加勒比海地区的房产赤字从1990年的38000000单位增加到2000年的45000000单位。

在大城市。机票价格上涨限制部分人口流动,监管缺乏促成了非正式或非法运输服务。根据城市部和全国公共交通协会(ANTP)的数据,使用公共交通工具的人数已经减少,人口流动也随之减少。2005年,巴西大都市地区的通勤35%靠步行,34%靠公共交通,只有29%靠小汽车,尽管后者代表大都会城市流动的支配模式(ANTP,2005)。虽然在1940年至2008年间,卫生保健服务范围增加,减少了儿童死亡率,但是环境卫生投资缺乏使得流行病如登革热和黄热病又回到巴西城市。登革热和黄热病都于2007年(哥亚尼亚地区的黄热病)和2008年(登革热在里约热内卢的大都会地区)在巴西一些城市达到了惊人的比例。

不公平城市的根源:世袭制主义遗产

在边缘国家寻找社会公正,除了新自由主义全球化引发的最新过程外,还会受到某些因素阻碍。经历过伊比利亚殖民的拉丁美洲国家,有两个重要条件源自这种殖民关系。第一,持续缺乏政治自治和内部市场脆弱,无法在资本主义框架内进行包容性社会和经济发展。[1] 国际资本和地方精英之间的利益关系互补,几个世纪以来导致财富出口、大型农村房地产被侵吞、内部市场发展受阻。

由于外债,拉丁美洲金融依赖导致屈从于国际债权人采纳的政策。自从国家独立以来一直就这样。这在"主要出口模式"期间发生,第二阶段在50年代开始的"进口替代"政策期间(30年代和50年代之间没有明显的外国债务,经济和文化政策有更多的自主权)。外债服务不时地成为沉重负担,导

---

[1] 见以下作者的著作 Caio Prado Jr.,塞尔索·费塔朵(1995),以及弗洛雷斯坦·费尔南德斯(1975)和 Arif Hassan(2008)。

致收支危机，通常紧随其后的就是金融投机、银行和公司破产。

（塔瓦雷斯，2006：38）

贫民窟居民的形象是不缺手机和其他电子产品（电视机、DVD），而缺水和排水系统，这是国家产生的矛盾，因为这些国家的命运很大程度上不掌握在自己手里。市场扩张不仅产生了消费对象也产生了价值和欲望。幸福一直与生活方式关联。商品崇拜绝对盛行，其麻醉的力量导致社会忽视基本社会需求，不分轻重。经济学家玛丽亚·康西卡奥·塔瓦雷斯称这一现代化过程为"保守现代化"，遗留了前现代主义元素（塔瓦雷斯和菲奥里，1993）。一种资本主义，其劳资关系的主要特征是不拘礼节。[①] 分析各种其他作者的著作（奥利维拉，2003；施瓦兹，2001）表明，这种资本主义隶属整个社会，包括非资本主义（non-capitalist）关系，如我们所见，在城市很明显。

第二，精英们强烈主张寡头政治和世袭制。世袭制或裙带关系具有以下特点：（1）个人关系和交换政治支持是公共管理的中心；（2）公共领域被认为具有私人和个人属性；（3）世袭财产、政治权力、经济权力之间具有直接关系。在这种情况下，当主导利益受到威胁时法律应用不可预测。当应用于精英利益和资本时，进步法律可能导致保守性决定，法院也受到人际关系的影响。

这在解读拉丁美洲物权法执法策略时值得注意。当违法（即非法占领）成为规范而标准（尊重城市法律）成为例外，就出现

[①] Francisco de Oliveira（2003）检查生产结构调整背景下的非正式定义，观察到非正式工人是资本主义的劳动力，大型企业提供的商品和服务，如电信行业，把低收入人口纳入到消费市场。根据作者的观点，无人可被排除在外。

紧张和任意执法，这在法院判决和城市管理中都有。执法依具体情况而定，根据不同社会阶层做出微处理，维护屈从的政治关系。因此，大多数住在非法环境中的人口仍然依赖个人关系交换支持。维护政治权力——或维护依赖性和屈从性——是执法模式复杂的原因。

保守现代资本主义的一个特点是私人住房市场只限于为一小部分人口服务。在核心国家，平均80%的人口靠私人住房市场，而20%依赖于公共补贴。边缘国家则相反：私人市场限制了范围，具有社会排斥性和高度投机性。房地产市场专门生产奢侈品，具有制造业特征的行业特点。据估计，从拉丁美洲[①]整体看，只有20%~40%的人口通过正式私人市场获得住房。由于公共政策不能解决剩下的60%~80%人口的需要，贫困人口便听之任之。蓝领职工、公务员和银行家也属于被排除之列。

工资并不足以保证劳动力的再生产。低工资城市化是边缘城市空间生产的核心要素。住房不由私人合法市场生产，甚至没有公共政策支持。除了最近对世界各地城市住房条件的报道，没有严格的数据量化边缘国家的条件（联合国人居署，2003年；ECLAC，2004）。城市多大程度（在某些情况下包括大多数人口）由租户自建，因国家而异，他们没有匹配的技术知识（工程或建筑），没有适当的资金，没有考虑产权、规划、法律、建筑法规。不过，不能认为国家没有参与这样的过程，因为由来已久的政治关系持续贯穿庇护主义实践，这些实践由政党、国会议员和行政管理机构维持。

城市居民还转向环境敏感地区，比如溪流坝、河流和水库、陡峭的斜坡、红树林、洪水易发地区、山谷，这些都受环境立法

---

① 在最近几年中，智利（20世纪90年代）、墨西哥和巴西（2000年后）经历了房地产热潮，对生产和消费市场的影响仍有待进一步的分析。

寻找正义之城

管制，失去了正式的房地产市场价值。本来这些地区归绝大多数人口共有。如此大的侵袭带来的后果包括水源和水库污染，以及山体滑坡、洪水和流行病导致的大量伤亡。

住房短缺、价格居高的主要原因之一是保留土地和空置建筑以寻找更高的租金。在巴西某些城市，包括大坎普、哥亚尼亚、库亚巴、帕尔马斯，空置区域的基础设施可以容纳这些城市人口的两倍多。另一方面，在更大的城市，尤其是在里约热内卢和圣保罗，城区空置建筑数量增加，正迅速逼近这两个城市的住房短缺。空置建筑都位于中心地区，因此那里的城市基础设施和服务水平都是国际标准。

虽然巴西大都市中心区域的空置住宅量减少，但低收入郊区继续横向扩大。扩张基于一个模式，对资源有限的国家造成严重后果。缺乏环境可持续性，类似于美国郊区扩展，巴西城市的外围（拉丁美洲城市更普遍）有更多的问题，因为他们没有相同的大规模基础设施投资，因为家庭汽车所有权比率更低。因此土地和城市房产的租金纠纷成为改进拉丁美洲城市不公的中心问题。①

向城市正义前进：城市改革的社会运动

朝着上面所描述的新自由主义动力学的相反方向走，巴西创建了名为"城市改革"的社会运动。运动联合了社会运动（住房、交通、卫生）、专业协会（建筑师、律师、规划者、社会工作者、工程师）、工会、大学和研究中心、非政府组织、天主教

---

① 有关拉丁美洲城市土地的大量书目可以在林肯土地政策研究所的出版物和网站看到。

会的成员（以及解放神学宗教运动的回归）、公务员、市长和进步的参议员。当时军事独裁统治结束后巴西新宪法（1987年）正在实施，这些社会运动一起形成城市改革论坛，提供共用平台给不同观点，包括公众参与土地利用决策和规划策略以及新定义的城市权利。这种情况下，城市权利指反对不受法律保护的、被隔离的远郊城市边缘地带缺乏基础设施、服务和城市设施。住房运动一直占据公众论坛的大多数，如今开始关注居住位置和反思长期策略的必要性，比如改革巴西物权法。

表1 有许多空置建筑的巴西城市

城 市	总建筑量	总空置量	空置比
圣保罗	3554820	515030	14.5
里约热内卢	2129131	266074	12.5
萨尔瓦多	768010	98326	12.8
贝洛哈里桑塔	735280	91983	12.5
福塔雷萨	617881	81930	13.3
巴西利亚	631191	72404	11.5
库里提巴	542310	58880	10.9
马瑙斯	386511	51988	13.5
阿雷格里港	503536	46214	9.2
瓜鲁柳斯	336440	43087	12.8

来源：IBGE／人口普查2000

随着社会对政治自由的需求，这场运动越来越深入。尽管工会领导人被捕，70年代末和80年代初圣保罗大都会地区ABC①工业地区举行重要罢工强烈质疑军事政权，此举具有重要象征性。工人党成立于80年代，为城市和农村运动提供平台，聚集社会运动、天主教徒和老游击队战士。在同一时期，中央工人

---

① ABC区由圣安德雷、圣贝尔纳多、圣卡埃塔诺和Diadema等直辖市构成。它位于圣保罗都市圈，这个区域在50年代有福特式工业，在80年代出现强大的工会改变了国家政治史，在90年代受到了资本主义生产重构过程的影响。

寻找正义之城

(Central Unica do Trabalhador, or CUT)和民众运动中心(Central de Movimentos Populares, or CMP)也得以创建。

80年代选举进步市长启动了城市改革运动与当地政府的交手（州首府以外）。城市发展、土地正规化、周边社区城市化项目变得更具有参与性，将当地居民纳入公共管理的决策过程。这种动态从州首府左翼市长选举中获得了新能量，包括圣保罗和阿雷格里港。阿雷格里港的参与式预算可能是迄今社会控制当地公共资源的最重要经验。①

巴西政治的新时期始于80年代末独裁统治的结束，回归首府城市(1985)和总统(1989)的直接选举。1987年成立新国民议会制定新宪法。在影响宪法内容的运动期间，城市运动举行城市改革论坛。其中两个最重要的成就包括大众倡议修正案(Popular Initiative Amendment)② 以及1988年巴西宪法的物权社会功能和城市社会功能。

大众倡议修正案由全国各地超过160000名选民签署，于1987年由六个公民社会组织提交国民议会。在巴西历史上，联邦宪法第一次留出一个部分专门写城市，但其应用性依赖联邦政府的监管。由全国代表大会为重新获得民主自由发起的辩论允许国家城市改革论坛聚集起来参与全国最重要的城市社会运动。

尽管城市改革论坛不断施压，联邦宪法的城市部分只在13年后被城市法令中提到的国民大会监管（*O Estatuto da Cidade*,

---

① 参与预算委员会的成员在直接选举中被选举，就市政厅的投资优先事项进行辩论和做出决定。市议会在法律上负责批准市政预算，被迫接受这种"大众议会"(Popular Assembly)的决定。

② 1988年巴西宪法确定，如果百分之一的选民签署，公民便可以通过向全国人民代表大会倡议提交议案。

Federal Law n. 10. 257/2001)。本法提供法律平台处理城市问题。从法律角度看，变化是深刻的：法律制定了物权社会功能。①

按照总规划制定了对空置的或未充分利用建筑的处罚。也制定了新的公共规划文件，重组现有的支离破碎的不关联文件。新法律的变化包括：在超过20000居民的城市强制实施总规划，在超过500000居民的城市强制实施运输计划，强制上报大型开发对环境和社区的影响，解释规划文件和政策时强制公众参与。此外，还存在用于重整土地和住房（规定单一地产的面积不超过250平方米）的司法工具。通过如前所示的诸如此类的变化，激进自由放任的资本主义和夸张的官僚机构结合起来，以依赖利益和权势关系的任意手段，使城市范围的法规制度化。

一系列国家改革运动的重大胜利开始于80年代初的第一次民主自治城市和随后城市社会运动的扩大和组织，包括城市土地占领。随着路易斯·伊纳西奥·卢拉·达席尔瓦（"卢拉"）2002年当选总统，城市部得以创立来满足社会运动的需求。这个新成立的部门也象征着社会要求制度化的新时期的到来，根据特定国家的城市条件。自1987年以来最重要的社会进步总结见表2。

表2　1997年以来的大事总结

1987年	民间6个实体所提出的"全民倡议"宪法修正案；民间实体形成的创建城市改革国家论坛。
1988年	制定的联邦宪法有两个段落关注城市议题，这在巴西历史上是第一次。
1991年	公共住房国家基金议案这个由1万选民署名的民间倡议（在联邦议会通过，以法律形式成为2005年社会利益住房国家基金）。

---

① 根据巴西宪法第182条第二段："城市物产权在满足总体规划制定的城市组织基本要求时就完成了其社会功能。"

寻找正义之城

续表

2001年	颁布联邦法律"城市法令",修改1988年联邦宪法,具体支持财产社会功能。
2003年	创建城市部;举行全国城市会议——其过程涉及巴西联邦所有州的3400个城市。2500多名当选代表出席了会议,讨论"城市发展的国家政策"(2005年到2007年之间也举行其他会议)。
2004年	创建全国性城市委员会咨询城市部;建立全国城市土地产权正规化方案。
2005年	批准国家社会利益住房基金联邦法,创建连接议会活动和社会参与的基金,调控联邦资源转移至当地和州议会以便制定住房计划和其他项目。同年启动国家参与总体规划活动,呼吁为超过20000居民的巴西城市阐述计划。
2007年	卢拉政府推出加速增长计划(PAC),恢复投资放弃了25年的住房和卫生条件。凯恩斯计划的影响提出了一系列公共工程,旨在更新部分基础设施,集中于生产(港口、铁路、公路、电力厂)以及社会和住房基础设施。在2007年和2010年之间,1060亿雷亚尔将用于住房,400亿雷亚尔将用于住房和卫生设施。

创建城市部和各种委员会是开放公众参与的决定因素,保证了表2中所列2003年之后的主要进步。城市部自成立以来雇用了一批具有独特背景的专业人士,绝大多数有学术立场;几乎所有人都是左翼政党的活跃激进分子(多数是PT成员)或社会运动和工会成员;绝大多数曾在地方和地区创新性政府机构任职。[①]卢拉选择奥利维亚·杜特拉当部长,后者曾任里奥格兰德州州长和阿雷格里港市市长,有参与式预算的经验和主办世界社会论坛第一次会议的经验。[②]然而在2005年,成立两年半之后,城市部改变了方向。工党和联盟内部争论为保证国民大会占多数,导致

[①] PAC住房财政资源来自私人市场(巴西储蓄和贷款系统,或SBPE)、私人储蓄(39%)、半公共基金以及通过工资出资创建的就业基金(35%)、各州和各市的资金(17%)、联邦预算(9%)。来源:www.brasil.gov.br/pac。

[②] 本论文的作者应卢拉邀请参加了过渡团队,创造了各种行政单位,包括城市部。之后,作者在政府担任副部长一直到2005年。

政府把城市部归到一个保守党。之前的组织有的离开了联邦政府，有的继续试图完成已定项目。但是变动中断了变革动力，该动力原本定义公共机构为联邦城市发展政策的缔造者。①

参与政治的限制：问题依然存在

尽管在消除贫困、促进行政领域保留左翼的社会政策方面取得进步，但人们不得不承认，这些对广义经济和政治的影响是有限的。新自由主义模式没有太大变化。

加速增长计划（*Programa de Aceleração do Crescimento*, or PAC）是卢拉连任时期的一个发展项目，遵循凯恩斯计划提出一系列公共工程。虽然计划恢复投资那些自 80 年代初已瘫痪的部门，例如社会和经济基础设施（卫生、能源、物流）与住房，但必须强调金融资本持续的主导地位。这种压倒性优势的一个例子是通过公共债务利息（内部和外部）把公共资源投向金融系统。巴西中央银行行长由总统卢拉任命，前者之前担任波士顿银行行长，近年来将巴西利率设定在世界最高行列。因此，巴西 2007 年的联邦预算拨出 30.59%（2370 亿雷亚尔）的公共资源支付公共债务利息和本金。这样分配公共资源限制了公共开支。同年预算中只

---

① 除了上述城市问题，值得一提的是，卢拉政府制定的一些社会政策对巴西的收入分配有一定的影响，虽然影响不大。2007 年家庭奖学金计划（Bolsa de Familia）是为了保证 40% 最贫穷人口得到最低补贴，能够帮助 11000000 个家庭（约 25%）。2002 年和 2007 年之间大约 20 万人的收入超过 E 和 D 类别（2007 年平均每月收入 E =149.60 美元，D =285.10 美元），开始进入 C 类别（2007 年月平均收入 C =552.70 美元）。"巴西标准"定义的类别是由巴西调查公司协会和巴西地理统计所确定。2003 年至 2007 年间，9700000 巴西人摆脱了贫困。最低工资（2007 年约 215 美元）同一时期实际增长了 32%（联邦政府 2008 年）。（这些数字依据 2007 年 12 月 31 日的汇率，当时 1 雷亚尔相当于 0.5646 美元。）

寻找正义之城|

分配 400 亿雷亚尔用于医疗保健、200 亿雷亚尔用于教育、180 亿雷亚尔用于家庭奖学金项目——全国最广泛的社会项目。考虑到社会政策对收入分配和内部市场的影响,人们好奇如果这些资源用来解决社会需求,将有多少生命可以得到改善。相反,这些资源的大多数最后落入国家银行和国际银行手中。①

由于投资能力小,PAC 四年内投资 1060 亿雷亚尔用于住房(2007~2010)领域。大部分基金预计将用于私人住房市场,因为他们主要来自私营和半私营领域。1060 亿雷亚尔中只有 101 亿来自联盟总预算(Orcamento Geral da Uniao, or OGU)。即使考虑从其他来源获得的补贴如服务保障基金(FGTS),仍然缺乏公共住房补贴,考虑到 84% 的住房短缺主要集中在收入水平低于最低工资三倍的家庭(2007 年每月大约 645 美元)。②

政府政策的模糊性源于既要与贫困做斗争又要维护金融资本利益,这种模糊性也存在于土地改革计划中。政府适度支持土地改革:事实上,不使用警察压制土地行业就已经区别于激进分子了。然而,政府同时未能解决农业企业和农村土地所有者的利益。在全球化条件下,巴西已成为商品出口国,出口商品包括纤维素、谷物、肉类、乙醇和矿物产品。这一角色与解决金融承诺(偿债)的需求相结合,结果对巴西领土造成很大影响。由大公司和银行参与的资本主义扩张后果涉及农业、亚马逊地区的森林砍伐、非生产性农村物权和国际企业物权的转型。尽管政府有意,但不可能把家庭农业政策和无地运动(*Movimento dos Sem -*

---

① 1978 年到 2007 年之间,公共债务翻了五倍,尽管付了超过 2620 亿美元的贷款(Rede Jubileu Sul /巴西,第二版,2008 年)。利息偿付部分由于巴西的风险评级,由国际机构定义惩罚负债累累的穷国家,但没有认识到在美国住宅市场泡沫的风险。

② 虽然补贴相当不被关注,但联邦政府还在实施历史上最大的棚户区改造方案。最终也不太可能明显影响贫民窟居民的总人数。

250

Terra, or MST）成员的土地分配项目结合，而不触及农业企业和农村土地所有者的利益，他们的财产大多数情况下来路不明。

政治上有两个问题特别值得注意。第一个是关于组成联盟获得施政能力的问题，这很普遍不只是巴西或其他边缘国家的特点。当执政的进步政党与保守政党和裙带关系支持者结盟，机构关系中前现代诸方面就得到加强。通过将"可买的"选票集聚成政治基础，政府成为交换抵押品，一边花钱得到立法支持，一边失去控制政府任命之人和部分联邦预算的权利。公共投资额根据资助选举活动的逻辑来决定。

工党已经遵循了类似的轨迹。由于90年代更关注选举运动，党越来越远离建党时的社会运动和知识分子。选举竞争逻辑要求党领导人建立内部官僚主义脱离党的基础，他们采取一种迄今为止尚未存在过的实用主义确保资金来源能迎接利益攸关的挑战。这一变化在2005年显现，当时党的高级成员被指控使用非法手段在立法机构购买选票。重新定位的工党在巴西政治生活中留下了空白，慢慢导致左翼政治组织重组，但预测重组结果怎样仍然为期过早。

第二个值得注意的政治问题直接涉及本文的主题：为正义之城而斗争的城市社会运动。"参与热"不仅在巴西席卷公共机构、非政府组织、政党、社会运动，从世界银行到国际农民运动（Via Campesina），当下的热词都是参与。巴西哲学家保罗·阿兰蒂斯说："政治领域从未如此满，同时又如此空。"① 这些运动确实关心重要问题，如性别、种族、环境可持续性、环境卫生、住房，但同时也支离破碎，只见芝麻不见西瓜，忽视了社会的未

---

① 这个观点来自保罗·阿兰蒂斯于2008年8月在圣保罗大学建筑学院研究生课程中的谈话。

寻找正义之城

来。这样的行为已经放弃了寻找新的社会变革，尽管如果我们保持与过去 150 年相同的生产和消费模式，本就没有社会前途。

卢拉政府促成了 40 个会议，由国家或市政府组织，重点讨论青年、种族平等、老年人权利、文化政策、妇女权利、残疾人权利、儿童和青少年权利。自 2003 年以来，大约有 200 万人出席这些会议。三次国家城市会议中，平均每次有 1500 名代表参加（2003、2005、2007）。这些会议之前都是地方和州级别会议，集中讨论构建公共政策的基础和争取更正义的城市。会议选举城市议会，不同社会群体代表组成的咨询机构建言城市部长。毫无疑问，这一过程扩大了城市辩论范围，增加现有社会运动成员。然而，前面讨论过的前现代势力妨碍了对政府空间的参与。

国家的主要城市运动主动约束自身不超越机构和政府的议程。有些演变成寡头模式，不换领导人，独自享受控制当地基地和与具体国会议员的密切联系。在某些情况下，再现了选举义务现象，自己的成员竞争选举。个人生存策略——由高失业率证明——也构成领导人和政治基地之间的部分关系。不增加民主性和不从属州政府，扩大社会运动控制政府，这场斗争由基地的特殊性引发，而不是基于普遍权利制定政策的目标。我们不能说这种情况在联邦政府层面普遍存在。不过，有一个强大的运动，旨在改变最初导致这种参与过程的规定。①

已经讨论过的所有限制更正义之城的斗争中，最重要的是城

---

① 可能注意到城市运动新类型的开始，没有被体制空间吞噬。反对这种趋势的社会运动大部分是在农村而不是城市。尽管有困难，无地运动（Landless Movement）继续努力，呼吁当下的需求，声称战略性工程需要考虑文化、环境、思想、经济、政治问题。运动组织小心更新领导人和组织机构，民主讨论的每一步，尽管得到公共资源和国际捐赠支持，但仍保持其独立性。与常识相反，运动强调教育，揭示教育和传播的重要地位。这就是为什么运动被保守派媒体和司法系统定位犯法。在 2000 年至 2005 年间，223 名与运动有关的农民、工会成员、律师和宗教人士被谋杀。

市法令应用中的阻力。如前所述，法律干扰了形成巴西社会基本组成部分的利益。房地产一直和政治经济势力关联。正如前所讨论，法治也受制于权力关系。虽然这是全世界不争的事实，在像巴西这样不平等的社会也存在，地方性在法律应用中更重要。同时，城市法令本身就是一个难以实施的法律。如上所述，与财产的社会作用和公共占有财产增值相关的文件解释权归城市总规划。这意味着，市议会已经决定使用公共工具，限制城区房地产价格增加。然而，副市长一般替地主和开发商说话，加之当地政府有个人和家庭挪用地租和房地产的传统。[①] 为此，城市法令到目前为止对规划者和律师话语的影响超过对城市包容性的政策。城市法令通过时产生的兴奋吸引了许多社会运动，其中首推法律领域的运动。然而在通过后，精英使用多种策略停止或至少推迟在巴西城市执行"财产社会功能"，这个在后面有描述。

面对物产社会功能执行问题时，1988年宪法含糊不清，真正实施是在城市法令获得调整后：城市法令在1988年宪法制定13年后才实施。2001年后起草的总体规划大部分文本模糊空泛，延期城市法令机制对市政法律法规的执行。然而，直到今天，这些市政法律几乎都没通过。

法律是长期斗争的结果，是社会运动的参数，促使许多人寄希望在法律成功时实现住房权和城市权。当前巴西几个城市支持总体规划的运动说明了这点，总体规划通过公众参与讨论城市法令中定义的文件。在圣保罗，2006年社会运动形成了《支持总体规划的战线》，《总体规划》于2004年颁布，回应市长和市议会希望在解决房地产业利益时排除2004年建议的要求。在赢得

[①] 这些观点基于作者于第一届工党执政期间（1989~1992年）在圣保罗市住房和城市发展部担任秘书，以及为几个巴西和国外城市提供咨询服务时的经历。

1988年巴西宪法的争议以及2001年城市法令颁布后，也在2004年参与性总体规划形成后，物权社会功能即将开始实施。

总之，物权社会功能的法律概念执行是保证巴西城市社会公平的核心所在，它显然和2001年的城市法令一同颁布。尽管社会活动——包括城市规划者和律师——庆祝限制物产权的法律框架成就，但是实施时遇到的抵制表明战斗才刚刚开始。

2003年创建城市部也是社会运动庆祝的一大胜利。然而，2005年其领导者从左翼转换到右翼。鉴于本文开始时的所有考虑，我们可以说，在巴西，不可能把为正义之城的斗争和一般对抗从属于金融资本主义利益和世袭利益的斗争分割开，后者在全球化的条件下得以重生。

参考文献

Anderson, P. (2000) Renewals, *New Left Review*, Jan. - Feb. , 1.

——(2007) Jottings on the Conjuncture, *New Left Review*, 48.

Arantes, O. , Vainer, C. , and Maricato, E. (2000) *A cidade do pensamento único*, Petrópolis: Vozes.

Arrighi, G. (1997) *A ilusão do desenvolvimento*, Petrópolis: Vozes (translated from the original: "Workers of the world at century's end").

——(2007) *Adam Smith in Beijing*, New York: Verso Books.

Associação Nacional Transporte Público (ANTP) (2005) *Transporte Metroferroviário no Brasil: Situação e Perspectivas*. Available HTTP: http://www.antp.org.br.

Bauman. Z. (2003) *Liquid Love: On the Frailty of Human Bonds*, Malden, MA: Polity Press.

Chang, H. (2002) *Kicking Away the Ladder: Development Strategy in Historical Perspective*, London: Anthem Press.

Chesnais, F. (1994) *La mondialization du capital*, Paris: Syros.

Davis, M. (2006) *Planet of Slums*, New York: WW Norton.

Debord, G. (1992) *La société du spetacle*, Paris: Gallimard.

Economic Commission for Latin America and the Caribbean (ECLAC) (2004) *The Millenniun Development Goals: A Latin America and Caribbean Perspective*, Santiago: ECLAC.

Fernandes, F. (1975) *Capitalismo dependente e classes sociais na América*, Latina Rio de Janeiro: Zahar.

Fiori, J. L. (1995) *Em busca do dissenso perdido*, São Paulo: Insight.

—— (1997) *Os moedeiros falsos*, Petrópolis: Vozes.

Furtado, C. (1995) *Formação Econômica do Brasil*, São Paulo: Cia. Editora Nacional.

Global Urban Observatory(2003) *Slums of the World: The Face of Urban Poverty in the New Millennium?* New York: UN - HABITAT.

Governo Federal do Brasil (2008) " Relatório aponta redução da pobreza e desigual - dade no país, " available HTTP: < http://www. agenciabrasil. gov. br/ noticias/2007/ 08/29/materia. 2007 - 0829. 7514974886/ view > .

Gramsci, A. (1949) *Americanismo e Fordismo*, Milano: Universale Economica.

Harvey, D. (1989) *The Condition of Postmodernity: An Enquiry into the Origins of Cultural Change*, Oxford: Blackwell Publishers.

—— (2003) *The New Imperialism*, New York: Oxford University Press.

Hassan, A. (2008) " Global capital and the cities of the south: with investments in the picture, money will shape the souls of cities, " *Cluster*, 7.

Instituto Brasileiro de Geografia e Estatística (IBGE) Statistical database. Available HTTP: http://www. ibge. gov. br.

Jordan, R. and Simioni. D. (2003) *Gestion urbana para el desarollo sostenible em America Latina y Caribe*, Santiago de Chile: CEPAL.

Kurz, R. (1997) *Os últimos combates*, Petrópolis: Vozes (This book is a Portuguese version of various articles written by the German philosopher, co - founder, and editor of *EXIT*! Magazine, Kritik und Krise der Warengellschaft.)

Marcuse, P. (1997) " The enclave, the citadel and the ghetto: What has changed in the post - Fordist US city, " *Urban Affairs Review*, 33 (2).

Maricato, E. (1996) *Habitação e cidade*, 7th edn, São Paulo: Saraiva.

—— (1996) *Metrópole na periferia do capitalismo: desigualdade, ilegalidade e violência*, São Paulo: Hucitec.

—— (2007) " As idéias fora do lugar e o lugar fora das idéias, " in O. Arantes (ed.) *O e outros: A cidade do pensamento único*, 4th edn, Petrópolis, Vozes.

Oliveira, F. (2003) *Critica àrazão dualistalornitorrinco*, São Paulo: Boitempo.

Rede Jubileu Sul/Brasil(2008) " ABC da dívida: sabe quanto você está pagando?"

available HTTP:http://www. jubileubrasil. org. br e www. divida - auditoriacidada. org. br.

Robin, M. (2008) *Le monde selon Monsanto*, Paris: La découvert(book and video).

Schwarz, R. (2001) *Cultura e politica*, São Paulo: Paz e Terra.

Smolka, M. (2005) "El funcionamiento de los mercados de suelo en America Latina," in J. L. Basuado (ed.) *Manejo del suelo urbano*, Seminário Internacional, Corrientes, Argentina: LILP e Instituto de Vivienda de Corrientes.

Stiglitz, J. (2002) *Globalization and Its Discontents*, New York: W. W. Norton.

Tavares, M. C. (2006) "Conferência introdutória," in *Cadernos do desenvolvimento*, Rio de Janeiro: Centro Internacional Celso Furtado de Politicas públicas, Ano 1, n. 1.

Tavares, M. C. and Fiori, J. L. (1993) *Desajuste global e modernização conservadora*. São Paulo: Paz e Terra.

UN - HABITAT (2003) *The Challenge of Slums: Global Report on Human Settlements*, London: Earthscan Publications Ltd.

Van Kempen, R. and Marcuse, P. (1997) "A new spatial order in cities?," *American Behavioral Scientist*, 41(3).

Williamson. J. (1991) *Latin American Adjustment: How Much Has Happened?* Washington: Institute for International Economics.

—— (1994) *The Political Economy of Policy Reform*, Washington: Institute for International Economics.

World Bank (1991) *Annual Report 1991*, Online Available: http://go. worldbankorg/IH0OSLPQ0.

—— (2006) *The World Bank Annual Report 2006*. Online. Available HTTP http://go. worldbank. org/KQ3OFEED90.

卡特丽娜飓风之后新奥尔良的种族问题

J. 菲利普·汤普森（J. Phillip Thompson）

2005 年 8 月 29 日，卡特丽娜飓风以每小时 100～140 英里的速度夹杂着大风大雨袭击了路易斯安那东南部。风暴巨浪使新奥尔良市一片汪洋，一些地方被淹了 20 英尺——1300 人失去了生命，380000 人流离失所，城市的 105000 套（188000 套中的）房屋遭受严重破坏。风暴过后不久，以市长为首的新奥尔良恢复委员会把风暴前充满活力的街区标为"未来公园区"。新奥尔良的水灾原因可以深入城市的历史，与传统精英们对抗自然（巨大密西西比河）的傲慢、更古老的人类剥削（奴隶）传统下的无礼不无关联。这是城市贫困和脆弱的主要原因，最后在影响大批居民的水灾面前不堪一击。如果我们要想象有一个正义的新奥尔良，必须考虑到这段历史，社会重建必须先于物理重建。

2006 年春天，就在水灾后几个月，雷·纳金市长竞选连任期间，新奥尔良一位长期活动的黑人政治家比尔·卢塞尔，在和几位全国知名的黑人劳工领袖的午餐谈话中评论说，水灾带来了"自重建以来前所未有的最大的机会"（卢塞尔，2006）。他的意

---

* 感谢贾斯廷·斯泰尔耐心的、具有真知灼见的评论。

寻找正义之城

思在午餐桌上几乎不需要做解释，就是新奥尔良灾难的原因，新奥尔良人必须克服的困难，均深深扎根在该地区的奴隶史中。18世纪早期，在路易斯安那的非洲人和一些印第安人受到奴役，一直持续到1865年。11年来，主张重建的这届政府靠北方联盟军队的帮助统治路易斯安那。这是卢塞尔引用的那段短暂机会时期。重建在路易斯安那受到镇压，紧接着就是近100年的合法种族隔离。整个300年期间，黑人几乎挣不到"生活工资"，住不上一间安全卫生的房子，得不到良好的教育。民权和黑人权力运动提供了改进环境的微弱希望，但路易斯安那却没有，这里的白人种族主义比邻近的密西西比州更难克服。

　　奴隶制和种族隔离不仅构成新奥尔良黑人的生活，也一样影响了白人。尽管有激进的平民主义历史，贫穷白人还是支持路易斯安那富人无耻剥削黑人社区。即便如此，路易斯安那的贫穷白人，所占白人人口比例比全国大多数地方都多，自己几乎都没有公民权。他们的"白人特权"使他们能够避免成为奴隶，拥有走进公共图书馆的尊严，但无法保证他们可以受教育，赚到生活费，支付医疗费用。贫穷白人一直生活在黑人遭受更严重恶化的恐惧中。这就是为什么在20世纪60年代初，当联邦法院授权在新奥尔良公立学校最终废除种族隔离——尽管60多个州的立法法案计划阻止学校的种族隔离——白人成群结队逃离。新奥尔良是全国最受争议的学校种族隔离战场之一（费尔克拉夫，1995）。种族隔离结束后，新奥尔良经历了长期的"白人逃离"。

　　20世纪60年代城市失去了约250000白人，70年代又失去了150000白人。自1960年起该市黑人人口仅增长了约60000。结果，种族冲突在空间上与政治上变为"编码（coded）城市"和"编码国家"（阅读："白国"中的"黑城"）之间的紧张关系。这在很大程度上解释了为什么新奥尔良在卡特丽娜飓风之前会如此脆弱，为什么卡特丽娜飓风之后的重建如此艰难。由于集中在周边郊区，又憎恨黑人社区的武断，憎恨联邦帮助贫困黑人的计划，多数白人选出他们的州政府官员企图封锁黑人为主的城市。新奥尔良 25 年的黑人统治期间，黑人市长的"黑"来源于他们愿意打败白色精英试图占领该城市机构的决心（通过私有化、接管、州控制）。这是新奥尔良的贫困和脆弱史。

城市的 5000 名非洲人受到奴役（港口繁荣的奴隶进口业），原住居民被驱逐和灭绝，令人畏惧的贫穷白人工人阶级被掌控，新奥尔良圣查尔斯街纪念大厦的建设使贫穷的黑人和白人妇女沦为新奥尔良仍然活跃的性行业的性玩具：没有高阶层的有钱白人、男人、狂徒，所有这一切都不可能发生。手头有这么多成就，难怪他们追求征服、管教、羞辱伟大的密西西比河。瞧不起在他们之上的任何力量，他们没有认真对待屏障岛屿对经过墨西哥湾的飓风的阻挡作用，他们在河上建造了一座注定要西迁的城市（福斯特和吉根加克，2006）。社会压迫、种族主义、河流支配是导致整个事情的部分原因。

表 1 新奥尔良种族人口增长

年份	总数	白人	黑人	白人占比
1950	659000	464504	195000	0.70
1960	845237	579662	264000	0.68
1970	593471	323420	267308	0.54
1980	496000	173554	307728	0.34
1990	484000	136000	326000	0.28

来源：美国人口普查局，人口住房普查局。

暴风雨前

1994 年洛杉矶大地震发生后，HUD 局长亨利·西斯内罗斯

寻找正义之城

说，地震"揭露真相"。他指的是洛杉矶已经存在的贫困，低于标准的住房，实际存在的种族隔离。灾害通常对穷人打击最大，暴露出隐藏的灾难前的紧张局势。新奥尔良也是如此。卡特丽娜飓风之前很久新奥尔良便处在危机中，这使得复苏缓慢而不确定。暴风雨前政府没有帮助穷人和弱势群体，之后也没有。

风暴前，路易斯安那州全州均没有住房发展局支持的经适房开发。卡特丽娜飓风之后，必须开建项目谈判程序，必须大批雇用培训员工。这个过程仍在进行中。风暴之前，新奥尔良的社区发展资金不足，人员不足。卡特丽娜飓风之前，城市最先进的非盈利社区发展每年建造不足20套房屋。目前需要成千上万套经适房，而城市没有能力。

风暴之前新奥尔良遇到教育危机。新奥尔良有40%的识字率（戴森，2006）。纳金市长在暴风雨前3个月发表讲话，把城市学校描述成已经被"五级飓风袭击了"。黑人九年级50%的学生并不打算四年后高中毕业。AFL-CIO建筑业协会在新奥尔良开办劳动力培训中心，表示进入中心的大多数准工人（年轻人）有三年级到四年级的阅读水平和数学水平（格雷厄姆，2008）。建筑行业，如木工、电工，开始学徒生涯需要十二级的能力。

风暴之前就有就业危机，现在更糟。风暴之前，新奥尔良84%的穷人（三口之家的年收入不到16000美元）是黑人。风暴前新奥尔良近40%的黑人是穷人，35%的黑人没有车。许多服务人员，占风暴前所有工人的四分之一，每小时赚8.30美元，不足以支撑家庭（列尔曼等，2006）。

风暴之前，严重的犯罪问题主要和毒品交易有关，20世纪90年代中期，新奥尔良的谋杀率在全国最高。风暴的前一年做了一个试验，警察在城市街区一个下午放了700响空枪（blank round）。由于担心报复，没人打电话报告开枪的事（MSNBC，

2005)。犯罪是落后的表现，明显和教育就业问题相关。随着工作和收入逐渐体面，年轻人很少会由于毒品贩卖的困境去杀害其他年轻人。

风暴之前新奥尔良环境和健康出现危机。城市经不起海湾的强风暴，因为屏障岛屿已被毁灭，目的是为能源公司开拓航线。新奥尔良也是"社会恶习巷道"的一部分，因为地理位置靠近许多精炼厂，具有毒品泛滥历史（塞雅，2005）。风暴把这些问题放在了台面上，但潜在的问题已经存在很久了。

为什么当地机构如此软弱？如前所述，路易斯安那州的政治结构裂痕比风暴中的决堤更厉害，因为该州白人占大多数，而在城市黑人占大多数。此外，政府想法一直受到美国共和党攻击的时间超过了四分之一个世纪。由于缺少联邦资源，许多州的地方政府已经萎缩。另外像新奥尔良这样的黑人城市已经在财政方面被充满敌意的白人郊区控制的立法机构饿死。风暴后的这一年，新奥尔良开启了2006年财年，有大约168000000美元的预算缺口，连维持城市正常运转的资金都不足，缺了156000000美元。城市依靠私人基金会组织的3500000美元开始重建计划。虽然政府花了几千亿美元在伊拉克搞"国家建设"工程，但在新奥尔良重建行动中却看不到政府影踪。

新奥尔良市长选举也呈现种族极端化。新奥尔良第一任黑人市长达奇·莫瑞尔1972年当选。他激进地主张市政府民主化并关注穷人。莫瑞尔得到黑人选票的97%和白人选票的20%（表现出城市白人的自由趋势）。新奥尔良的第二任黑人市长西德尼·巴斯勒密被视为白人权利精英的港湾，只赢得黑人选票的1/4，但赢得白人选票85%。达奇的儿子马克·莫瑞尔在1994年接替巴斯勒密。马克·莫瑞尔连任两届，集中整治城市出了名的野蛮且腐败的警察部门。莫瑞尔也试图对在新奥尔良工作的市郊居民实施所得税。像他父亲一样，他得到了黑人选票的大部分和少数白人选票。雷·纳金在第一次竞选公职时，和巴斯勒密一样被看作是一个调和者，牺牲了黑人投给莫瑞尔警察局长理查德·彭宁顿的票（他受到莫瑞尔的支持）。纳金赢得大多数白人的投票和选举。风暴之后，一些核心白人支持者对纳金说他们不再需要他了，因为城市的种族平衡已经倾向白人。① 纳金转向黑人社区寻求支持，并承诺为贫困黑人把"收益权"作为他这届政府的一项重要的政策目标。这是纳金在黑人教堂臭名昭著演说的语句，新奥尔良将再次成为"巧克力城"。纳金跑得像城市流离失所的贫穷黑人冠军一样快，赢得了黑人多数选票，却严重地失去了白人的选票。

城市的种族态度

迈克尔·道森和梅丽莎·哈里斯－雷斯韦尔对1200多位卡特丽娜幸存者进行了调查，黑人和白人幸存者之间存在意见分歧。几乎所有的非洲裔美国受访者和少数白人认为，是政府故意炸毁第九区河堤，以防止洪水蔓延到城市富裕白人居住区，地方政府的腐败应对贫穷黑人区的低质量堤坝负责。新奥尔良黑人对政府的不信任听起来可能有些极端或没有根据，但如果熟悉城市和其历史就明白他们的不信任合情合理。1927年发生过类似的水灾，当地官员炸毁城市贫困地区的堤坝（主要居民是居住在路易斯安那州的法国人后裔），以防止淹没富人区和企业（巴里，1997）。这件事永远不会被忘记。风暴过后幸存者的待遇使他们极度恐惧。没有人会忘记连续几天被困在屋顶上，被挤在不安

---

① 作者和市长纳金及助手的谈话，2006年冬季。

全、不卫生的圆屋顶体育馆里。当数以百计的受害者在格雷特纳郊区附近的新月形城市连接桥桥头寻求避难，警官却在他们的头上开枪，武器直指人群。三藩的两个被困在风暴中的医护人员夹在人群中。他们写道，格雷特纳警察"告诉我们他们的城市没有体育场……这是暗示的话，言外之意是如果你是穷人和黑人，你就无法穿越密西西比河——你无法离开新奥尔良"（约翰逊，2005）。甚至在暴风雨过后的六个月里，在原第九区附近成堆的瓦砾周围能强烈地感到政府的不重视。比利·格拉汉姆的没有经验的牧师们穿过瓦砾堆，走近聚集在被毁房子前面的家庭，牧师们靠近蜷缩在倒塌房屋前的一家人，引导他们祈祷。警察成群聚集在周围。我问牧师们为什么如此多的人在祈祷，他们说不知还有多少人（可能是数百个）仍埋在废墟中。瓦砾堆成了圣地。他们说尸体没找到，因为联邦应急管理局没有发加班基金给消防部门，没把狗和设备带来。2001年9月恐怖袭击期间我住在纽约，清楚地记得寻找尸体和识别世界贸易中心的遗留物的不遗余力。与新奥尔良对比，我惊呆了。如果纽约是标准，那么第九区居民并没有被视为美国公民。难以置信，灾后六个月，家庭仍然不能埋葬死者，并得不到结束这种局面的任何办法。有这样的经历，相信政府会故意淹没第九区以保护其他地方的人和财产，或政府渎职没花钱维护第九区的堤坝似乎并不牵强。

　　如芝加哥大学的三位政治科学家所估量，卡特丽娜飓风的受害者中间，绝大多数非裔美国人（71%）和极少数白人（3%）认为，黑人应该得到奴隶赔偿；类似于支持赔偿吉姆·克洛（非裔美国人中74%支持，白人5%）（道森等，2006）。对于非裔美国人，赔偿可以提供平等，至少是黑人与白人在美国社会中竞争更为平等的起点。不需要新奥尔良的长期研究就可以发现，非洲裔美国人没有平等的成功机会。全州44%的非洲裔美国人是穷

寻找正义之城

人，相比之下白人穷人仅占9%。这对社会公平观念或正义之城观念提出了一个问题，前者是苏珊·费恩斯坦在本书中令人信服地支持的观点。反对白人绝大多数不关心平等并反对发展自身能力的平等机会（大部分黑人赔款需求的实际目标）的观点，会造成在州和国家政治中排挤和指责正义要求的风险。尽管黑人赔偿被指"不切实际"，但另一方面从非洲裔美国人身上获得了怀疑的目光，他们熟悉正义主张的模棱两可性。或许话语和理性不能解决这一分歧。虽然正义之城概念的魅力在于接受各种意见，比如一直聚焦不足，提供对话平台和摆脱理性主义者的沟通方式途径，但是如果不解决结构问题，种族分歧将无法解决，前者需要政治权力，经济平等或寻求赔偿去解决。因为卡特丽娜飓风的受害者急需经济适用房和优秀学校，所以甚至像"公平"和"正义"这些温柔词语也遇到消极反应。物质需要才能解释词的含义，而不是其他方式。

芝加哥大学的调查也有一个惊喜。在表达对政府不信任的同时，非洲裔美国成年灾民对飓风后与宗教慈善组织之间的互动给予非常积极的评价。大多数黑人男男女女都记得在休斯敦、巴吞鲁日和塔尔萨等城市的白人志愿者，他们灵敏宽容。联邦官僚机构，如小企业管理局和联邦紧急事务管理局，被认为残忍、无情、不胜任。虽然黑人受访者喜爱这些志愿者们，但他们的互动并没有导向对灾难相同的政治和种族看法。这似乎表明，黑人态度有别于白人（更进步的），有别于政治家和其他领导人处理种族问题的方法（很负面的）。这点很有趣，表明了具有积极种族意图的南方白人和他们选出来的政府之间的差距。

卡特丽娜飓风之后怎么会有这么多美国白人致力于改善种族关系呢？怎么有这么多不道德的邪恶的政府政策呢？60年代，马丁·路德·金为类似的问题战斗。细述这段历史很有益。金经常强调南方数百万白人想结束种族隔离,但他们面对政府权力不够胆大。金认为白人公民不能只对非裔美国人表示个人友好;必须让政府表达其价值——成为政治化公民。他说"只有政府有权建立法律支持,才可以确保进步"。他注意到,这个国家的好人看到身边的邪恶保持沉默,不说服邻居们做得更好一些,此时这个国家和这个世界就有不好的事情发生——这是金对渐进式政治观实质的看法。金也明白,如果有些人生活奢侈而另外一些人生活赤贫,社会就不可能成为和平、种族和谐、真正的和谐社区。在他的一生中,就如在今天,生活在南方的许多孩子一天吃不到三顿好饭。金强调,穷人孩子并非注定应该受苦。他们不应有痛苦。金明白社会对不应该有的痛苦引发的不满和绝望付出了可怕的代价。回顾金的思想,当代新奥尔良人不该承受的苦难是美国长期疾病史的一个部分——也要对不公正付出沉重代价。

当说到政治,金知道南部贫穷白人和黑人几乎一样被压迫、被剥夺教育。从历史上看,南方贫穷白人不得不和奴隶或近似奴隶的人(near-slaves)竞争工作,这拖累了他们的收入。穷白人一直被告知,他们比黑人强,因为他们的皮肤白。许多人指责黑人是社会中主要问题的根源——如果税率太高,黑人是其原因;如果失业白人找不到工作,这是因为黑人得到了肯定;犯罪本质上是一个黑人的行为问题。

金认为,如果黑人让穷白人相信,合作比单干强,种族主义的成本也很大,最终南方白人也会拒绝种族主义偏见并和黑人一起改善他们的生活。这是金博士梦想的本质。当比尔·卢塞尔对黑人劳工领导人说:"这是我们重建以来的最好机会。"他的意思是,在贫穷白人—黑人联盟 150 年来如此弱的情况下这是最好的机会(这将是不可战胜的南部政治联盟)。风暴之后为构建这样一个联盟做出了很多努力,还包括拉丁美洲人。

寻找正义之城 |

工人运动介入

像世界各地许多人一样，美国工会领袖对卡特丽娜飓风之后电视上看到的新闻感到愤怒，并寻求回应。一些国家领导人在新奥尔良有盟友分支，在其成员的压力下提供了帮助。当致力更广泛的社会善事——建筑经济适用房、消除贫困、促进种族平等时，一些工会领导把危机视为工会建立新形象的契机。他们意识到，在南方这样做特别重要，因为这个地区反对工会的"工作权"。南部历史上，工会一直被谴责为"混血"，直到20世纪40年代工会支持非裔美国人进取性组织（凯利，1994）。非裔美国人中缺乏基础——最贫穷工人对组织最感兴趣——工会从未发起足够运动在该地区建立。

在较小程度上，美国劳工联合会和服务雇员国际联盟较早积极地组织和重建新奥尔良，后者在风暴之前不久从美国劳工联合会分裂出去。美国劳工联合会的信托投资公司，是建筑行业的养老金投资机构，决定投资1.2亿美元重建住房，重新创办城市的商业企业。他们计划开始修复风暴中损伤小的公共房屋。直接目标是拉菲特房屋（Lafitte Houses），靠近法国区的900个单位的公共住房。雇主们，如阿瓦隆船厂的老板，由于无法招聘工人失去了大量合同（因为工人缺乏住房）。美国劳工联合会想暂时使用公共住房让职工居住。一经录用，大多数工人可以搬出公共住房，创建一个在全城改造街区的市场。美国劳工联合会还计划把城市失业居民带入前学徒（"准备工作"）计划和学徒计划，最终使其进入工会。该会的养老基金会针对联盟承办的项目，确保培训新工人的就业质量。

2006年6月14日，这项计划是由劳联—产联主席约翰·斯威尼在与市长雷·纳金参加的新闻发布会上提出的。① 市长以极大的热情接受。听众中许多黑人被惊呆了，白人劳工领袖会巨额投资恢复黑人为主的城市，会投资帮助经济贫困的黑人发展。杰罗姆·斯莫尔斯70多岁了，是老社区活动家，他说自从年轻时码头工人跨种族组织的兴起，还从没有在新奥尔良见过这样的事情。他补充说，新奥尔良的年轻黑人完全没有这种积极的种族间劳工运动概念，并建议劳联—产联在黑人电台和黑人组织中做宣传，解释它们在做什么（劳联—产联没有跟进）。

很快就遇到难题。进入就业培训中心的准工人需要补习。正如前面所提，大多数人是四年级水平或更低的阅读和数学水平。然而，木工和电工至少需要一个十二年级的入门级水平才能培训。美国劳工联合会创造了墨西哥湾沿岸建设职业中心，一个三周的项目，提供三周的任职培训和与建设行业相应的介绍课程，有"数学、劳动职业史、工具识别、安全"② 以及生活技能培训。但美国劳工联合会不能替代公立学校。很明显，工会需要加入或组织面向更广的政治联盟，推动州和联邦资金资助补习教育；这对劳动人员而言是一场特别的政治挑战——很多是外地人到路易斯安那搞政治。工会也面临着普遍的健康问题，新奥尔良黑人社区长久缺乏交通工具。毕业生面临着来自非工会开发商们依靠移民劳工和廉价建筑材料的激烈竞争。

另一个问题是，布什政府反对劳工修复公共住房的初始计划。在美国劳工联合会宣布打算在全市修复公共住房后不久，联邦住房和城市发展部（HUD）宣布将在新奥尔良拆除公共住房。尽管几家大型公共房屋项目，如拉菲特房屋，在风暴中受损害最

---

① 劳联—产联新闻稿在：www.aflcio.org/mediacenter/prsptm/pr06142006.cfm。
② 见：http://neworleanslabormedia.org/katrina-survivor-pursues-boilermaker-career-0。

小，但 HUD 还是做了决定。美国劳工联合会的最初想法是在拉菲特房屋周围获得 200 个空置地块控制权，将其开发为经济适用房，然后提供给拉菲特房屋的原居民选择权，搬进周边新开发的 Treme，或者搬回到拉菲特房屋。"回归权"将适用于更广泛的 Treme 街区。当时对 HUD 居民的调查表明，只有大约一半想搬回拉菲特，可以预测拉菲特和周边邻近地区将比风暴之前变得更经济一体化。面临房子被拆，又没有回归城市权利的保证，公共住房居民发起多次抗议并在联邦法院起诉。然而他们输了官司，HUD 对市领导施加很大压力支持拆除。建筑正在被拆除。

黑人和拉丁人

如果有就业培训和工会规模的建设工资，新奥尔良的住房和基础设施重建就会大大改进城市贫困社区（主要是非裔美国人）的生活水平（可能减少犯罪）。然而，联邦政府对重建提供的有限援助和建筑领域长期的反工会传统，使得招聘和滥用非法移民的大门敞开（主要是拉丁美洲人）。独立分包商招募移民（估计 30000～100000 名工人），做大量的清理和重建。这就对大量失业非洲裔美国人居住的城市提出了一个两难问题，加剧了街头黑人和拉丁美洲人之间的紧张关系（布朗·迪亚尼斯等，2006）。

希望就海湾地区工人公平问题发展种族间的合作，2006 年 4 月美国乐施会（Oxfam）和普救派服务委员会（UUSC）在路易斯安那州的霍墨举行会议。正义问题涉及两种：失业的年轻黑人和在工作岗位被滥用的拉丁裔工人。非洲裔美国人活动家在会上提醒与会者，工人问题是南部持续的种族斗争的关键部分。一个演讲者说"民权是关于没有权利的工人"。另一位提到马丁·路德·金在孟菲斯环卫工人罢工期间被谋杀。企业社区合作现任总裁多丽丝·库（Doris Koo）从不同角度讲述种族问题。她说，她在香港一个"非常穷"的社区长大，她母亲在血汗工厂工作，而经济绝望和缺乏权利使她来到美国。她说，这些全都是英国帝国主义统治下殖民经验的一部分，目前从拉丁美洲和亚洲涌入美国的移民，并不能与那些地区的美国和欧洲殖民主义相分离。她说，她厌倦了全国一开会就讨论种族问题。库强调，美国种族倡导者必须了解殖民主义（殖民史的种族），同样，移民必须理解奴隶制和民权运动。服务雇员国际联盟（Service Employees International Vnion）的执行副总裁格里·哈德逊是一个非洲裔美国人，他补充说，移民和非洲裔美国人在相同政府和企业利益手下有着同样的被剥削史。如果他们不了解彼此的历史和斗争，那么，黑人、拉丁美洲人、亚洲人最终会互相打起来，争抢企业财富桌上的那点残羹剩饭。会议结束了问题也解决不了。与会者（大多是白人）只有三人出席了"人力发展"研讨会，集中讨论黑人为什么得不到工作。这激怒了一些非裔美国人参与者。活动家查瑞丝·乔丹说："当我们不工作时，很难使工人权利优先。"（格雷厄姆，2006）

霍墨会议（Homer Conference）是全国许多地区非洲裔美国人和拉丁裔移民工人之间紧张关系加剧的一个缩影。这个话题与中产阶级黑人和拉丁裔之间的竞争引发的紧张局势，都是民主党内初选讨论的主要议题，尤其在德克萨斯州和加利福尼亚州。在加利福尼亚州，80%的非洲裔美国选民支持巴拉克·奥巴马，而近70%的拉丁裔选民支持希拉里·克林顿。克林顿在德克萨斯州也得到拉美裔的压倒性支持。媒体专家已经准确描述黑人和拉丁美洲人之间的关系紧张且具有竞争性。另一方面，依照如马丁·路德·金和塞萨尔·查韦斯等早期领导人的传统，这两个地区的许多人士认为黑人和拉丁美洲人之间的政治分裂对国家寄予进步

寻找正义之城

运动的希望可能是致命的。现实情况是，全国拉美裔和黑人社区处在危险中。拉丁裔女性收入比白人男性少一半。只有大约一半非洲裔美国年轻男性有工作，超过10%的人在监狱。之外还有能源成本上升以及缺乏医疗保险、高租金、丧失抵押品赎回权、公立学校衰退的影响。

移民搅浑了美国少数群体迅速变化的清水。雇主有意降低工资招募拉丁美洲、加勒比地区和亚洲的移民从事不安全的工作。20世纪40年代和50年代，雇主从Jim Crow South招募黑人工人，成功削弱了当时强大的劳工运动。组织起来的劳工在民权运动时期没有和Jim Crow（指黑人）斗争，大多采取观望态度。这延续了白人穷人和非洲裔美国人之间这一美国劳工运动无法解决的冲突，也是今天新奥尔良和南部其他地区地位不强大的主要原因。

现在保守势力分裂非裔美国人、拉丁裔美国人和亚洲太平洋岛选民是一种策略。这种趋势在未来几年随着更多有色人种成为选民将会变得更加强大。这不足以说明，因为少数民族有相似利益——好工作，素质教育和医疗保健——他们就团结。一个多世纪以来，贫穷白人和黑人也有相似利益。无法理解彼此的无知和旧习，他们一直分散分离，因受到诸如白人特权和积极行动、政治家选举中为取利将选民分开的策略、雇主、渴望成为中产阶级的团体牺牲另一团体的利益寻求工作、补助金和合同等局部利益的影响。所有这些因素都作用于将非裔美国人、不同拉丁裔群体、各种各样的泛亚洲群体分开。让他们团结不是件简单的事；需要领导人具有广阔的种族和民族共同体的视野。需要支持美国南部边境血汗工厂里苦苦挣扎的工人，建立民间机构与无情的雇主和机会主义政客做斗争，前者跨国操控，后者靠移民"赚钱"。正如费恩斯坦在她的章节中所论证的，相对于一个纯粹美国或欧美的正义之城概念，需要社会的正义规划反驳反对移民的煽动，解决彼得·马库塞在本书中所称的"结构性问题"，指跨越国界问题，如美国公司支付极低的工资，在蒂华纳、圣地亚哥等跨国城市穿过墨西哥边界倾倒有毒物质（直辖市也这样做）。如前所述，这种跨民族压迫是移民的主要结构性原因。如何在"少数"群体中培养领导发展远见，与如何在白人社区培养有远见的政治领导才能具有同样重要的挑战性。

灾后计划

灾害创造改善城市的机会，同样也创造不利于城市恢复的自私行为的机会。事实上，灾后这两种动机一直存在。1985年墨西哥市地震引起精英机会主义，随后受到地区阻力，引发了民主运动，最终推翻了从20世纪初就开始统治墨西哥的执政党。洛杉矶骚乱引发大量组织运动并增加了洛杉矶不同种族群体之间的沟通。这是洛杉矶政治变革的关键因素，致使选举出现任墨西哥裔美国人市长，安东尼奥·维拉莱戈萨（Antonio Villaraigosa）（劳动和社会活动家），选举凯伦·巴斯（Karen Bass）（激进的非裔美国黑人社区领袖）为加利福尼亚州议会议长。

新奥尔良水灾后紧跟着有两个对立运动。一个是当时（现在）的城市精英试图通过在贫困社区地段建造高尔夫球场来阻止穷人返回城市。另一个是以组织团体和草根活动家为基础的社区运动。几十个地方组织召集风暴幸存者，制定策略恢复房屋、学校、卫生服务，清理瓦砾堆，联系分散在全国各地的幸存者。一些基金会支持这种努力，他们资助社区设计和规划过程，鼓励居民对社区恢复充满憧憬。大多数社区组织非常小，未被承认是非营利组织，和风暴前分散的成员没有联系，这些成员通常在与风

寻找正义之城

暴带来的个人损失抗争。只有少数的组织有能力定期与基金会聘请的顾问见面，或系统重建社区。那些组织创造了许多创新的建筑设计和具有吸引力的街景。可以感觉到一些受灾地区在慢慢恢复，如布罗德莫和第九区部分地段。这是不折不扣的很有价值的工作。

另一方面，联邦政府没有大力支持为成千上万流离失所居民重建经适房，大多数社区没有得到恢复。不然，之前住在那里的大多数黑人，注入新奥尔良独特性格的人们不会在此落户。事实上，许多所谓的"新奥尔良风格"是非洲和加勒比遗传的痕迹，在新奥尔良比在其他地区保存得更好。这是强大的文化纽带，把城市居民连在一起。暴风雨之前，接近90%的新奥尔良黑人出生在这里，为美国大城市本土出生黑人人口之最。联邦政策无法倒转，新奥尔良将一去不复返。

更重要的是，风暴后的社区组织需要一个统一计划，需要统一的方式和资源敦促州政府和联邦政府的支持。虽然新奥尔良有大批外地私人和慈善机构支持重建，但很少有人强调发起城市政治运动。相反，基金会鼓励地区人士竞争地区复兴的资助资金。虽然这推动了城市孤立的一块块零碎地方的进步，但是竞争中有赢有输，其最终结果是一个永久性的政治裂痕——一直困扰了新奥尔良社会团体几十年。

城市规划通常分为两类。一方面是宏大的计划，重建运输系统和其他基础设施，城市重建需要大规模的政治支持，但在联邦或州对紧急援助的支持力度很小的时候就已经那么规划了。规划者忽视了一点，使公共投资有望实现必须建立政治支持。其他规划者不去建立全市性的政治议题和统一的政治运动从而确保足够的重建资源，而是鼓励居民不要将自己未来居住的社区想得太大。如前所述，居民群体成为竞争者想要得到极为稀缺的资源。

另一个突出的问题是,规划局限于住房。虽然住房显然有迫切的需要,但是规划过程中很少考虑核心问题:维持最低收入社区和使分散居民返回,这些是质量工程。即使联邦和州增加援助重建新奥尔良,也没有适当系统保证流离失所的失业居民会得到培训或雇用,或者这些工作会支付工会协商的工资规模(即生活工资)。缺乏任何意义的职业培训计划和劳动力市场下层的经济改善,许多社区领导人和市政府官员试图公开阻止穷人返回城市。虽然部分阻力源于对穷人的偏见,但是另一部分阻力无疑基于毒品和暴力犯罪的观察和恐惧——这些事情与长期失业密切相关。总之,所谓的职业规划师往往从一触即发的政治局势中榨取政治,在过程中边缘化自己。虽然许多规划学生和社会活动家试图用除了他们个人承诺的城市社会正义之外的很少资源创造整个市的政治协调,但是大部分的规划措施还是把居民从紧迫的政治事务中剥离出来。

新奥尔良和国家

新奥尔良提出了一个悖论。一方面,风暴后经历的事情显示出一个新美国的承诺。在遥远的南部地区,大量白人老百姓伸手援助成千上万绝望的非洲裔美国人。风暴后的贫穷白人幸存者意识到,在许多情况下他们在美国并不比黑人更安全,风暴后多元种族组织的创办努力为几十年来之最。数百个投身其中的白人活动家——规划者、环保人士、社区组织者——搬到城市参与重建,允许原居民到家里来。年轻的跨种族激进主义是20世纪60年代民权运动的回忆,同时提供了种族分歧可以被克服的希望。与20世纪60年代不同,工会资源投入到新奥尔良试图参与重建城市和跨种族劳工运动。

然而，总结果是负面的，甚至是悲惨的。新奥尔良需要一个运动。很明显，在数十年住房开发建设后，规划者不知道如何以政治方式进行组织。在互相打了数十年争抢政府和基金会少量资源的战斗后，比起合作，社区组织更擅于相互毁灭。新奥尔良的拉丁裔美国人比以前多，但拉丁裔美国人和黑人还不知道怎么对待彼此。建筑联盟暂时不再狭隘地关注郊区白人的中等工作，但还没准备好发起运动。地方政府脱离了州政府和联邦政府的政治圈，无钱又无力。

随着国家和世界越来越重视环境灾难，新奥尔良成为一个前沿范例，讲述如果城市基础设施无法对付天气或生态条件的影响时可能会发生什么。低收入人群最脆弱，精英利益群体可能采取机会主义行为。会有前所未有的机会建设强大的跨种族运动，但如果没有注意到为目前两难困境建立社会和历史背景的大众教育，培养技术之外的领导技能，开发新模型资源和共享，这一切将不会实现。

参考文献

Barry, J. (1997) *Rising Tide: The Great Mississippi Flood of 1927 and How it Changed America*, New York: Simon & Schuster.

Browne-Dianis, J., Lai, J., Hincapie, and Saket Soni, M. (2006) *And Injustice for All: Workers' Lives in the Reconstruction of New Orleans*, Washington, D. C.: The Advancement Project.

Dawson, M., Lacewell, M., and Cohen, C. (2006) *2005 Racial Attitudes and the Katrina Disaster Study*, Chicago: University of Chicago.

Dyson, M. (2006) *Between Hell and High water*, New York: Basic Civitas.

Fairclough, A. (1995) *Race & Democracy: The Civil Rights Struggle in Louisiana, 1915-1972*, Athens: University of Georgia Press.

Foster, R. and Giegengack, K. (2006) "Physical constraints on reconstructing New Orleans," in Wachter, E. and Wachter, S. (eds) *Rebuilding Urban Places After*

Disaster, Philadelphia: University of Pennsylvania Press.

Graham, L. (2006) *Convening on Workers' Rights in the Gulf Coast: Understanding and Connecting Organizational Activity since Hurricane Katrina*, Hammond, Louisiana: Unitarian Universalist Service Committee.

——(2008) *The Right to Work for Less: The AFL - CIO. Unionism, and Green Collar Jobs in Post - Katrina New Orleans*, Cambridge, MA: MIT.

Johnson, C. (2005) "Police made their storm misery worse," *San Francisco Chronicle*, September 9; B1.

Kelley, R. (1994) *Race Rebels: Culture, Politics, and the Black Working Class*, New York: Free Press.

Lerman, H., Holzer, J., and Robert, I. (2006) *Employment Issues and Challenges in Post - Katrina New Orleans*, Washington, D. C. : The Urban Institute.

MSNBC(2005) "New Orleans murder rate on the rise again," August 18, available at: http://www.msnbc.msn.com/id/8999837 (accessed August 20. 2008).

Rouselle, B. (2006) Personal conversation between Bill Rouselle and the author, June.

SATYA(2005) Going home: the Satya interview with Dr. Beverley Wright, avail - able at: http://www.satyamag.com/nov05/wright.html(accessed on August 23, 2008).

结论 快要到来的正义之城：
回顾和展望*

卡兹·波特（Cuz Potter）
约翰尼斯·诺维（Johannes Novy）

> 公正的概念像其他的道德观念一样不是靠启示传授给人们，有的像随意的发明；是我们道德直觉和我们逻辑思维的必要产品，是迄今的永恒真理，[在]崭新而相似的蜕变中展现自己。
>
> 古斯塔夫·施穆勒（1894：40）

> 须纳入一个真正的人性化城市……一个适合人种的城市主义。这有待革命实践来完成这种转变。
>
> 大卫·哈维（1973：314）

我们这个时代的悖论是，确保人类福祉的前所未有的能力会为绝大多数人类创造朝不保夕的生活（布罗迪，2007：104）。做些什么来改变这种状况呢？城市和区域规划怎样才能有助于更社会化的正义之城呢？社会理论如何提供帮助呢？这样的问题促使苏珊·费恩斯坦形成自己的正义之城概念，启发了这本文集。如哈维（1973）和勒费布尔（1968/1996）所认为，费恩斯坦的理

---

* 特别感谢大卫·马登（David Madden）及时的、有用的、令人鼓舞的评论。

论建立在诸如哈维（1973）和勒费布尔（1968/1996）等学者们的研究基础之上，建立在许多探讨类似问题的其他研究人员的工作基础上。虽然许多思想家在追求更迷人的未来的同时，集中对现行城市秩序及其造成的条件进行激进批判，但是费恩斯坦关于正义之城的著述试图不仅仅止步于批判。

"政治经济学传统领域有许多学者提出批判，但没有制定具体可取的标准"，费恩斯坦（2001：885）在早期论述正义之城的文本中这么认为。但是乌托邦城市主义也满足不了费恩斯坦："乌托邦式的理想提供渴望的目标和动员选民的灵感，但是他们提供不了特定历史环境的转型战略"（费恩斯坦，本文集）。相反，她认为进步的城市变革需要转变战略，既考虑到合理性又考虑到可行性。

本文集的第一章代表了费恩斯坦最充分努力的阐述，与众学者相约为正义之城制定标准，重新定位城市社会公正是城市规划的中心目标。本文集的稿件可大致归为是发展和挑战了她的构想。在下面的章节中，我们认同撰稿者对正义之城概念的实际应用，认同概念并未充分解决问题，认同正义之城的理论挑战。我们的结论质疑了正义之城是争取中产阶级支持的必要前提。

总结：发展

费恩斯坦的正义之城概念接受全球资本主义政治经济作为政策的理论框架，而排斥主流的、新自由主义的政策框架带来的不良结果。虽然费恩斯坦项目的最终目的是定义正义之城，但在其目前发展阶段，她没有寻求定义正义之城而是试图探索行之有效的正义理论在制定城市政策时的意义。尽管这些理论本身可能相互矛盾（努斯鲍姆，2006），费恩斯坦问题化了这些理论，"它们也对城市主义者具有核心重要性，因此可以扩展到评估城市政策"。作者们论述了三套共同规划问题的意义——集体权利与个人财产，过程与结果，成长、平等和多样性之间的紧张关系——质疑了她依赖阿姆斯特丹为正义之城模型的做法。

集体权利与财产

费恩斯坦认为，除了形成正义契约理论基础的个人自由和个人基本财产，制定政策时正义之城还必须考虑集体权利和集体财产。虽然为了个体收益，正义的契约理论焦点通常基于改变个人（财产）权利，但是费恩斯坦指出，这种观点忽视了社会不公平的非物质原因，如种族歧视和性别歧视，像社会幸福这样值得拥有的集体财产。相反，她认为任何体制的正义必须通过承认集体和它们相互结构关系的连贯性来解释。"为实现更好社会的更好城市，我们需要的东西远不止特定政党的正义，"马库塞表示，"我们需要处理所有权，公用土地的控制权和使用权。"哈维也认为，要想塑造面向社会团结的集体政治，城市权利就不能只限于个性化权利，用集体形式的民主治理与公共决策确定"宽泛的改革和试验"。本文集中康诺利和斯泰尔的研究阐述了这样的努力，表明像"社区"和"街区"这样的社会空间集体的代表们，可以通过立法做决策来构建集体权利。德菲利皮斯强调移民工人中心、工人合作企业、罢工和活动的作用。这两点反映了费恩斯坦的结论："[在]新世纪，当与移民、种族或性别情况重叠在一起时，有效性可能意味着围绕工作状态进行组织"。虽然可能在发达国家是这样，马里卡托记录了巴西为城市权利的长期斗争，表明许多发展中国家的集体斗争仍然围绕经济，最终形成新规划法律的立法，改变产权和公平分配性质，如 2001 年巴西通过的《城市权利法》。然而，对普遍乐观的预测提出了两个警告。第一，马里卡托强调，渐进集体利益受到保守的资本主义势力威胁，需要持续警惕与斗争。第二，在讨论以色列的认可、空间、种族层次的生产和再生产时，耶夫塔克、戈德哈贝尔、牛丽尔指出，承认集体并不一定产生正义。他们认为在不同的政治背景和计划中，积极认可或平等的冷漠都可以掩盖产生歧视性政策的愤世嫉俗的政治动机。

过程与结果

对于费恩斯坦，至关重要的是注意过程也要注意结果，因为单凭过程并不能保证公正的结果，反之亦然。不过，正如马库塞指出，为进一步联系过程和结果还有更多工作要做，费恩斯坦强调产生社会变革中反机构的作用"可广泛地重构问题、动员组织和金融资源为目标奋斗"，这种声音在整部文集回荡，如前段案例所示。她还认为"［必须］存在宽泛式媒体以沟通另类途径"来支持这样的反机构。值得注意的是，沃尔夫-鲍尔斯（Wolf-Powers）的文章通过20世纪60年代和70年代贝德福德-司徒维桑特、布鲁克林的当地有线电视节目和规划通信实例探究媒体和反机构之间的关系。她认为，政府的支持和规划者的干预可以通过创建和维护反公众或边缘公众来改进过程，以便通过批判现有政策和计划、帮助另类途径的发展来建构问题。康诺利和斯泰尔也强调过程和结果的不可分割性，提供案例解释不太强大的组织如何转变话语与权力路径，通过采用立法改革和与"见谁说谁的话"的中介组织组建联盟支持当地的决策声音。辩论提升到抽象的更高层次，讨论"侧重于交际的规划理论和那些追求更重要的政治经济学方法的［学者］"之间有争议的关系，就此费希尔在他的文章中认为重视规划结果的"更传统的政治经济取向"和"话语导向的交际教学法在重要时刻必然互相依赖"。

寻找正义之城|

发展、公平、多样性

一些作者指出解决发展、公平、多样性之间紧张关系的潜在方向。费恩斯坦不同意为政治经济或文化而降低"城市问题",她讨论了杨的观点:把"分化团结"作为"解决多元文化问题的现实途径",并强调杨工作的潜能是:在努力迈进体现异质性、文化多样性、融合以及公平和公正的城市发展模式时,成为正义之城信徒的指导框架。

汤普森讨论了在新奥尔良努力从卡特丽娜飓风造成的灾难中恢复时工会、无证工人和当地社区之间的合作与冲突,更广泛地阐明了如果要实现共同目标和个人目标,城市群之间更高层次的分化团结和认可需求。德菲利皮斯通过研究纽约市的劳工得出结论:增长和平等并不是相互排斥的概念,需求必须直接依赖资本而不是州政府。他认为,特定行业工人组织活动和类似工人中心的机构把工作问题与社会问题和文化问题结合起来,这对工人能更有力控制劳动条件至关重要。最后,康诺利和斯泰尔讨论了南布朗克棕色地带重建问题,表明关心共同问题的社区组织可以克服意识形态差异和环境种族主义,同时通过集体政治要求坚持可持续发展。总之,本文集的论文关注兼顾性公平、多样性和发展的情境性质(situated nature)。而有学者建议,本地化干预具有重要性和可能性,其他学者在重视增长目标和公平之间的特殊冲突时,强调其中的权衡或不相容。

具体模式

费恩斯坦也重新提出她的倡导,把阿姆斯特丹当作"社会正义的实际模式",引导其他地方发展正义政策和治理。看到城市越来越不能容忍,越来越恐惧差异,以及越来越后退的趋势,她

232

开始远离这个观点（本文集）。诺维和梅尔的两个论点离得更远。他们首先认为，身份认定某特定城市夸大了该城市的客观环境，减弱了当地推动城市重大变化的政治动力。其次，他们认为，他们在荷兰考查了爬行新自由主义（creeping neolibrealism）的不断影响，分析表明该模式不再代表一种理想。由于怀疑正义城市构想的"当前重点（二者之间问题的二元论）在北美和欧洲的城市"，他们不建议在环境日益衰退的阿姆斯特丹寻找灵感（或许还有其他欧洲城市），而是把"转型城市行动模式的探索延伸到世界其他地方，活跃扩大美国和其他第一世界'城市'进步激进主义的范围"。从后经验主义观点出发，费希尔同样认为，"可以提供正义之城的理论，但无非是若干有争议观点中的一个，被有不同偏好的人争来争去。也就是说，不会有一劳永逸为所有人公认的标准。"

总结：未来发展

虽然上一节确认了相关的几个方法，城市学家可以用来探讨正义之城目前的框架，但在我们可收纳的范围狭窄的几篇论文中，还有观点强调可以扩展探索正义之城的方向以实现其潜力。后面一节解决现行正义之城模式中的一些空白，探讨需要进一步发展的问题：规模、空间、环境可持续性、精神、跨时期性、性别和性。

规模

费恩斯坦在强调城市政府实施变革的能力时认为，增长、平等、多样性之间的矛盾掩盖了更深层次的问题：挑战当代城市与区域发展过程的适当规模。虽然德菲利皮斯认清在城市层面确立

寻找正义之城

非贸易行业工人生活工资（一般服务业）的重要机会，费恩斯坦自己则认为，"如果没有其他层面的支持，正义在城市层面无法实现"（21页）。对此，马库塞认为，市政府创造一个正义之城的能力也十分有限，解决方案和原因必须在更大的地理尺度上寻求。例如在新奥尔良的灾难中，汤普森观察到在一个单一的城市建立民族群体和社会正义的关系需要长期理解殖民主义和种族主义的全球跨国历史。马里卡托通过阐释当代新自由主义的"金融殖民主义"与不公平条件之间的联系，也说明了广泛存在的因果关系，自由主义的"金融殖民主义"由核心的发达国家操控，不公平条件是发展中国家边缘国家的特征。必然结论是，某一范围的公正条件可能对别人就不公正，如梅西（2005）所指出。梅西评论了俄罗斯套娃地理型（Russian doll geography）的道德、监护、责任（2004，2005，186），即：当地人口、环境、经济等优先于较大规模的忠诚和责任，梅西提出按相关条款重构空间政治。

梅西认为空间关系需要我们重新思考对遥远地方的地理责任。全球化空间场所的互联互通互相依赖日益增加，未来关于正义之城的讨论应详细说明空间和空间范围是社会生产和再生产的观点，不仅能够解决当地的，也能解决国际的、区域间的、区域内的公平关系。该框架应把作为具体程序摇篮的当地和带有"地方全球感"的干预综合起来（梅西，1994），其中包括大范围内本地的和非领土的社会正义概念化，以及承认我们对和我们身份相关联的其他人所付的责任，其中包括和我们的地方相关联的其他人。更全面的正义之城愿景要将关注公平对待城市居民和该地区的域外游客，与考虑地区治外法权的责任结合起来，不要画出边界，人为地把他们挡在更广阔的世界之外。（见弗雷泽2005年解释公正的初步努力。）

空间性

然而空间关注更为深刻。由于首要重点放在分配正义与程序正义上,正义之城相对地很少涉及生产不公正的空间作用,也很少涉及正义空间发展的物理形式。皮里(1983:471)最先质疑空间可能是正义还是非正义,结论是如果空间作为社会过程的一个容器,"空间正义"仅仅是"空间社会正义"的简称。基于皮里的研究,以及哈维、勒费布尔等人的工作,戴安科(2001:1792;又见本卷)赞成空间和正义具有辩证关系,论证重视"非正义的空间——从物理或区位方面到维持非正义生产的更抽象空间——和空间的非正义——消除政治反应形成的可能性"。他认为,考虑到空间"永久"的生产和再生产将有助于探索社会、空间、经济和政治结构的动态过程,确定其正义或非正义。总之,戴安科的方法通过空间定位社会过程丰富了正义之城的概念,包括规划技术,在某种程度上揭示了之前的空间生产如何可以持久或被用来让正义或非正义结果永久化。

环境可持续性

与地理范畴问题密切相关,本文集只轻微地进一步触及了环境恶化问题(阿吉曼和伊万斯,2003;阿吉曼,2005)。关注环境问题、正义和公平问题在本土范围内、国家范围内和全球范围内的问题和解决层面上都相互关联和相互依存,但存在着复杂的且经常有争议的关系。马库塞指出:"计划和政策可以在[环境意义上]可持续和社会意义上公正,但……二者也可以在[环境意义上]可持续且不公正。"(马库塞,1998:103)虽然费恩斯坦在最初研究正义之城时就考虑到环境因素,本文集中其他的章节也提及(特别见康诺利和斯泰尔的章节),但是对正义之城概念的作用仍未充分论述。康诺利和斯泰尔的文章论述了南布朗克斯棕色地带的重建，开始探索环境正义观点对正义之城辩论的重要性，认为需要重新审视在可持续目标和公平目标之间的协同和冲突。同时，虽然所倡导的梅西关系法可以作为分析这些问题的切入点，但是如气候变化和跨界污染等更广泛的地理问题方面很少或根本没有形成理论，上述问题往往来自于城市环境也损害城市环境。随着世界人口成倍增长和环境恶化加速，环境卫生和正义越来越迫切。毫无疑问，如果社会公正、环境保护、可持续发展相关问题没有协调关注实践与理论，正义城市的未来发展就不会完整。

跨时期

可持续发展观念最突出地被布伦特兰委员会（WCED，1987）定义为"满足当代人的需求又不损害后代人满足其需求的能力"，通过提出代与代之间和同代之间的正义问题，该观念挑战了目前正义之城模式并超出了严格意义的环境问题，（拉斯莱特和费希金，1992）。在多大程度上我们必须考虑我们的行为对未来代际的影响，一代人就应该为过去的不公平对另一代人进行补偿？老一代对年轻一代的义务和年轻一代对老一代的义务是什么？规划时调查的最直接重点是城市规划和政策如何能够公正地适应城市人口老龄化的需要。就世界目前的人口结构的变化，特别是西方国家和中国的人口老龄化，这个问题应直接在未来正义之城的多样性和认可讨论中解决。

性别和性

需要更全面论述的另外两个差异标记是性别和性。关于规划问题的女性主义研究，如家庭、工作、照顾孩子、交通及其他形式的权利、社会服务和最近的公共空间的道德建设,拓展了正义和城市的争论,通过一些手段询问和评论空间表达及男尊女卑(迪亚斯和布理查,2007)。同时,地域性研究男女同性恋和研究性欲与空间更广泛地挑战了"空间异性恋,日常空间如何强化了隐蔽性、边缘化、古怪群体的社会压迫"(布朗等,2007:8)。戴安科(在本文集)进一步论述了这些观念,支持勒费布尔的差异权利观,即正义并非来自于形成身份政治核心或固定模式的特殊性,身份识别就基于此,而是产生于通过行为差异逃避思想固有的类别陷阱。这种方法与杨的研究形成对比(1990),后者包括认同。费恩斯坦试图将尊重多样性的概念作为正义之城的核心来接纳这个观点。因此,她的工作引起的探究可能得益于从实证和理论范围扩展,更多地接纳女性的独特贡献和古怪的观点,包括对有许多论述的关于空间和构建的关键洞察力,而空间和构建往往在不知不觉中仍然受到父权制和异性恋的本体引导,需要批判性的解构。

前进:实现正义之城

跟随费希尔(本文集),正义之城的模式也许最好被理解为"参与讨论的邀请——即权衡特定社会的平等和机会特性以及社会成员如何着手改变现有安排"。费恩斯坦在论文中假设"通过继续谈论正义,我们可以使其成为规划活动的中心……可以改变大众话语,扩大行动范围。"对费恩斯坦而言,改变话语意味着找到保守派和新自由主义者眼中社会正义愿景的替代品,他们提出公正社会的最好办法是最大化私有产权、个人自由、自由市场、自由贸易制度框架下的创业自由(哈维,2006;布罗迪,2007)。还包括与中产阶级及他们的喜好建立紧密的联系。费恩斯坦(2000:469)认

寻找正义之城

为如果想要调动大量的民众,"正义之城具有说服力的愿景一定不能忽视广大中产阶级利益"和中产阶级对现存社会关系的明确信任。如果背道而驰,即如果挑战了自由市场资本主义的基本原理以及所包含的真实或预期效益,这样的愿景将疏远大多数公众。主要原因是,费恩斯坦坚信我们必须将变化限定在资本主义世界经济范围内,即解决当下社会经济组织范围内社会实现更加正义的城市发展过程中所能解决的问题。与此观点相反,本文集的几位作者认为,正义之城模式所制定的渐进式目标改革,如果不改变基本的经济结构就不能实现。诺维和梅尔"怀疑[费恩斯坦]的假设:城市社会公正和资本主义秩序可以齐头并进"。哈维认为:"需要在各个层面挑战对我们权利和自由的束缚及其形成的社会过程。因为这种情况下产生的城市受到不平等、异化和不公正的破坏"。这种观点认为,并非想象的替代品要使我们注定失败。

现行经济秩序的想象替代品会危害进步和民主变革需要的公众支持吗?因此正义之城规划必须保持锁定在强加于传统大众政治的束缚中,以产生实际效果吗?我们不确定。首先,虽然当新自由主义占主导地位时进行论争似乎不切实际,但是此时进步人士想象和创造可替代的(城市)未来尤其重要,这点也可以争论。其次,从20世纪90年代初到费恩斯坦和其他作者为本文集做准备的这段时间,全球自由市场资本主义似乎随时准备绕场一周庆祝胜利。如托马斯·弗里德曼(2000:104)写道,"今天没有薄荷巧克力,也没有螺旋形草莓,也没有柠檬。今天,只有自由市场香草和朝鲜。"再没有别的了。特别是当前全球经济危机,越来越多的人似乎意识到,新自由主义计划已经辜负了他们,未能兑现其核心承诺:财富、幸福和自由。他们参加各阶层的各种政治和社会运动,这些运动发展替代想象和实践,反对主宰我们生活的多种不公平,长期挑战现状的合法性和稳定性。这些观点表明,许多

| 结论　快要到来的正义之城：回顾和展望

以目前全球经济秩序为基础的主张没有描述世界是怎样的，而是给出构成世界的想象（梅西，1999：40）。正如莱申和李（Leyshon and Lee）（2003：3）提出，目前新自由主义的政治经济大厦已经开始出现裂缝，裂缝为推进城市和整个社会走向更美好的未来开启了新机遇。

虽然费恩斯坦（2000：467）一直认为"创造一种变化力量需要销售一种概念"，但实际上她在最新观点中把思想交换的偏好看作是固定的。假设中产阶级和工人阶级对现有经济秩序提供的支持不变，她就能论述自由之城以迎合这套固定的假定喜好。但是，在本文集她也认为，偏好是由广泛流传的，社会认为理所当然的信仰和价值观所构成，她以前借用曼海姆的研究，提出特定的历史环境中"能够比较和学习的理性主体"，即能够获取比他或她自己特定社会角度更宽泛的主体（费恩斯坦，1996：37）。虽然费恩斯坦不采纳马克思主义的观点：资本主义社会物质和制度流程创造虚假意识并敦促正义之城信徒——实际的或潜在的——深深获利于资本主义世界经济效益，但她也强调形成感知和偏好的话语权。

鉴于迫切需要替换掉遭受了灾难性崩溃的体系，我们认为围绕正义之城的未来争论应探讨一般意义上乌托邦想象的潜在性和特定意义上变革的乌托邦城市主义。这不是建议固定的解决方案，在过去我们见过太多这样的"乌托邦空间形式"失败了（哈维，本文集：46；2000：160）。相反，乌托邦概念可以用来克服自我限制对当前不公正的社会制度的顺从，从而更好地确定如何以及为什么这些安排让我们失败，引导我们走向我们的心愿：正义之城（平德，2005）。乌托邦思想的功能可以"作为目前受限状态的诊断工具，同时作为一个未实现的未来愿景——也许无法实现"（塞瓦斯科，2007：125-126）。如爱德华多·加莱亚诺提醒我们，这可以说代表了最大的政治潜力："乌托邦会很快到来（on the horizon）：当我走两步，它就退两步……我走十步，它就远离了十步的距离。（When I walk two steps, it takes two steps back. I walk ten steps, and it is ten steps further away.）乌托邦是什么？就是这个，持续走下去"（加莱亚诺和博格斯，1997）。

参考文献

Agyeman, J. (2005) *Sustainable Communities and the Challenge of Environmental Justice*, NYU Press. New York.

Agyeman, J. B. R. and Evans, B. (eds) (2003) *Just Sustainabilities: Development in an Unequal World*, MIT Press, Cambridge.

Brodie, J. (2007) "Reforming Social Justice in Neoliberal Times," *Studies in Social Justice* 1(2).

Brown, G., Browne, K., and Lim, J. (2007) "Introduction, or Why Have a Book on Geographies of Sexualities?," in K. Browne, J. Lim, and G. Brown (eds) *Geographies of Sexualities: theory, practices* and politics, Ashgate, Burlington.

Cevasco, M. E. B. P. S. (2007) "Archaeologies of the Future: Western Marxism Revisits Utopia," *Situations*, II.

Dias, K. and Blecha, J. (2007) "Feminism and Social Theory in Geography: An Introduction," *The Professional Geographer* 59(1).

Dikeç, M. (2001) "Justice and the spatial imagination," *Environment and Planning* A 33(10).

Fainstein, S. (1996) "Justice, Politics, and the Creation of Urban Space," in A. Merrifield and E. Swyngedouw (eds.) *The Urbanization of Injustice*, Lawrence and Wishart, London.

——(2000) "New Directions in Planning Theory," *Urban Affairs Review* 35(4).

——(2001) "Competitiveness, Cohesion, and Governance: Their Implications for Social Justice," *International Journal of Urban and Regional Research* 25(4).

Fischer, F. (2003) *Reframing Public Policy: Discursive Politics and Deliberative Practices*, Oxford University Press, London.

Fraser, N. (2005) "Reframing Justice in a Globalizing World," *New Left Re-*

view 36(1).

Friedman, T. L. (2000) *The Lexus and the Olive Tree: Understanding Globalization*, Anchor Books, New York.

Galeano, E. and Borges, J. F. (1997) *Walking Words*, W. W. Norton and Company.

Harvey, D. (1973) *Social Justice and the City*, London: Edward Arnold.

——(2000) *Spaces of Hope*, University of California Press, Berkeley.

——(2006) "Neo-liberalism as creative destruction," *Geografiska Annaler* 88 B(2).

Laslett, P. and Fishkin, J. (1992) *Justice Between Age Groups and Generations*, New Haven, CT: Yale University Press.

Lefebvre, H. (1968) *Le droit à la ville*, Paris: Anthopos, in H. Lefevbre (1996) *Writings On Cities*, trans. E. Kofman and E. Lebas, Oxford: Blackwell.

——(1991) *The Production of Space*, Blackwell, Cambridge.

——(2003) *The Urban Revolution*, University of Minnesota Press, Minneapolis.

Leyshon, A. and Lee, R. (2003) "Introduction" in A. Leyshon, R. Lee and C. C. Williams (eds.) *Alternative Economic Spaces*, Sage: London.

Mannheim, K. (1936) *Ideology and Utopia*, Harvest Books, New York.

Marcuse, P. (1998) "Sustainability Is Not Enough," *Environment and Urbanization* 10(2).

Massey, D. (1994) *Space, Place and Gender*, University of Minnesota Press. Minneapolis.

——(2004) "Geographies of Responsibility," *Geografiska Annaler B* 86 B(1).

——(2005) *For Space*, London: Sage.

Pinder, D. (2005) *Visions of the City: Utopianism. Power and Politics in Twentieth-century Urbanism*, Routledge, New York.

Pirie, G. (1983) "On Spatial Justice," *Environment and Planning A* 15(4).

Schmoller, G. (1894) "The Idea of Justice in Political Economy," *Annals of the American Academy of Political and Social Science* 4.

Soja, E. W. (1989) *Postmodern Geographies: the Reassertion of Space in Critical Social Theory*, Verso, New York.

United Nations World Commission on Environmental and Development (WCED) (1987) *Our Common Future*, Oxford: Oxford University Press.

Young, I. M. (1990) "City Life and Difference," in Scott Campbell and Susan S. Fainstein (eds) (2003) *Readings in Planning Theory*, Blackwell, Oxford.

后记 不只是城市权利的正义之城

彼得·马库塞（Peter Marcuse）

正义之城想法是这个时代的产物。当然，时代在改变。20世纪60年代象征着重大的变化，特别是1968年。这个时代打开了一系列需求，包括正义但也超越了正义。理论上，这些需求都纳入城市的权利。尽管后1968年规划采取保守性后退，但城市权利已在实践中得到发展，并提出一些具体要求。有的依靠传统的正义观；有的超越传统的正义观奔向60年代展开的新可能性。接下来的任务可能是从理论上建立城市运动权利新要求的基础。今天有策略性的政治理由这样做，把排除在外的与包含在内的利益结合在一起。

新的历史条件

在过去的50年中已经发生了影响城市景观的重大变化，影响了正义之城或好城市应该是什么样的概念，包括竞争力量之间政治平衡的变化、生产技术的变化、政府角色的变化。这样的变化需要成为任何正义之城探讨的一部分。毕竟人类活动的目标不是通过知识努力随意制造，而是产生于现实生活提出的挑战，产生于时代的问题和可能性。大卫·哈维曾写道:"社会正义观念和道德与人类实践相关联并产生于此,而不是[产生于]附加于这些概念上的永恒真理的争论。"(1973:15)

虽然对理想城市的追求,对理想的生活和空间组织的追求似乎是永恒的、普遍的,类似于永恒真理的追求,但永恒真理也在意义上有所变化,由不同时期和地点的男性和女性赋予不同的意义。最后一节的建议是,正义之城的意义的确发生了变化,就像代表了今天永恒的追求,此变化是因为历史性改变而变化,大卫·哈维称之为"人类实践"。

这种变化可以追溯,也可以用非常具体的历史、经济、政治和社会逻辑术语描述。它起源于工业革命和资本主义的上升时期,正在加速进入20世纪,其结果被广泛承认为从早期阶段转变到今天所谓的全球化、后福特主义、网络社会、后工业经济,甚至转变到历史的终结,至少是某个特殊历史阶段的终结。和我们的宗旨同样重要的是,这一变化反映在改变了的政治文化形式和行为规范中,特别是20世纪60年代世界性的反殖民主义斗争的抗议运动,在大学及全球街头受到检验的美国民权运动,围绕新"左翼"的意识形态进行争论,以及工人阶级的划分,他们部分支持变化,部分受到旧实践和官僚机构的羁绊。

经济技术变化与由之产生的平行文化之间的联系在于具有可以通过提高技术打开的可能性。这些进展一方面打开了许多人的社会视野,可以依赖合理的方法满足所有人类,达到最小量的无意识劳动,可以消除贫困和贫穷,可以让个人安心地自由发展自己的潜力,不用担心生存问题。另一方面,那些进展增加社会对制造业需求和扭曲价值观进行社会操纵和控制的可能性,增加了对积极竞争追求财富和权力驱动的现有制度忠诚的可能。①

虽然并不总是很明确，但是社会变革两方面之间的冲突已经产生，一个是社会行动目标的改变，社会行动努力方向的理想可视化改变，一个是必然让我们"超越正义之城"的改变。变化需要我们拥抱一些概念如停止接受暴力、种族、民族、性别歧视，消费主义，竞争追求财富和权力，假阳刚，虚伪的性观念，环境恶化，艺术和想象力的商业化；简而言之，停止生产一维人（我父亲在1964年创造的一个短语；见马库塞，1972）。在改变中，渴望爱作为生活的核心组成部分，渴望性欲的爱和人道意义的爱，渴望所有人的兄弟姐妹的爱。改变成为强有力的推动力量，也促使人们更清晰地理解朝着新目标前进的政治途径。

时代已经变了：新愿景已经被打开

1968年春天的事件是我们时代的爆炸性历史事件，象征着那种变化、象征着问题和可能性、象征着愿望和困难，这些使我们的城市变成如我们所期待。事件产生的一个目标模式是"城市的权利"。最广泛地看，这是赫伯特·马库塞在亨利·勒费布尔城市工具中可实现乌托邦的具体化。城市的权利不仅意味着共享现有的城市，而是要创建不同的城市，创造大卫·哈维引用罗伯特·帕克的"心愿之城"的平等权利。呼吁实现城市权利让更美好的世界愿景成为实际可行的政治口号，同样，正义之城的概念是为了有可行性。愿景旨在超越重新分配现有的、要求实现其他能让人的生活值得一过的价值，实现1968年人们写在横幅上的

---

① 鉴于下面的论点，很诱惑人的是回忆卡尔·马克思定义所有历史是阶级斗争的历史，现在新到达（newly-arrived-at）的阶段为一段历史，结束阶级斗争能获得严肃的思想——但这让我们远远超出了本文的讨论范围。

| 后记　不只是城市权利的正义之城

口号。

　　正义之城的探寻与这个问题十分接近，寻求超越正义的目标语句，要么就令人尴尬地定义为正义的一部分。在本文集苏珊·费恩斯坦那章的后半部分解决了这个问题，通过阐明可能性的概念以及另外相关目标的相关概念。① 这些概念超越想象正义之城就是一个城市的概念，在这样的城市中，如何定义城市的决定都依照公平分配的原则。历史确实把超越正义的目标提交讨论。20世纪60年代的事件，主要具体在1968年，象征性地代表学生、工人、那年的新左派行为和哲学，表现目标的历史变化。追求不同城市的权利是代表那种改变的持久模式。

　　历史变化的重要性已经受到广泛关注，尽管它被同样广泛不同的术语描述。运动从福特经济到后福特经济，生产从依赖重体力劳动到依赖技术先进的方法，从民族范围到全球经济和政治结构，从占优势的农村到大型新城栖居模式，从简陋到科技更先进的通讯交通工具。针对我们的目标，最重要的变化是有这样一个社会；靠技术克服贫穷，生产足够的物质满足所有人的基本需求，在其过程中需要最微小的不体面的或繁重的工作。这个社会如果还没能为所有人"生产产品"，也已经在为绝大多数成员"生产产品"了。然而，当技术如此先进的社会可产生的形象与现有条件相悖时，越来越多的人不满意——不仅不满意货物分配不均，而且不满意生产过程中的人际关系——优先考虑财富的获得和展示、狭隘的关注经济增长、权力集中、为日常工作提供动力所需的不安全感、引起非理性扩张的破坏性、生产"一维"人类的同质化作用、个人关系和国家实践的侵略性，特别是导致

---

①　尽管她的语言没有明显区别于分配方法，即关注那种"选择……惠顾最不富裕的人"。

战争。

在20世纪60年代的民权运动、反越南战争运动以及加利福尼亚大学伯克利分校和哥伦比亚大学具有国际影响的学生骚乱中，技术可能透明到的程度和事实上技术被使用的情况有所脱节。所有运动都得到许多工人的支持，即便他们的组织对此并不热心。60年代的确为前几世纪的传统自由主义主张添加了新成分。技术对丰富和繁荣的承诺使之成为可能，这基于一个制度。在其中，剥削、控制和种族主义被隐藏但仍然是核心问题。单一维度是1968运动的目标，产生于靠无休止的竞争和无止境的增长获得利润的制度，前所未有地满足了人的实际需要，不需要持续创新来维持系统发展。由于认识新，行动中表达的思想也新。

这些说法不都是前所未有（1912年劳伦斯罢工者把"面包与玫瑰"贴在海报上！）但以前局限于艺术和文化，作为美的乌托邦幻想，或作为没有政治现实的重要愿景。这些新要求把"追求幸福"严肃地看作社会目标和个人目标，这是60年代抗议活动的基础，包括了更早期的思想：反对歧视的平等权利在人际关系中得到体现，在政治上以广泛的民权立法和政治改革手段成功解决。在政治上接受更广泛的民主参与扩展了自由，为了正义和自由而反对专制统治结束了越南战争。单独来看，这些都是重大改革；与二战后亚洲、非洲和拉丁美洲的反殖民主义革命形成共鸣。纽约哥伦比亚大学——参与抗议大学建筑占据公共公园的活动①，接受了非洲裔青年的领导，反对使用高校资源为美军研究死亡技术——代表了二者。60年代的抗议者在面对着要提供充足的物质生活这样的困难，面对着商品和服务分配越来越不平等的现实

---

① 这一点可能事后被视为肯定了哈莱姆区社区的城市权利，他们城市的权利，但那时这句话并没广泛在大西洋西部使用。

后记　不只是城市权利的正义之城

深感不安。但他们强烈要求扩大无论是作为个人还是集体追求幸福的可能性，虽然要求经常不成熟，更多的是理论和哲学的表达而不是政治。

在一个更大的舞台上，民权运动的历史时刻到来，并走向对1968年那样年代的人所反对的制度的综合批判。马丁·路德·金说得最尖锐：

> 我们已经进入一个新时代：呼吁提出全社会的若干基本问题，还呼吁援助生活道路上遭受苦难和痛苦的乞丐。但是有一天，我们必须要问，制造乞丐的大厦是否绝不能重建和翻新。这就是我们的立场。①

纽约、巴黎、柏林，或蒙哥马利、底特律、洛杉矶的街头示威行动不会导致政治革命。重大改革可以；但理想主义愿望，特别是参与者的理想主义愿望是无果的。他们顺从周围世界的单一维度，把不满与反战和民权运动相联系，但不是从政治角度与抗议、剥削的第三源（the third source）相联系。哥伦比亚大学建筑职业警察的态度具有代表性：许多警察粗暴地认为学生是精英小子，享受着工作警察从未敢希求的奢侈昂贵的教育。学生广泛渴望自由和幸福的想法与直接受剥削的工人缺乏物质机会的更迫切问题之间未能达成共识。在法国，工人们直接参与，但大部分工会并不支持广大民众的愿望，因为它们不愿看到因支持民众而妨碍更务实的思考。

虽然不是一场革命，但1968年所产生的无疑是一个新目标，新需求：城市的权利。也许追求的下一步不只是正义之城，而更进一步是人文之城、可能性之城：60年代打开了这么多人的眼

---

① 对SCLC领导层的讲话，弗罗格莫尔，1967年5月。

界，揭示出权利必须在现实中要求。正如亨利·勒费布尔阐释的概念，"城市"是社会的提喻。他强调——也许过分强调——城市化作为变革的主要成分的重要性，并把城市生活的可能性看作是值得奋斗的目标，具有城市性是因为城市和农村之间的文化矛盾已经克服（勒费布尔，1996、2003）。勒费布尔写道：

> 城市的权利就像一声呼吁，一种需求……［它］不能被设想为简单的访问权利或回归传统城市。只能被归结为城市生活的转换和复兴权……只要"城市"［是］相遇的空间，使用价值的优先权，时间的空间的题词，把时间提升到所有资源中最大资源的等级。

（勒费布尔，1996：158）

在其他地方，他提及"作为城市居民的公民权利"，谈道"城市权应辅以差异权和信息权……"[①] 尽管他有时使用多形态的语言，但很明确他在呼吁能够解决权利要求的城市的重大社会变革，一个远离"控制消费的官僚社会"的变革，而不是1968那个年代的人也普遍追求过的坏的构想。

时代不同了：旧景已得到加强

如果城市权利需求挑战了已建立的秩序，这种挑战已经开始了。60年代对当权派构成了潜在威胁，即使今天有些人否认（马库塞，2008），当权派做出回应，朝着任何情况下都有利于自己的方向。1967年动用国民警卫队武力镇压了北部黑人区暴乱，理

[①] 勒费布尔（1996：170）。更多扩展评论参见本文集穆斯塔法·戴安科的"正义与空间想象力"一文，他也提到这种语言。

查德·尼克松 1969 年成为总统，开启了美国国家政策向右翼的急剧转变。1979 年玛格丽特·撒切尔夫人当选为英国首相，这经常被看作新自由主义崛起的标志性事件，福利国家则日益衰落。①

城市规划、后退，这样的新愿景需求

所以，一方面，现有秩序中需求变化的性质和范围在改变，另一方面，既定秩序的力量加强了对变革的抵制。既定秩序已证明很强大。从新自由主义政策的盛行程度你不会想到，新的权利正在被日益探讨，更不用说城市权利。今天的世界城市规划实践仅仅反映了这种探索的一小部分，但讨论本文集所涉及的新目标不单是一个学术问题，在社会实践世界中还有同样重要的意义，虽然这种讨论还多是少数，虽然到目前为止主要限制在学术领域。城市是困难也是当今希望的热点地区，影响城市环境的行为可以明显影响城市的形象，为谁而建，有什么样的后果。城市活动和城市规划在确定城市未来中扮演着重要角色。如果城市行动规划知道想去什么地方，想做什么，有什么样的可能性和约束，就会真正影响人们生活。面临基本社会问题的城市社会运动寻求重大变化，但力量一直在减弱。城市规划应该参与、促进变化。

然而，今天城市规划在后退。作为具有远见的信仰，作为帮助塑造更好未来的欲望，后退是因为公开受到新自由主义意识形态建立的保守势力的攻击。城市规划被要求只能涉及有效城市功能的问题，讨论有助于发展和商业繁荣的社会问题。苏珊·费恩斯坦在本文集的章节中礼貌地说道：规划已变得"温和"。本应该更加直言不讳：正式规划已成为机会主义式的缺乏远见、谨小慎

---

① 对新自由主义的优秀讨论在哈维的论述中（2005）。

微、斤斤计较、心胸狭窄；它已被定义为职业规划，反过来职业规划就变成今天允许职业规划师在其职业惯例的传统实践中想做什么就做什么，点头的是那些付钱给他们的人，是那些绝大多数在社会中有权势的雇主和客户。

在这种情形下，新愿景的出现也伴随着社会势力的历史平衡对它们的反对，寻找正义之城的贡献需在不断推进的同时予以重申。面对规划的式微，苏珊·费恩斯坦对回归标准城市展望（亦即"正义之城"）的呼吁的确受到欢迎。与大多数职业规划师不同，她将规划视作一种更为宽泛的活动，一种灌注了一整套道德和伦理价值，致力于改善所有人的生存条件，致力于正义的传统、平等，以及人类能力发展的活动。她阐述了这些价值，并试图捍卫它们。重点并不在于她是否精确阐述了所有这些价值，而在于规划是否需要处理这些已被阐述的价值。作为专业人士，遗忘这些是很容易的，但在限制中做到最好，而并不质疑这些限制，同样非常容易。她将这些更大的问题推到前沿，这是当今的重要贡献。

正义之城作为一个重要概念引领了思考和处理城市问题的全新和必要的方向，与此同时，它也需要接受更深远的目标和主张。它需要扩充和发展从而达到城市权利的要求：即所有人实现完整、自由，具有创造性之生活的权利，这也是1968年城市运动参与者已生动表达，但远远没能实现的权利。但这一认识如何在帮助实现长远可能的同时，又能够与满足当下紧迫的中短期要求的行动相结合呢？

一个新天地：实践中的城市权利

在发展城市权利内容的过程中，实践和理论在相互平行又略微不同的轨迹上，实践快于理论。① 城市权利实际上成为世界各地积极要求社会变革的主要模式。城市权利宪章已得到广泛讨论，并以各种形式在诸如2004年7月美洲基多社会论坛，2004年10月巴塞罗那世界城市论坛，2005年1月阿雷格里港世界社会论坛，2005年9月巴塞罗那修订会等不同会议中达成共识。

在美国，越来越多分散在全国各地的联盟组织以"城市联盟权利"的名义聚在一起，包括致力于帮助无家可归者的团体、争取移民权利的团体、争取同性恋权利的团体、反对中产阶级化的团体。2007年1月迈阿密的开创大会用启发性报告做总结：理论和实践之间的关系已经得到明确解决。② 大批团体出现在2007年6月亚特兰大美国社会论坛③，联盟有8个城市20个团体的250多位成员出席，并采用以下原则声明。④

1. 土地与住房权利免于市场投机并服务于社区建设、可持续经济、文化和政治空间的利益。

2. 对具有公共用处的城市地区的永久公有权。

3. 有色人种、妇女、同性恋、变性人的工人阶级群体符合他们利益的经济权。

4. 第一个国家土著居民继承具有历史或精神意义之祖传土地的权利，不论其州边界和城市或乡村背景。

5. 可持续的健康社区和工作场所权利，康复、有质量的医疗

---

① 马克·拉德，1968年哥伦比亚建筑职业领导人之一，提出"实践高于理论"。
② 可以在Tony Samara at tsamara@gmu.edu.看到。
③ https://www.ussf2007.org/en/about. 自论坛2001年在巴西阿雷格里港成立以来，本论坛和别地的类似论坛本身是运动的一部分，将具有新目标、寻求新形式的组织和联盟结合在一起；2010年论坛在美国呼吁要有目标，比如："努力实现工人阶级斗争和进步运动之间的更大融合"（https://www.ussf2007.org/en/vision）。
④ 文本与背景简报见http://www.habitants.org/article/articleview/at1988/1/459/。

寻找正义之城

保健，赔偿对遗留问题的有害滥用，如棕色地带、癌症集群和有毒废物堆场污染清除基金网站。

6. 安全的社区和不受警察、移民和归化服务（INS）/移民海关执法局（ICE）的侵扰，后者历来针对有色人种、妇女、同性恋和变性人群体进行治安镇压。

7. 平等获得住房、就业和公共服务的权利，无论人种、种族、移民身份，没有被地主、ICE、雇主驱逐出境的威胁。

8. 有色人种工人阶级群体的交通权、基础设施权和反映与支持社会和文化完整性的服务权。

9. 社区控制和决策权，以全透明度和问责制规划管理我们生活和工作的城市，包括不受询问地获得公共信息的权利。

10. 有色人种工人阶级群体的经济互惠和恢复权，包括从利用和/或取代了当地经济的所有本地的、本国的和跨国的机构中获取。

11. 不受国家干预，支持和构建跨国界的城市之间团结的权利。

12. 农村人口经济健康和社区稳定的权利，免于因环境退化和经济压力而被迫迁移到城市地区。

2008年6月，城市权利团体在一年一度的美国市长会议上演出了戏剧性的"市长进行曲"，①包括要求停止士绅化、计时工权利、为同性恋青年提供设施。

城市权利口号，如果有的话，在国际上比在美国更适用。它是一个栖息地国际联盟的主要运动口号。目标包括：

1. 创造性地自由选择生活的平等机会。
2. 平等获得经济资源，包括继承权、土地所有权和其他财产

---

① 见 http://www.poweru.org/right-to-the-city-miami-hosts-march-on-the-mayors.htm。

所有权、信用、自然资源和适宜的技术。

3. 个人、精神、宗教、文化和社会发展的平等机会。

4. 参与公共决策的平等机会。

5. 保护和使用自然文化资源的平等权利和义务。①

以同样传统采用的欧洲城市宪章在17条原则中支持"个人抱负"的广泛权利："有利于个人幸福和个人社会、文化、道德和精神发展成就的城市条件。"在这些不同模式中，我们看到混合的新旧要求；许多呼声仍然要求"平等"条件，以获得"抱负"，扩大要求，考虑新的可能性。征求"城市的公平设施""公平分配"和保持"文化记忆和尊严""和平共处""与所有居民相关的文化丰富多样的集体空间"相结合。然而重点"特别"均匀地落在"……弱势和边缘化群体"。②

看着这些陈述，城市权利运动依据的八项原则脱颖而出。前四项明晰，后四项刚刚形成：

1. 当务之急是目前的基本需要：水、土地、房屋、工作、健康保健，领导基层民众制定影响满足他们需求的决定。

2. 正义作为目标的影响是明显的：像"公平"和"公正"的词语在广泛应用。虽然其他情况下，需求是通用的：像用于公共用处的公共所有权，或实施自然资源保护的词语。

3. 权利应该建立，并民主地在社会所有成员充分参与的情况下实施。

4. 权利是不可分离的、集体的，也是个人的。列出多重权利非常重要，运动不是分离的而是相连的。

5. 权利主张植根于对现有秩序的一般性隐含批判，认为需要

---

① http：//www.hic-net.org/indepth.asp? PID=18.
② 全文在http：//www.hic-net.org/documents.asp? PID=62。

把观点放在一起，以这种秩序，激进变化和转变融合被呼吁，实际上也是必要的。

6. 基本需求的完全满足是一种设想，没有考虑有限的资源。

7. 城市权利的观点在优先考虑目前的基本需求时包括更广泛的需求，如尊严和文化丰富性。

8. 主张的权利不仅是为目前无法参与实践的人群，而且包含所有社会成员。

这八项原则是追求更好社会目标的主要动力。根据近50年发生的历史性变化，充实后四项也许是下一步合适的探索方向，不仅寻找正义之城，而且寻找更好的社会，正义之城必须是其中一部分。可以为这样的探索提供可能的方向。

从实践到理论：寻找城市的权利

进一步寻求正义之城的工作重点最好是论述后四个原则。这些原则确实是早期研究的警示：从19世纪早期的社会主义乌托邦到马克思与恩格斯的著作以及第一次世界大战前后某些（但不是全部）社会民主主义者和共产主义者的理论。同时，许多反对殖民主义和种族主义的解放斗争也关注这些原则。但进入20世纪60年代，当满足个人的历史条件似乎戏剧性地出现时，有了关于新"左翼"的理论辩论的环境，它们突然受到密切关注。也就是在这种氛围中，亨利·勒费布尔推广了"城市权利"短语及其潜在意义，[①] 赫伯特·马库塞著书并演讲，今天许多思想家延续这种态势，其中大卫·哈维可能是最有名的。

---

① 勒费布尔（1996）。尽管勒费布尔非常重视城市化过程是转折点，例如在《城市革命》中所提到的观点，但这个问题不在这里讨论。

把以上的后四项（5项到8项）逐一列出。

5. 权利主张植根于对现有秩序的一般性隐含批判，认为需要把观点放在一起，以这种秩序，激进变化和转变融合被呼吁，实际上也是必要的。

针对这项原则，已经做了大量工作，反映于政治领域许多对新自由主义的批评之中，以及对全球化、金融化、当代资本主义的批判分析之中。这里需要清晰地阐明现有秩序和使权利主张具有可行性和必要性的条件之间的直接联系。必要性可能几乎是不言而喻的，不仅对激进批评者，而且对善意批评者，例如受宗教信仰感动或坚持传统自由主义价值观的许多人。实现这些要求的问题需要发挥城市权利的下一个原则。

6. 基本需求的完全满足是一种设想，没有考虑有限的资源。

关于这项原则现有工作更有限，因为对于什么是阐释目前的改善建议，如可用于实际选举和立法游说的建议，什么是完全乌托邦式的与现实世界无关的建议，很难找到两者之间的中间地带。如果我们使用伊曼纽尔·沃勒斯坦（Immanuel Wallerstein）在短期、中期和长期建议之间的情况下一直推崇的差异性（沃勒斯坦，2008），这里则需要详尽阐述每一点：立即开发具体可操作的要求，更广泛阐释纳入需求的计划，透彻思考终极可能性，具体说就是明智的和想象的愿景会导向的乌托邦。进一步的需要是把他们联系起来。举个例子，为了应对卡特丽娜飓风后的新奥尔良，短期需求可以立即为所有的飓风灾民提供足够的住房，中期需求可以完成修订规划过程和市政决策从而使其开放、民主、具有参与性，作为21世纪国家财富过剩情况下的城市模式来阐述新奥尔良愿景。①

---

① 我已经在马库塞的文章中（2007）阐述了这个特别案例。

7. 城市权利的观点在优先考虑目前的基本需求时包括更广泛的需求，如尊严和文化的丰富性。

这项原则不需要严格划分基本需求和更广泛需求，物质需求和文化需求；事实上辩论声音比较大的是更广泛的文化需求和物质需求一样是基本需求，虽然为了满足其他需求，基本物质需求必须首先得到满足。正是这些更广阔的文化需求需要进一步说明：尊严真正意味着什么，我们关心文化身份的哪些要素，性自由的限制，个人或团体之间要建立什么样的人文关系作为社会必需品，以及什么是选择权。同样，一般词语如人类潜能的充分开发或能力的扩大具体意味着什么。再一次，沿着这些线路已经做了扎实的工作，但还有更多工作可以做，包括针对综合规定，尤其是可用的、可理解的、有吸引力的日常活动规定的工作。

8. 主张的权利不仅是为目前无法参与实践的人群，而且包含所有社会成员。

这项原则我们在小范围探讨。埃内斯托·拉克劳（Ernesto Laclau）谈到生活的两个不同系统，即"（1）合法公民，有房住和有经济生产力，应给予充分的法律保护；（2）……具有针对性的人，容易被驱逐流放到异常空间，……不……被认为值得受到法律保护。"[1] 斯拉沃热·齐泽克（Slavoj Zizek）（2008）写了一篇短文，他谈到了包含和排斥之间的划分。[2] 这有益于简述鸿沟（deep divide），呼应欧洲联盟采用的那种方法，探索把"包含"作为城市社会问题的解决方案。[3] 但这些方法在两端都引起主要问题。给予"合法公民"的法律保护真是"充分"的吗？许多低薪、高强度工作或

---

[1] 如杜林总结（2007）；参见拉克劳的著作（2007）。
[2] 我的一篇文章，包括对他文章的评论，在以下讨论中（马库塞，2008）。
[3] 玛吉特·梅尔等激烈批评的一种方法。

下岗的人群可不这么想。具有生产力的非公民又如何呢？被排除群体完全不受法律保护吗？许多专业律师提出相反观点。被排除者事实上被排除在制度操作之外吗？或者说他们对系统很重要，只被排除在一些利益之外？被包含者是相同群体吗？所有被包含者都受益于制度吗？或者说事实上由许多不同群体组成，和制度具有很不同的、有时甚至是批判的关系？被排除和被包含的更大需求不相同：莎拉·杜林（Sarah Dooling）在一篇敏感的文章中引用了她采访的无家可归者的话：需要"自主、尊严、社区意识"（杜林，2007：46）。在什么程度上应该把包含被排除者的目标纳入制度中，而不是改变制度本身——这是斯托克利·卡迈克尔（Stokely Carmichael）在美国民权运动取得主要成就后提出的惊人观点，他问黑人是否真的想被包含在压迫他们这么长时间的社会中，或者说他们想要一种完全不同的社会。

1968年直接提出了这些问题，但并没有解决。当黑人学生要求白人离开哥伦比亚大楼的汉密尔顿大厅，让黑人占据并管理时，他们在自己和同行之间画了一条清晰的线。当阿什温·德赛（Ashwin Desai）（2002）认为，"穷人"必须领导反抗压迫的斗争时，他用传统意义上的老口号表明："工人阶级的解放只能靠工人阶级。"但德赛就像哥伦比亚的黑人学生一样走得更远，认为其努力是不希望非穷人太过积极地参与。

这里的理论问题很难，涉及重新审视经济和文化方面的社会阶级结构，并质疑是否广泛包含的益处是针对真实或虚假需求。这样的包含是针对所有人全面发展的基本希望吗？或者是由来自操纵物欲和社会地位的利润形成？如果是后者，包含者自己不是制度的牺牲品吗？他们似乎从中获益，长远来看甚至与最基本的好处也无缘的被排除者难道不会结成潜在的盟友吗？这是一个领域，城市权利的理论和实践可能真的在其中相结合。

最后一个领域已在理论上被广泛讨论，但它的实际影响需要发展。本文集的许多作者通过特定案例提出这个问题。城市权利的概念不仅意味着社会变化而且还意味着空间变化，因为如何构思和调整概念在很大程度上取决于空间本身的使用。有趣的是，穆斯塔法·戴安科有相同想法，但是在本书论文中他却将其推翻，这就带来了一个问题："城市权利的概念不仅意味着空间变化，而且还是社会变化，因为概念的构思和调整方式很大程度上取决于社会本身。"自从大卫·哈维（1973）出版《社会正义和城市》以来，空间和社会正义的关系一直是地理学家主要关注的事；这一关系也同样吸引了许多规划理论和规划从业人员，而且是本书的激励主题之一。有一种倾向使所有社会正义问题转化为空间（或哈维所说的领土）正义问题，这就限制了关注点，太狭隘了。但正确的理解两者之间的相互关系在实践和理论中至关重要，因为这与可能性和限制性相关联，关于解决城市空间使用问题时通过行动可以获取什么。例如，唐·米切尔（Don Mitchell）（2003）出版的《城市权利：社会主义与争取公共空间》详尽阐释了公共空间如何被不公正地使用，特别提到无家可归者对它的使用，但他接近将社会公正等同于处理空间这类问题。解决空间问题，以满足大家的广泛需求的确是实现城市权利的关键因素。城市规划的工具可以视此目标为主要力量。潜力和限制都需要更清晰地解读，深入进行理论和实践探索是必要的，了解什么是可能的，什么情况下需要其他类型的行动。

理论联系实际

如果对城市权利及其空间方面的所有后四项原则的探索工作是必要的，那么最后两项原则对实践、组织和动员提出了最直接的问题，扩大需要和包含完善中的所有问题。将这两项原则放在一起，他们认为，如果包含者的需求可以和排除者的需求相联系，就可以产生一股强大的改变力量。共同目标是满足所有需求，首先是最基本的生存需求，然后是具有适当生活水准的物质需求，再然后是支持集体环境中人类能力完整发展的更广泛的需求。

有些人真正被排除在制度之外；无家可归的人也许是最极端的例子，尽管他们常常被部分包含，部分排除。最低工资的工人往往处于非正规经济中，当然地成为制度的受害者：例如，美国的非法移民劳工既被排除也被包含。大多数工人的工资低于他们制造产品的价值；他们都包括在制度中，确实有必要，但也是受害者。高薪工作的包含者很多都不安全、劳累、紧张、被要求要想保持被包含的利益就要放弃更大的需求满意度。许多人经济上被包含但文化上被排除；男女同性恋者可能有声望，但在生活的许多方面受到歧视。知识分子和理想主义者凭借追求自己的思维过程或审视社会的道德价值谋取了关键职位，他们技术上被接纳，但却支持别人对抗接纳他们的党派。所有这些都有理由支持城市权利要求。寻求这些如何产生，其社会基础是什么，也许应该是继续追求更好社会的首要任务。

寻找正义之城是需要做的一件重要事情。建立城市权利就是奔向终极目标的合乎逻辑的下一步。

参考文献

Desai, A. (2002) *We are the Poors: Community Struggles in Post-apartheid Africa*, New York: Monthly Review Press.

Dooling, S. (2007) "Ecological Gentrification: Re-negotiating Justice in the City," *Critical Planning*, 15.

寻找正义之城 |

Harvey, D. (1973) *Social Justice and the City*, Oxford: Blackwell.
—— (2005) *A Short History of Neoliberalism*, Oxford: Oxford University Press.
Laclau, E. (2007) "Bare life or Social Indeterminacy?" in M. Calarco and S. De-Caroli (eds) *Giorgio Agamben*, Stanford: Stanford University Press.
Lefebvre, H. (1996[1967]) "The Right to the City," *Writings on Cities*, in E. Kofman and E. Lebas (eds), London: Blackwell.
—— (2003[1970]) *The Urban Revolution*, Foreword by Neil Smith, translated by Robert Bononno, Minnepolis: University of Minnesota Press.
Marcuse, H. (1972) *One-Dimensional Man*, Boston: Beacon Press.
Marcuse. P. (2007) "Social Justice in New Orleans: Planning after Katrina," *Progressive Planning*, 172.
—— (2008) "In Defense Of the 60s: The Pursuit of Happiness is a Goal for All Generations," *In These Times*, 32(8), August.
Mitchell, Don (2003) *The Right to the City: Social Justice and the Fight for Public Space*, New York: Guilford.
Wallerstein, Immanuel (2008) "Remembering Andre Gunder Frank While Thinking About the Future," *Monthly Review*, 60:2 (June).
Zizek, S. (2008) "The Ambiguous Legacy of' 68: Forty Years ago, What was Revolutionized, the World or Capitalism?" *In These Times*, 32(7), June.

编者、作者和译者介绍

詹姆斯·康诺利（James Connolly）是哥伦比亚大学城市规划专业博士生，一直是奥斯丁校区社区组织者，得克萨斯州和纽约市几个社区组织的顾问。他的博士论文研究采用包括空间分析和采访的混合方法，分析社区组织在更大组织领域如城市决策中的作用。他以宏观的历史观点和当代社区性组织形式和网络工作的微观模式看问题。多年讲授城市空间分析，出版物关注棕色地区再开发过程，组织社区再开发议案，关注美国城区服务公司的空间模式。

詹姆斯·德菲利皮斯（James DeFilippis）是罗格斯大学爱德华·J.布劳斯泰尔规划和公共政策学院的副教授，研究方向是城市政治经济学和政治哲学；住房、社区和州之间的关系；社区发展理论和实践；无管理工作的发展和激增。他在诸多领域的学术杂志上发表作品，既有独立完成的也有合作完成的，撰写专著和报告，兴趣超越了专业范围，从事具体政治工作和政策分析。研究采用实证和理论，定量和定性的方法。作为政策分析家，他和不同组织广泛合作，有社区发展联盟，阿林斯基发起的团队，有大范围的住房联盟。独立撰写《消失的巨人》（2004），与人合著《社区发展读本》（2007）。

寻找正义之城|

穆斯塔法·戴安科（Mustafa Dikeç）是伦敦大学皇家霍洛韦地理系人文地理讲师，地理系社会文化地理团队成员。在土耳其安卡拉中东技术大学和费城宾夕法尼亚大学受训为城市规划师。2003年获得洛杉矶加利福尼亚大学城市规划博士学位。研究领域包括城市理论、空间和政治、社会理论和空间。是《环境和规划D：社会和空间》的编委会成员，《空间和社会》国际顾问董事成员，出版有若干杂志论文和《共和国荒原：空间、政治和法国城市政策》(2007)。

苏珊·S.费恩斯坦（Susan S. Fainstein）是哈佛大学设计研究院城市规划项目教授，曾在哥伦比亚大学和罗格斯大学任教，研究方向是比较城市公共政策、规划理论、城市再开发。著作有《城市建设者》《城市和访问者》（与莉莉·M.霍夫曼和德尼斯·R.贾德合编），是大学规划学院协会杰出教育奖获得者（ACSP）。

弗兰克·费希尔（Frank Fischer）是罗格斯大学政治科学和行政管理教授、全球变化和管理中心的职员，出版若干公共政治以及社会科学理论和方法方面的论文，著作有《政治、价值和公共政策》(1980)、与约翰·福雷斯特合编《政策分析和规划的辩论转折》(1993)、与迈克·布兰克合编《绿化环境政策：可持续未来的政治》(1995)、《公民、专家和环境：地方知识的政治》(杜克大学出版社，2000)、《重构公共政策：离题的政治和协商的实践》(牛津大学出版社，2003)。他在欧洲国家、北美等国、南非、巴西任教或做讲座，在若干学术杂志编委会任职，其中有《组织与环境》《行政与社会》《公共管理国际杂志》。他曾获得1999年政治研究组织哈罗德·拉斯韦尔奖。

拉维特·戈德哈伯（Ravit Goldhaber）是南非斯泰伦博斯大

学地理系博士后研究人员,研究方向是城市隔离空间、城市社会群体和门控社区的关系。

大卫·哈维(David Harvey) 是纽约城市大学研究院人类学、地球和环境以及历史中心著名教授,著作有《社会正义与城市》(1973)、《资本的限度》(1982)、《资本的城市化》(1985)、《后现代性的状况》(1989)、《正义、自然和差异地理》(1996)、《希望的空间》(2000)、《新帝国主义》(2003)、《巴黎:现代性之都》(2003)、《新自由主义简史》(2005)。他获得1989年瑞典人类学和地理学协会Anders Retzius金奖、1996年伦敦皇家地理协会资助人奖、1995年沃特琳·路德国际地理奖,等等。

卡丽娜·莱唐(Karina Leitão) 是建筑师,毕业于巴西帕拉省联邦大学,获圣保罗大学拉丁美洲整合项目硕士学位,如今在圣保罗FAUUSP大学建筑城市学院城市规划系从事博士后研究,并担任FAUUSP住房和人类栖居中心研究员。

布鲁诺·G. 洛博(Bruno G. Lobo) 是哥伦比亚大学建筑规划和保护研究生院城市规划项目在读博士生和助教,建筑注册师和城市规划师,里斯本规划公司的项目领导,研究方向是比较视角下的土地使用规则和物产权,以及对物产发展的影响,在攻读博士学位之前获得里斯本理工大学建筑学硕士学位,并担任东京大学等高校的研究合作者。

彼得·马库塞(Peter Marcuse) 是规划师、律师、哥伦比亚大学城市规划名誉教授,获加利福尼亚大学伯克利分校博士学位,加州大学洛杉矶分校(UCLA)的城市规划教授,洛杉矶规划委员会主席,纽约社区第九董事会成员。研究领域是城市规划、公共空间使用、城市的权利、城市的社会正义、全球化和城市历史，尤其关注纽约市。曾在德国、澳大利亚、南非、加拿大、奥地利、巴西任教，在专业杂志和普通刊物发表文章，著作有《全球化的城市》，与罗纳德·凡·肯彭合写的《新空间秩序?》（1999），以及《论州和城市：城市空间划分》（2002）。

厄美尼亚·马里卡托（Erminia Maricato）是巴西圣保罗大学建筑系教授，圣保罗城市住房发展部前秘书（1989/1992），巴西城市部副部长（2003/2005）。她在专业学术杂志出版多篇关于巴西城市主义的论文。撰写有多部著作。

玛吉特·梅尔（Margit Mayer）是柏林自由大学政治学教授。在社会研究新学院、加利福尼亚大学圣克鲁斯分校任教、研究方向是美国和德国就业与社区发展政策的交汇。在专业学术杂志发表论文若干。

约翰尼斯·诺维（Johannes Novy）是哥伦比亚建筑规划保护研究生院在读博士研究生，柏林都市研究中心研究员，研究方向为规划史和规划理论、城市旅游业、北美与欧洲的城市发展。

罗伊·牛丽尔（Roy Nurie）是以色列本－古里安（Ben-Gurion）大学地理系在读硕士研究生，研究方向是贝尔舍瓦的多元文化规划。

英格里德·奥利沃（Ingrid Olivo）是哥伦比亚大学城市规划系的博士生，研究方向是灾后规划发展中文化遗产的比较研究。她出生在萨尔瓦多，是建筑学学士、城市发展规划硕士。曾在两个非政府组织、萨尔瓦多都市规划局、两个私人企业先后担任记者和城市规划师，曾在一些大学任教。

卡兹·波特（Cuz Porter）是哥伦比亚大学城市规划系的博士生，哥伦比亚城市规划和国际事务双硕士，论文探讨集装箱化衰落对城市间竞争中港口和其他经济活动之间地理连接的影响，他也利用心理分析理论研究乌托邦思想在城市规划中的作用。他曾担任韩国首尔环境劳动部的编辑和翻译，纽约多家机构的咨询师，与约翰·惠特福特合写论文《研究现状：区域经济、开放网络、生产的空间分裂》（《社会经济评论》，2007），与人合著《探索非正式：奈洛比贫民窟的贫穷、工作、住房和服务》等。

贾斯廷·斯泰尔（Justin Steil）是哥伦比亚大学法律和城市规划学院在读法学博士，棕色土地环境正义组织社区发展项目经理，曾在墨西哥家暴危机中心培训警察，在波士顿城市学校任教，聚集服刑人员和年轻人一起思考暴力和正义。他对如何通过控制空间实施权力具有广泛兴趣。博士论文关注的是通过控制住房和土地使用来规范移民的过程中法律和城市规划的交集。

J. 菲利普·汤普森（J. Philip Thompson）是麻省理工学院城市规划和政治科学教授，曾任纽约住房局副总干事、市长办公室住房协调部门主任。他是全美移民和社区团体工会顾问。发表若干论文和媒体文章讨论美国城市种族、移民、社区发展。著作有《双倍烦恼：黑人市长、黑人社区以及深度民主的呼声》（2005）。

劳拉·沃尔夫－鲍尔斯（Laura Wolf－Powers）是宾夕法尼亚大学社区和区域规划教授，普拉特研究院建筑学院规划和环境研究院研究中心主席，普拉特中心社区规划研究员。积极参与纽约城市社区组织土地使用、劳力发展、住房倡议讨论。

奥伦·伊夫塔契尔（Oren Yiftachel）是本－古里安大学地

理和规划教授。研究规划、土地、种族关系的政治地理,是《夏甲:文化、政治、地区研究》杂志的创始编辑,《规划理论》的编委会成员,同时担任《社会与空间》、《城市研究》、《规划文献和社会文化地理》等多种杂志的编辑。在主要学术杂志上发表论文,出版著作有《规划与社会控制:分裂社会中的政策和抵抗》(1995),与 D. 汉杰考克等合作编著《规划的权力》(2002),以及《一族统治:以色列/巴勒斯坦的土地和身份政治》(2006)。

索 引

（索引页码为原著页码，即本书边码）

积累 195

行动：目标 241

行动研究 169

有利的 29～31

倡导性工作 165～166

肯定措施 123

美国劳工联合会 – 美国产业工会联合会（AFL – CIO） 221

非洲裔美国人：和移民 223

工会 221

社区 163

赔偿 219

与拉丁美洲人的紧张关系 222～225

土地改革 206

另类假想 116

阿明. A 8

阿姆斯特丹 32～33，105～106，110～114，233

被忽视的问题 115～116

反现代途径 106

反越南战争运动 243

种族隔离：缓慢的 125，136，137

合法的 214～215

阿波罗资本 186

占有 30

辩论 52～54

媒介 59

辩论模式 52

德系犹太人与东方犹太人的紧张关系 133～134

评估：技术性质的 65～66

权威 94

自治 107

回到未来史学 106

巴尼亚斯科. A 107～108

屏障岛屿 216

西德尼·巴斯勒密 217

巴特利公园城 32

美化 31

贝都因阿拉伯人 120，135～137

寻找正义之城

规划战略 129~130
贝尔舍瓦：犹太人和阿拉伯人 128
清真 137
规划 127~139
认可 127~130
益处：分析 26
呼吁 93~94
集体的 94
分布 25
竞标：竞争性的 23
比利·格拉汉姆的牧师 218
团体：恢复的 218~219
资产阶级：理想 108
巴西 231
宪法 203
就业 197~198
健康 198
住房 197~198，205~206
城市运动权利 195
社会进步 204
交通 197~198
空置建筑 201
巴西中央银行 205
新奥尔良恢复委员会 214
布朗克斯河 175~179
绿色通道 180~181
布朗克斯河/湾景社区居委会
　181~182
布朗克斯集散市场案例 21~24，

93，162~163
共享规划 97~98
正义规划 96~97
布鲁克林 164~167
卡尔顿·布朗 185~186
棕色地带治理计划（BCP）177
棕色地带机会区域（BOA）
　175~179
社区团体 177~188
棕色地带联盟 177
公交乘客联盟案例 78~79
希瑟·坎贝尔 7
恶习巷道 217
能力：议题构建 162
能力途径 3，25~26，93
能力：扩大 250
能力构建 196
资本 43
社区 174~175
流动性 194
与劳工的关系 151
资本主义：内部改变 237
批评 249
边缘的 194~195，197
上升 241
社会正义 116
空间发展 4
斯托克利·卡迈克尔 251
有资金没时间 150

曼纽尔·卡斯泰尔 122
民众运动中心 202
中央工人联盟 202
改变：经济 241
影响 245
在人类实践中 240~241
误解 56
复原性 107
空间的 251~252
结构上的 95~96，98
技术上的 241
芝加哥；无序工作 151
幼托 151
雪莉·奇泽姆 164
巧克力城 218
选择 26
公民：合法的 250~251
公民权 75
权利 42
社会的 34
城市 42
城市；作为行动者 107
美国人 104，112~114，154~155
竞争的 5
批评 74
第一世界 106
自由 45
花园 134
全球化 130

好的 8
人类 244
理想的 105，106~108
工业的 19
正义之城：凯恩斯主义 155~156
普通的 6
我们的心愿 45
政策 100
进步的 162
重塑 45
城市的权利；作为正义之地 20~21
与国家的紧张关系 215
传统的欧洲人；不公平的 198~201
城市总体规划 208
城市法 195
执行 208
城市层面实验 115~116
民权运动 224，243
阶级：冲突 155
种族 134
不平等 125，175
中等 236~237
统治 40~41
等级结构；重组 4，251
治理项目 176
裙带关系 199
希拉里·克林顿 223
同盟；政府 206
少数群体 224

317

寻找正义之城

贫穷的白人黑人
合作：协商的 64
集体消费 21
集体：认可 231
殖民主义 223
金融 196～197
城市 124～127，136
占领哥伦比亚大学 243，244
共享 49，91
牧场离开鹅的研究 95
公共伦理 26
交流：歪曲的 53
透明过程 68
交际行为模式 52～54，123，232
批评的 67
交际的理性 3～4，27
交际转向 54～57
社区：资本 174～175
再定义 181
价值 25
社区董事会 181～182
社区开发：活动家 164
议程 175
联邦资金 167～168
团体 216
地方政府 168
社区发展公司（CDC） 174
社区组织 167
竞争 226

与开发商的冲突 181
新奥尔良 225
弥补 28
竞争：社区组织之间 226
以阶级为基础 144
经济正义 153
全球的 145～146
竞争逻辑 109
竞争性 19，108～109
概念：代表 59
冲突 1～2
吸收 155
土地 135～136
自然 46
征服 82
保守现代化 199
建造联盟 222～223
咨询 63，185～186
消费：集体的 153
控制的 74
争论 76
控制：文化 111
合法的 174
成本效益核算 26
反机构：定义 163～164
话语 184
规划 164～167
国家：核心 195～196
犯罪 217

索 引

评论者 2
评论 9~12, 104
政治的 66
社会的 66
文化属性 133
文化剥夺 136
文化多元主义 111
文化：黎凡特人 135
罗伯特·达尔 21
损失 28
迈克·戴维斯 197
辩论、讨论 9~12
债务 205
决策 97
被边缘化群体 182
公民的 48~49
民主 99
权力分配 173
环境正义运动 180
评估过程 27
土地使用 179~184, 202
当地的 24
多边的 184
高折扣商店 24
协商 53
民主的 54, 64
评估 54
"了空"政策 166~167
民主：作为城市价值 61

集体的形式 48~49
协商的 27, 32
正式的过程 34~35
参与当地 115
财产所有 30~31
与平等的紧张关系 33~34
针对不公平条件的民主理论 182
协商民主的方向 52
剥夺运动 136
解除管制 5, 108~109
开发商 96, 174~175
与社区组织之间的冲突 181
发展中的世界 114
城镇发展 129
权力下放 108
新自由主义 174
辩证法 79~80
差异 5, 25, 103, 125~126
深度 124
原则缺陷 28
规划 121~122
权利 76~77, 80, 236
差异主义 76~77
残疾人 29~31, 109
分歧 76
话语：替换、改变 35, 236
定义 57
学科的 58
第一层次 65

319

规范的 65~67

实际的 59

第二层次 66

情境的 65~66

社会正义 60~64

技术的 65~66

话语伦理 4

歧视 82

隐蔽 126

在欧洲城市 108~109

话语途径 57

话语实践 52~54

讨论：实践 65

收回投资 174~175

取代 22~23, 225~226

威胁 168

剥夺：积累 195

不满 242

分配 123

平等 173

多样性 7, 31~33, 125~126, 232

作为一种城市价值 61

种族的 22

认可 123

家政工人联合会 154

支配：隐蔽 126

反对 243

再生产 80

正当程序 92

奥利维亚·杜特拉 205

动力学 83

地球：神圣的 179

经济发展 22~23, 182

经济增长 97~98, 108~109

给予优先权 104

经济结构 237

经济 58

教育：矫正的 222

教育危机 216

有效性 65~66

效率 32, 65~66, 108~109

公平 61~62

公平交易 145

平等自由 73, 80~85

平等主义 103

年老的 235~236

照顾 151

选举运动 206

选举义务 207

选区：划分 224

精英：之间的竞争 144

占优势的 124

种族的 124

欧洲的 114

国际资本 198

新奥尔良市 225

权力 44

解放：异体的 84

| 索 引

政治 83
就业：无序的 147
地方化 146~147
新奥尔良市 216
危险的 147
遭遇 74
环境危机 217
环境危害 176
环境正义 179~181，235
环保运动 165
环境种族主义 179
环境可持续性 235
环境敏感地区 200
平等 3
作为一种城市价值 61
市民的、城市的 83
典型的，规定的 82
协商、讨论 61
效率 61~62
与民主间的紧张关系 33~34
公平发展 169
公平、公正 29，31~33，96，232
有效地交易 145
永恒真理 240
伦理道德判断：位于 7
政治伦理纽带 80~81
伦理学：代码、编码 98
种族性：阶级 134
犹太人的 133~135

种族民族主义 122
种族参与政权 122
欧洲城市 105，112~114
真实存在的 108~110
作为一个理想类型 106~108
歧视 108~109
正面特色 107~108
欧洲传统 106~107
欧洲城市宪章 248
排外的 251
排外 85
反应 109~110
扩张 124
开发 77~78，124，244
过度开发的岗位 144
移民的 223
苏珊·费恩斯坦 6~9，104~105，229
的批评 46
公平待遇 60
公平 41
虚假意识 26，237
家庭责任 28
家庭自我维护 152
女性主义 122
金融、保险房地产部门 146
彼得·法恩 185
水灾：人为的 218~219
南希·弗雷泽 5，123

自由市场 60
自由：资本统治 46
规定的 82
限制 28
新自由的 44
谈论 44
约翰·弗里德曼 8
边境边缘过程 129
全谱发展集团 185~186
服装制造业 150
性别 236
代际：未来 235
地理分散 77
贫民窟社区 164
全球比喻 144~146
全球化 43，107
评论 249
就业 146~147
特征 194
在边缘国家 195~198
转变 194
好理由 65
产品：集体的 29~31，230~231
主要的 25，29
公共供给 31
鹅离开牧场的研究 95
统治：集体主义的 29~31，230~231
差异化结构 184~188
分层 21，100，108

尺度改变 6
政府：联盟 206
失败 169
左翼领导 115
分层 233
当地的 109
不信任 218
缩减责任 174
团体：社区 177~188
社区开发 216
不利的 63
边缘化的 179
标志的 124
不能代表的发展 31~33，232
无止境的 243
发展联盟 174~175
海湾沿岸建设职业中心 222
尤金·哈贝马斯 3~4，27
栖息地国际联盟 247~248
幸福：追求 243
和谐 46~47
大卫·哈维 D 4，122
健康 180
巴西 198
健康危机 217
霸权：挑战性的 116
欲望 55
德沃拉·海特纳 163~164
异质性 27

异位空间 46	意识形态假设 58~59
房屋所有权 31	无知：面纱 3，25，41，61
无家可归 42~43，83~84	移民 124~127，223
均化压力 107	非裔美国人 223
招待 75	规划 130~133
房屋：经济适用房 182，186，222	俄罗斯人 130~133
巴西 197~198，205~206	工人中心 154
赤字 199~201	移民 75
为了移民 131	少数群体 224
新奥尔良 222，226	公正的分享 60
周边国家 199~201	实现 28
政策 166~167	包括的 251
公共的 222	包容 109~110
公共资助 205~206	好处 251
社会的 110	《包容与民主》（杨） 31~32
开销 196	冷漠 126
住房发展局 216	规划 133~135
住房运动 167	本土的少数民族 124~127
《关于纽约东部如何成为贫民窟》（萨比特） 169	个人主义 83
人类潜能 250	个体：抽象的 3
人类实践 240	态度 220
卡特丽娜飓风 214	与组织的对话 184~185
理想言说情境 4，27，54	强调 25
理想类型 106~108	在……中平等 29
不靠谱思想 196	不平等：阶级 175
身份 4，122，125，125~126，236	创造的 94
犹太人 133	收入 152
政治的 76	种族 175
	不公正 41

原因 91
规定的 73
经济上的 147~153
每天的 1
自然化的 105
过程 145
空间辩证法 80~81
空间性 78~80, 234
在欧洲城市 108~109
都市化 1
《贝德福德~司徒维桑特内幕》
　　163~164
机构实验 173
机构：改变 185
政府 169
议会的 63
融合 32, 132
利益：社区 97
冲突的 99
以色列：国家边境 129
问题框架 162~163
职业培训 226
岗位：剥削的 144
缺失 23
法学 40~41
正义之城 46, 92, 104~106, 116
改变的目标 242
把观念置前 246
种族差异 219

词条 122
正义：当代构想 5~9
矫正的 122
规定的 1~5, 40~41, 91
分配的 91
经济的 154~155
作为公平 41
法律 92~93
地方理念化 40
规划 121
实践定义 161
可适用于规划的原则 20
公共部门 161~163
认可 120, 127
社会的 168
持久 235
理论 230
超越 242
工人 223
正义文献 122
正义规划 91~97
布朗克斯集散市场案例 96~97
限制 92~94
卡特丽娜幸存者 2, 18
马丁·路德·金 220, 243~244
知识：行动导向 168
产生 58
权力 53
社会目标 59

劳动：分工 195~196

劳动力市场 153

劳工运动 221~222

劳资关系 153，199

拉菲特房屋 221

土地：废弃的 175~176

受污染的 175~176

固有的权利 135~136

公共所有权 31

被修复的 176

保留 200

土地使用 99

决策制定 179~184，202

无地运动 206

语言 52~54

一个空洞的工具 57

拉丁裔美国人 197

新左派 114~115

物权法 199

拉丁美洲人 222~225

洗衣店：工业的 150~151

法律：执行 199，208

正义 92~93

亨利·勒费布尔 8，27，74~77，139，244

左派：新的 114~115

P. 拉盖尔斯 107~108

立法 92~93

自由主义政治哲学 2~3

自由式社会主义 30

自由 3

生活：质量 26

系统 250

城市 244

生活条件 180

联动要求 183

听力 62

生活工资运动 154

当地 153

地方化 146~147

地方性网络连接 180

伦敦 31

劳拉地区 184~188

洛杉矶：地震 216

暴乱 225

交通政策 78~79

无序工作 151

爱 241

卢拉·达·席尔瓦总统 204

管理：私有化的 109

制造 146

市长进行曲 247

边缘化：社会经济 138

边缘化冷漠 133

市场理性 161~162

市长：黑人 215

选举 217

市长进行曲 247

325

进步的 202~203
角色 134
意义 53
媒体 168, 231
医疗补助 151
医疗护理 151
商品崇拜 199
商人 22~24, 96, 162
墨西哥城地震 225
城市部 195, 204~205, 209
密西西比河 216
唐·米切尔 252
混合 32
种族 134
东方犹太人 133~135
机动性 198
动员 45, 101, 252
分裂的 134
社会的 162
模型：具体的 232~232
道德权威 67~68
达奇·莫瑞尔 217
马克·莫瑞尔 217
流动：原则 42
多文化主义 32, 125~126
多边贸易机构 196
雷·纳金 217~218
命名 145
纳恰卜 128

国家城市会议 207
国家城市改革论坛 203
国民有色环境领导峰会 179
伊利亚胡·诺威 134
需求：基础 250
满足 249~250
新自由主义 5
挑战 114~115
批评 249
霸权 162, 196
新奥尔良：社区发展组织 216
教育 222
住房 222, 226
人口增长 215
新奥尔良风格 225
社区振兴新合作伙伴 187
纽约：社区代表 181
就业 146
环境正义组织 176~179
贫穷 24
工人阶级社区 165
违规的行业部门 148~149
新颖 47
玛撒·努斯鲍姆 3, 25~27
巴拉克·奥巴马 223
机会 26
思考 61
分布 109
平等 61

相反姿态 182

压迫 147，180

跨国 224

秩序 32，94

挑战 245

缓慢的 125

有机模型 2

组织 252

工作状态 231

社区 173

特定行业 154

多种族 227

政治的 132

组织领域 186~188

平衡 188，189

组织地位 187~188

组织关系 175

组织类型 187，188

组织：城市 187

社区发展 174

与个人对话 184~185

宗教慈善 219~220

草根 182

跨组织能量 185

中介 187

州 187

原始位置 3，25

其他性 124

结果 4，29，33~35，231~232

分布 96

所有权 101

美国乐施会 223

天堂 47

参与 104

民主的 243

排除 252~253

重要性 35

土地利用决策 202

政治的 75~76

权力 21

参与热 207

个性 76~77

世袭制主义：遗产 198~201

说服 55

哲学 25~28

政治的 61

H. G. 皮里 72~73

地方：全球感 234

《贫民窟星球》（戴维斯） 197

规划师：保守的 106

目标 156

作为一个运动团体 165

高贵的 56

作为研究人员 55

规划：活动家 161，167~168

肯定性认可 130~133

在贝尔舍瓦 127~139

倒置 115

寻找正义之城

协作 64
共享 97~101
以社区为基础的 97
一致的 54
协商 123
诋毁 56
差异 121~122
作为规范性话语 57~60
权力分配于 173~175
主要范例 54~57
公平 162,169
评价方法和政策 27
每天谈论的 68
女性主义研究 236
未来代际 235
目标 92,167
毕业生 162
历史 19
敌对认可 135~137
眼前的问题 101
冷漠 133~135
叛乱 136,189
正义之城 7
正义 121
合法途径 92
光亮面 133
长期问题 101
开放空间 21
专业 245

进步 161
在后退 245~246
教导 101
价值 24,246
大量；承诺 243
波因特公司 177~178
政策：城市 100
邪恶的 220
民族的 100~101
新自由的 109
认可 127
再生产 196
价值中立的 58~59
政策分析 65
政策环境 115
政策制定 126~127
政治自主性 198~199
政治缓冲 187
政治经济 4~5
政治利益 55~56
政治生活 75~76
政治党派 132
种族的 134
左翼 205
政治经济分析 66~67
政治经济方法 52,232
政治经济制度 58
政治：集体的 48
民主参与 243

索　引

解放的　80，82，85

身份　34

语言　57

参与的　205~209

改革策略　115

权利　82

空间　76

污染者　176

污染　200

避免的　181

集中的　180

人类后果　179

贫穷　180

贫穷：满足需求　194

白人黑人联盟　220

白人　215，220

大众倡议修正案　203

人口：取代　225~226

非正式的　125

人口增长　235

后现代主义　122，123

贫穷　109~110，214~215

污染　180

权力：法案　53

资本逻辑　43

公司　44

去中心化　48

话语的　57

分布　2，173~175

精英　44

实施　99

正义的实施　182~183

知识　53

逻辑　41~42

参与　21

问题　94~95

关系　95

来源　64

系统的　181

权力关系　64

实践的可能性　115

实践性　28~31

偏爱：不同的　63

假设的　237

成型的　26

原始积累　195

原则　83

私人开发的利益　187

私有化　108~109

对抗　27

公共服务　194

后退　49

程序方法　123~124

过程　1，33~35，231~232

集体的　82

决定土地使用　99

问题　96

产生空间　79~80

329

自上而下 62

生产 20

结果 153

关联 153

技术上的进步 242

利润率 43

加速增长计划 205~206

无产阶级 84

希望之乡 46~47

财产：业主 181

社会功能 203，208~209

物权法 199

建议 250

保护：法律的 251

抗议空间 49

公众的：定义 163

公共行为 96

目的 99

公共资源 109

公共部门 161~163

公共领域：资产阶级 163

主导的 163

部下 163

种族 122

不平等 175

种族态度 218~220

种族关系 21

理性选择理论 28

约翰·罗尔斯 3，25，42

保守设计 106

房地产市场 199

现实：陈述 59

推理：实践的 20

认可 5，30，123~124

肯定的 126，130~133

在贝尔舍瓦 127~130

梯度 120~121

敌对 126，135~137

正义 120

积极的 120

特权的 126

均衡的 126

空间正义 77~81

瘦的 124

改建：城市的 21

再分配 29~31，123~124，145，179~182

作为合理的反馈 35

改革 103

地区 20

地区都市 129

监管 156

关系：构建的 28

个人的 199

相对主义 5

宗教 122

迁移 152

代表：社区 58

索　引

缺乏　136
压迫　82
理想国（柏拉图）　2
抵抗：权利　76，82
资源废弃　174
资源：分配　173~174
公众　205
纽约餐馆创业中心（ROC~NY）
　154
重建　108~110
阿姆斯特丹　111
零售中心　22
革命　48，244
城市的　8
城市的权利　8，74，80，139，184
巴西　195
和布朗克斯集散市场　27
实现　242
运动　240
原则　248~250
城市联盟权利　8，246
原则　247
权利：资本主义政权　46
公民权　42
集体的　230~231
融合的　41
衍生的　43，48
能够　76
探索　245

本土的　210，135~136
个人的　83，230
个人发展　188
参与的　76
财产　43，97，203~205，230
认可　123~124
重新定义　47~48
谈论　44
访问　75
比尔·卢塞尔　214
规则：公正的　98
乡村土地所有人　206
俄罗斯化景观　131~132
工资　199
赚钱最多的人　44
圣保罗　200，202
卫星城　134
规模　6，233~234
议题　100~101
学校废除种族隔离　215
科学　62
种族隔离　85，124，214~215
自我决定　174，179~181
自私　84
阿马蒂亚·森　3，25~27
服务雇员国际联盟　221
服务行业　146，150~153
服务：外包　150
要求　150

331

私有化 194

花费 196

性 236

转换：第二 152

栅栏 128

奴隶制度 214~215

贫民窟 197

社会契约理论 3

社会正义：资本主义 116

定义的 60~61

协商的 65~67

民主协商 64

话语 60~64

环境正义运动模型 179~181

地理 72~73

模型 114

客观标准 60

空间 252

《社会正义与城市》（哈维） 4，122

社会运动 101

替代的 73~74

约束 207

碎片化 207

激进的 114

城市 45，154~155，163，207

城市改革 201~205

社会程序；乌托邦 46~47

社会理性 31，161~162

社会系统：等级秩序 123

社会效用 92

社会主义 60，62~63

社会主义乌托邦 194

社会：另类愿景 165

官僚主义的 74

主导话语 58

当地的 107

技术进步 242

秩序良好的 25，30

苏格拉底 2

团结 8

区别对待 32

社交 48

南布朗克斯河滨水区 BOA 178

苏联 62

空间：行为起源 85

行为在 85

行为作用于 85

当代规划 5~9

规定的 73

统治 78

灰色非正式的 124

制造 85

政治的 76

程序 73

产品 85

公共的 24，32，49

精选 23

社会正义 252

空间的：政治化 81~85

空间正义 72，234

概念化 77~81

认可 138

空间游戏 46

空间关系 234

空间性 234~235

非正义 78~80

作为一个过程 79~80

空间化 72

体育场 26~27

利益相关者 99

星光公园 176

州：仁慈 122

缩小尺寸 196

增长 196

正义 168

监管角色 156

角色 2~3

领地逻辑 42~43

城市政治经济 155

国家：衰败 107

陌生人 75，250~251

街头示威 49，243

《街头》杂志 165~167，166

文章 167

罢工：(1968) 244

巴西 202

都灵（1969） 77~78

结构改变 95~96，237

结构性问题 224

结构主义 123

斗争 45，47

辩论的 59

集体的 82~83

灵感 114

权利 76

学生骚乱 243

补贴 101

郊区 201

折磨：不应得的 220

圆屋顶体育馆 218

超市行业 150

持久性：布伦特兰定义 235

正义 235

南布朗克斯可持续组织 177

标签 124

出租车行业 150

出租车工人联盟（TWA） 154~155

技术：进步 241

电视：黑种人公众事务 163~164

沃尔特·萨比特 169

理论问题 68

《正义论》（罗尔斯） 3

别无选择 145

智囊团 169

有资金没时间 150

333

寻找正义之城

宽容 111

话题：传统的 55

转型措施 123

信任 187

都灵大罢工（1969） 77~78

丑陋环境 29

失业 197

联盟 34~35，221~223，227

普救派服务委员会（UUSC） 223

普遍实用 54

普遍主义伦理学 30

普遍性 84

普遍的：抽象化 41~42

城市发展网络 175

城市模型 105

《城市问题》（卡斯泰尔） 122

城市改革 201~205

城市复仇主义 111

城市敏感性 73~77

城市理论：问题 for 7

城市规划专家：进步的 24~25，33

美国住房与城市发展部 166~167

乌托邦理想主义 104

乌托邦思想 237~238

乌托邦城市主义 103，229

乌托邦主义：辩证的 47

乌托邦：具体的 250

社会进程 46~47

空间形式 46

空缺链 131

空置建筑 200~201

处罚 203

价值取向 61

价值：平衡 105

保守的 32

区别 63

政府表达 220

混合 62

道德和伦理 246

进步的 24~25，33

城市 61

暴力 197

愿景家 19

词汇：代表 59

自愿治理项目 176

脆弱 214~215，227

华盛顿共识 196

弱点：政治 138

财富：分配 of 44，109

承诺 of 243

福利措施 110

福利国家 114

白人逃离 215

白人：穷人 215，220

批发和零售 23

赢家补偿输家 93

支持与反对运动 184

女性 152

实践中的言辞 53
工作：组织 of 34
规划 for 226
无序的 147~153
工人：滥用 of 147
联合组织 155
工党 202，206~207

人力发展 223
艾里斯·玛丽恩·杨 31~32，182，189
和平与正义青年部（YMPJ） 176
犹太复国主义：种族化 of 133
犹太复国主义者与巴勒斯坦居民的冲突 127~129

图书在版编目(CIP)数据

寻找正义之城:城市理论和实践中的辩论/(美)马库塞(Marcuse,P.)等主编;贾荣香译.—北京:社会科学文献出版社,2016.5
（城市译丛）
ISBN 978-7-5097-8793-9

Ⅰ.①寻… Ⅱ.①马… ②贾… Ⅲ.①城市学-研究 Ⅳ.①C912.81

中国版本图书馆 CIP 数据核字(2016)第 035007 号

·城市译丛·

寻找正义之城
——城市理论和实践中的辩论

主　　编 /	[美]彼得·马库塞（Peter Marcuse）等
译　　者 /	贾荣香
出 版 人 /	谢寿光
项目统筹 /	祝得彬
责任编辑 /	刘　娟　刘学谦
出　　版 /	社会科学文献出版社·当代世界出版分社(010)59367004 地址:北京市北三环中路甲29号院华龙大厦　邮编:100029 网址:www.ssap.com.cn
发　　行 /	市场营销中心（010）59367081　59367018
印　　装 /	北京季蜂印刷有限公司
规　　格 /	开 本:787mm×1092mm　1/16 印 张:22　字 数:274 千字
版　　次 /	2016 年 5 月第 1 版　2016 年 5 月第 1 次印刷
书　　号 /	ISBN 978-7-5097-8793-9
著作权合同 登 记 号 /	图字 01-2012-2630 号
定　　价 /	59.00 元

本书如有印装质量问题,请与读者服务中心(010-59367028)联系

▲ 版权所有 翻印必究